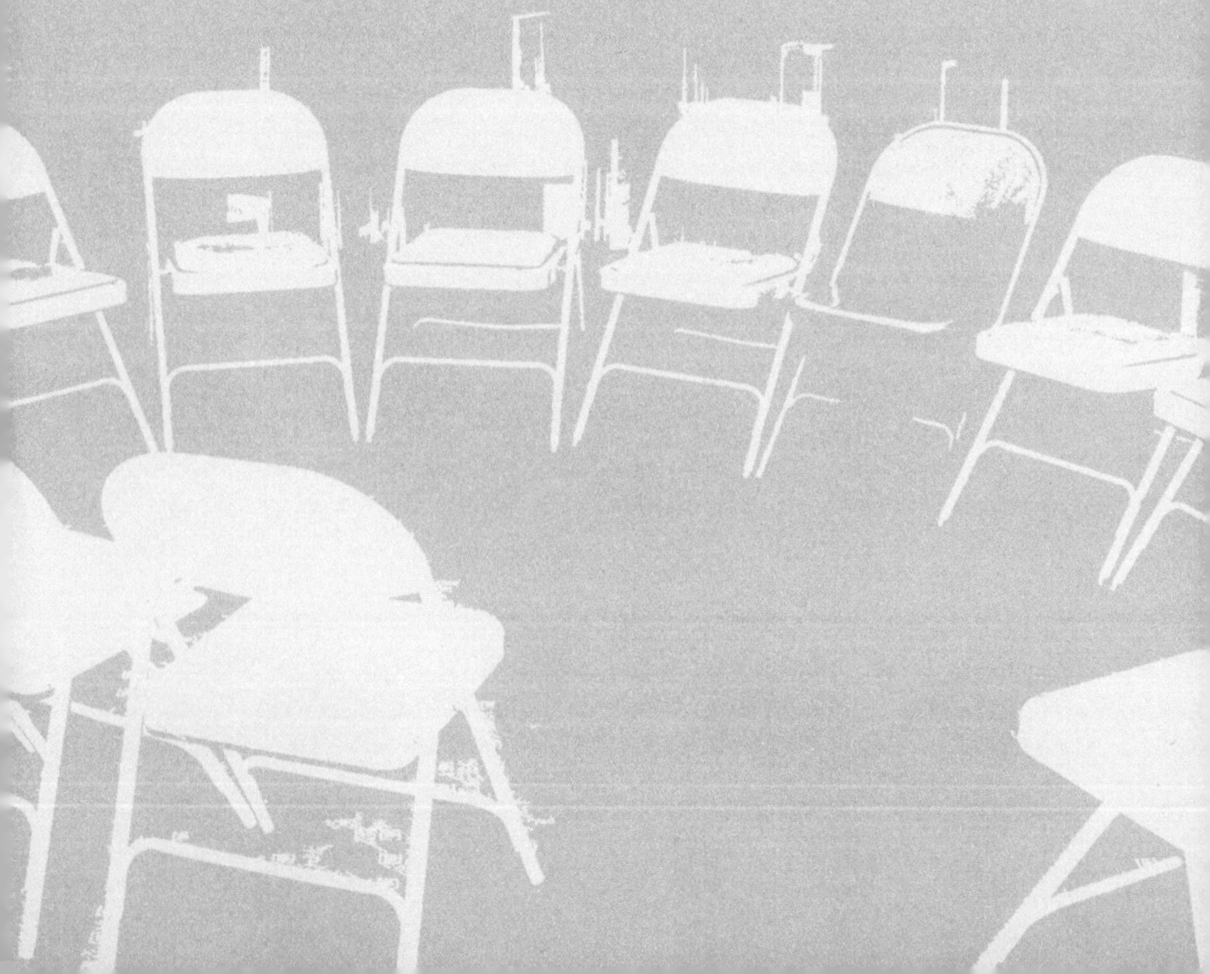

교육학 교과교육론 성찰

교육학, 고등학교 교양 교과목으로 적절한가

신창호 지음

서현사

머리말

중등학교에서 교과목이라고 했을 때, 가장 기본적으로 떠오르는 것은 국어, 영어, 수학, 과학, 사회, 도덕, 음악, 미술, 체육 등과 같은 과목이다. 그런데 언젠가부터 교육학을 비롯하여 철학, 논리학, 종교 등 몇몇 교과목이 고등학교 교양 선택과목으로 등장했다. 학생들에게 교과목을 다양하게 제시하고 그 선택의 폭을 넓혀주었다는 측면에서 교과목이 늘어난 것은 긍정적일 수도 있겠다. 특히, 교육학과 학생들에게는 졸업과 동시에 교사 자격증을 덤으로 취득할 수 있으니, 얼마나 희소식인가?

그런데 그게 아니었다. 교육학 교과목이 교육과정에 포함되었음에도 불구하고 나는 심각한 회의에 빠졌다. 교육학을 전공한 나의 대학 동기나 동창들 중 그 누구도 고등학교 교사로 재직하며 교육학 교과를 전문적으로 담당하고 있다는 소문을 제대로 듣지 못했기 때문이다. 교육학 교사 자격증을 취득했다면 당연히 교육학을 선택한 고등학교에서는 교육학 교과목을 담당하고 있어야 하는 데 말이다.

그러던 중, 나는 교육학과 교수로 재직하면서, 교육학 교과교육론이라는 교육학과 필수과목을 담당하게 되었다. 교육학 교과가 고등학교 교과목으로 선택되면서, 『교육학』과 『생활과 교육』이라는 교육학 교과서 집필에 참여한 적이 있었던 나는 나름대로 자긍심을 갖고 학생들 앞에 섰다. 그리고 기존에 진행되어 온 고등학교 교육학 교과교육에 관한 실태 조사를 진행하였다. 그러나 시작하기도 전에 난관에 부딪쳤다. 왜냐하면 현재 대한민국 고등학교 교육과정에서 교육학 교과가 어떻게 시행되고 있는지, 그 교육 현황에 대한 자료를 찾기가 매우 어려웠기 때문이다.

나는 현재 대학에서 강의·연구하고 있지만, 학부 때 교육학을 전공하여 교육학 교사 자격증을 지니고 있다. 대학을 졸업한지 20년이 훨씬 넘었지만, 교육학을 전공하는 나의 후학들은 교육학과를 졸업하면서 여전히, 동일한 교육학 교사 자격증을 취득한다. 나는 일차적으로 나의 제자들과 후학들이 교육학 교사 자격을 취득한 후, 그것이 어떤 차원에서 실용적인지 궁금했다. 혹시 교육학 교사자격증을 추가로 취득하자마자, 그런 사실이 기쁨보다는 무용지물에 가깝다는 현실을 직시할 때, 너무나 씁쓸하고 쓰라린 느낌을 가질 수도 있을 그들에게, 미안한 마음이 앞섰다.

이 책은 그런 반성의 결과이다. 나는 제자들과 우리 자신이 당면한 교육학 교과교육의 문제를 고민하기로 하고, 있는 그대로의 현실에서 연구조사를 진행했다. 교육학 교과교육론 강의, 교육학 교과서 분석, 교육현장에서 교육학 교과목의 운영, 교육학 교사의 인력 수급, 교육학 교과의 전망 등, 다양한 차원의 접근을 시도하였다. 어려움도 많았다. 관련자료 자체가 미미했고, 교육현장에서는 방문이나 인터뷰를 거절하기도 했다. 심한 경우에는 교육학의 운영 실태를 드러내는 것 자체에 강한 거부감을 표출하기도 했다. 그러나 나의 제자들은 최선을 다해 자료를 찾고 정돈하며 자신들의 문제를 해결하기 위한 방법을 모색했다. 참고문헌에서 여러 자료를 제시하였으나, 다양한 설문자료나 선행연구 중 일반적으로 보도·공개 되거나 알려진 사항은 일일이 열거하지 못한 것도 있다. 이 자리를 빌어 자료를 제공해준 여러 연구자에게 감사의 인사를 전한다.

좀 거칠긴 하지만, 교육학 교과 강의를 함께 가꾸고, 자료 및 현장조사 활동에 참여해 준 고려대학교 교육학과 제자들에게 고마움을 전한다. 그리고 이 책을 통해, 고등학교 교양교과 선택과목으로서 교육학 교과교육의 문제를 성찰하는 계기가 되기를 기대한다.

2012. 10.

안암동 연구실에서 신창호

차례

머리말 … 3

제1부 프롤로그 … 9

제2부 학교 현장의 교육학 인식과 교과 운영 … 19

1. 고등학교 교육학 교과의 운영 사례 … 22
   1) A고등학교의 사례: 교육학 교과를 채택하여 실제 수업을 하는 경우 … 23
   2) B고등학교의 사례: 교육학 교과를 채택하였으나 실제로는 자율학습을 실시하는 경우 … 31
   3) C고등학교의 사례: 이전에는 교육학 교과를 채택했으나 현재 채택하지 않은 경우 … 41
   4) 종합적 논의 … 49

2. 교육학 수업의 실태와 문제점 … 52
   1) 교육학에 대한 학생의 이해 수준 … 52
   2) 교육학 교사의 수업 실태 및 인식 … 60

3. 고등학교 교양교과의 유용성 여부에 대한 견해들 … 67
   1) 교육학계 교육전문가-K대학교 S교수의 견해 … 68
   2) 교육현장 교사-N고등학교 C교사의 견해 … 72

4. 교육학 교과 수업의 내실화 방안 … 74

제3부 교과교육론과 교육학 교과의 이론적 탐구 … 77

1. 교과와 교과교육론 … 79
   1) 교과의 성격 … 79
   2) 교과교육학에 대한 인식 … 84
   3) 교과교육학 연구의 현황과 과제 … 88

2. 교육학의 주요영역과 교육학 교과 … 90
   1) 교육학의 주요영역 … 90
   2) 교육학 교과의 특성 … 97

제4부 교육학 교과 선택에 관한 이해 … 105

1. 고등학교 교양교과의 의미 … 107

2. 두세 가지 가설의 검토 … 109
1) 교육학과는 왜 사범대학에 소속되었는가? … 109
2) 교육학과 졸업생에게는 어떤 과목의 교사자격증을 부여해야 하는가? … 115
3) 고등학교 교양교과로서 교육학은 적합한가? … 117

제5부 교육학 교과내용의 비판적 검토 … 127

1. 교육과정 개정에 따른 교육학 교과의 변화방향 … 129
1) 제6차교육과정에서 교육학 교과 … 129
2) 제7차교육과정에서 교육학 교과 … 131
3) 2007개정교육과정에서 교육학 교과 … 132
4) 2012개정교육과정에서 교육학 교과 … 134

2. 교육학과 생활과 교육의 교과서 내용 비교 … 135
1) 1단원 내용 비교 … 136
2) 2단원 내용 비교 … 138
3) 3단원 내용 비교 … 139
4) 4단원 내용 비교 … 140

3. 생활과 교육 교과서의 내용 분석 및 평가 … 142
1) 1단원 내용 분석 및 평가 … 143
2) 2단원 내용 분석 및 평가 … 146
3) 3단원 내용 분석 및 평가 … 148
4) 4단원 내용 분석 및 평가 … 150

제6부 교육학 교과서의 대안 모색 … 155

1. 현재의 교과서 체제를 고려한 대안 교과서 … 157
1) 성격: 내용을 압축하고 활동을 강조한 교과서 … 157
2) 교육학 교과서의 재편성 … 158

2. 현재의 교과서 체제를 해체하고 재구성한 교과서 … 184
1) 단원구성 … 184
2) 기존 교육학 교과내용 활용방안 … 185
3) 재구성한 새로운 교육학 예시 … 186

3. 교육학 교과서의 새로운 대안 … 200
1) 교육 이슈를 활용한 교과서 … 200
2) 교육학 분야를 나누고 실생활과 관련된 주제를 선정한 교과서 … 203

4. 바람직한 학생상의 정립과 '교수학습'중심의 교과서 … 206
1) 바람직한 학생상: 능동적인 학습자 … 206
2) 학습 능동성의 중요성 … 206
3) 진정한 의미의 학습 능동성 정의 … 209
4) 교육학 교과의 학습 능동성 고취 현황과 사례 … 210
5) 교육학 교과에 관한 대안 제시 … 223

5. 학습전략을 중심으로 한 교과서 … 231
1) 교과서 구성의 예 … 232

에필로그 … 238
참고문헌 … 240
찾아보기 … 242

제1부

프롤로그

1.

통계청의 자료에 따르면, 보통교과를 선택한 전국의 2,694개 고등학교 가운데 교육학을 선택한 학교는 34곳이다. 교육학을 채택한 학교의 비율을 환산하면, 약 1.26%이다. 보통교과 채택 비율이 가장 높은 한문교과를 제외하더라도, 교육학 채택 비율은 전체 교양과목 가운데 2.81%에 불과하다. 교육학이 속해 있는 교과군인 교양교과라는 이름이 무색할 지경이다.

〈표 1－1〉 보통교과 선택 교과목 개설현황

	전체	한문	교련	교양교과	
				교육학	기타
전국 학교 수(개)	2,694	1,480	4	34	1,210
비율(%)	100	54.94	0.15	1.26	44.91

* 출처: 교육통계시스템(2006)

이런 결과가 나올 수도 있다는 예견이 어느 정도 들기는 했다. 설마 했는데, 교육통계를 확인하는 순간, 충격이 밀려 왔다. 왜 이런 현상이 발생했을까? 교육학을 공부하는 후학들에게 물어보았다. 다양한 의견이 쏟아져 나왔다.

"무엇보다도 고등학생들에게 교육학 교과의 의미가 확실치 않아서 그렇지 않을까요?"

"의사소통 체계를 확립하고 언어적 능력을 쌓으려는 국어, 영어 과목이나 수를 다루는 법을 배움으로써 일상생활에서 보다 논리적인 사고를 가능케 하려는 수학 과목 등과 비교해 보았을 때, 교육학 교과가 추구하는 인간상 자체가 너무나 모호하기 때문이 아닐까요?"

"언어나 수리 능력을 습득하여 생활 전반에 도움이 되는 힘을 기르는데 여념이 없는 고등학생들에게, 윤리적이면서도 철학적 고찰을 필요로 하는 교육학이 어렵고 멀게 느껴져서 채택하지 않은 것은 아닐까요?"

"교육학을 공부하고 있는 학부생의 입장에서도 교육학은 결코 녹록치 않은 학문입니다. 그런데 그것을 고등학생이 어떻게 받아들이겠어요?!"

"교육학은 교육행위와 교육현상에 관한 제반 영역을 학문적으로 연구하여, 이를 이론 체계로 종합한 것입니다. 교육담당자의 관점에서는 교육의 원리를 개발하고, 그것을 개발하기 위한 기초적·응용적 연구를 전개하는 활동이지요. 교육을 객관적 현실로 관찰하는 사람의 경우, 교육학은 교육활동 또는 교육제도 등에 관한 배경·특성, 그리고 그것이 개인이나 사회 등에 미치는 영향을 기술하고 설명하는 작업입니다. 다시 말하면, 현재 학부생들이 배우는 교육철학, 교육사, 교육심리, 교육과정, 평가측정, 교육공학, 교육사회, 교육행정, 평생교육, 상담 등이 교육학의 주요 교육내용이라는 말인데, 이제 겨우 인간과 사회에 대한 지식과 역사적 사실들을 단편적으로 훑어보았을까 말까한 고등학생들에게 교육학 내용을 교육한다는 것 자체가 바람직한 것인지 모르겠어요!"

2.

앞의 통계가 보여주듯이, 교육학 교과교육의 현실은 매우 암울하다. 보통교과를 선택한 전국의 2,694개 고등학교 가운데 교육학을 선택한 학교는 34곳, 채택률 1.26%! 더구나 몇 안 되는 채택 학교마저, '지방교육청에 의해 할당된 이수시간을 따르는 것 일 뿐'이라는 사실은 충격을 더해주기에 충분했다.

그렇다면 교육학 교과가 외면 받는 이유는 무엇일까? 국어, 영어, 수학 등 주요 교과를 중심으로 한, 우리의 교육 현실이 가장 큰 원인은 아닐까? 보다 큰 문제는 주지교과와 교양교과라는 성격에서 비롯되기도 할 것이다. 주지교과로서 교육학 교과교육은 그 형식적 경직성에서 탈피하지 못할 것이며, 교양교과라는 점에서는 현실의 보편적 보통교육과의 괴리를 극복할 수 없으리라. 정해진 지식의 구조에 맞추어 학생들에게 전달해야 할 내용을 조직하도록 강요하는 교과서 집필 기준, 그리고 국가교육과정도 문제이다. 인문계 고등학교에서 이루어지는 철학, 논리학, 심리학 등 다양한 교양교과에 대한 비판들이 주지교과 및 교양교과로서의 교육학 교과의 본질적 한계를 보여준다.

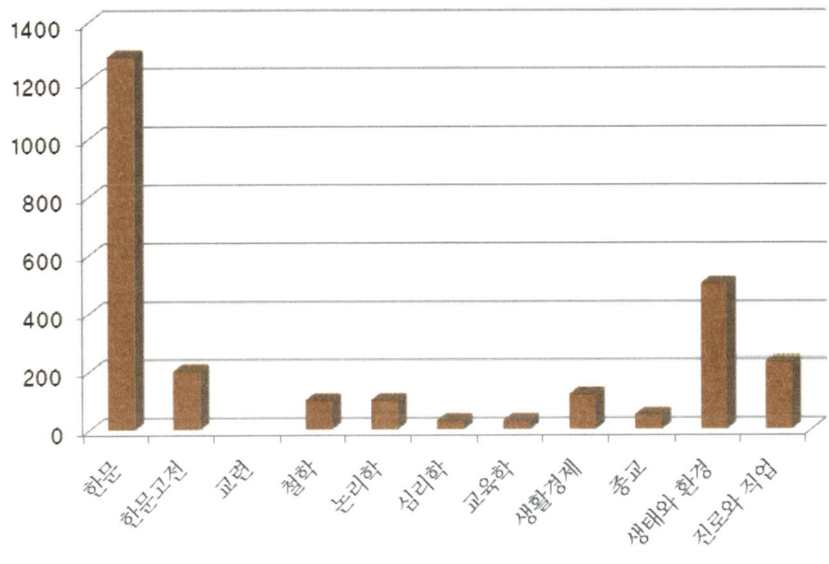

[그림 1－1] 교양교과 채택현황('06)

* 출처: 교육통계시스템(2006)

3.

아무리 소수이고, 교과로 자리매김하기에 여러 한계가 있다 하더라도, 교육학 교과는 현재 고등학교 교육과정에서 실제로 운영되고 있다. 이것이 교양교과로서 교육학 교과목의 운명이다. 어떤 형식이 되었건, 고등학교 교육학 교과는 행복한 삶을 추구하고 영위하는 일, 자신의 꿈을 펼칠 수 있도록 필요한 역량과 태도를 갖추어가는 일, 자신의 개성을 개발하고 새로운 발상과 끊임없는 도전으로 창의성을 발휘하는 일 등, 우리 사회가 교육을 통해 이루려는 성숙한 시민의 모습을 학생들에게 심어 주려고 한다. 그것이 교육학 교과교육의 가치이다.

고등학생을 대상으로 한, 교육적 사고 능력의 함양!

그것은 교육학 교과라는 수업 시간을 마련하여 학생 자신의 교육적 경험을 이해하고 그 속에서 자신의 삶을 주체적으로 구성할 수 있는 계기를 마련하는 작업이다. 즉, 교육적 사고 능력을 신장하고 능동적 교육주체로서 학생 스스로가 자신의 삶을 기획하고 더 나은 가치나 상태로 견인해가는 모습이다. 따라서 이러한 학습 능동성이야말로 고등학생 수준에서 교육적 사고 능력을 발휘하는 교육학 교과교육의 지향점이자 목표가 될 수 있다.

학습 능동성을 개발하는 일은 배움과 가르침을 통해 자아실현의 과업을 달성하고 있는 청소년기의 발달 단계에 필요한 교육적 경험이 될 수 있다. 뿐만 아니라, 형식적 지식 위주의 교육에서 벗어나 자신의 삶을 직접 재단할 수 있는 힘이 요구되는 현재의 사회 문화적 맥락에서도 유의미한 작업이다.

4.

다시 확인하면, 교육학 교과는 고등학교 교양교과로서의 지위를 가진다. 고등학교 교양과목군은 1968년 12월 5일 선포된 국민교육헌장의 정신을 반영하여, 3차 교육과정부터 설치되었다. 그것은 유신헌법 폐지, 제5공화국의 출범 및 그에 따른 사회적 인식의 변화와 때를 같이하여 외국에서 유행하던 인간중심 교육이론이 4차 교육과정에 반영된 결과이다. 다시 말하면, 전인교육의 강화를 위해 교양과목을 내실화하려는 논의가 교육계에 활발하게 전개되면서 드러난 결과이다.

이후 제5차 교육과정 개정이 이루어진 1986년, 교육학의 경우 『인간과 교육』, 『교육과 사회』 등 두 종류의 교과서가 출판되었고, 몇몇 학교에서 시범적으로 교육학 교과가 운영되었다. 전인교육에 대한 공감과 노력에도 불구하고, 당시 대부분의 학교에서는 교육학 교과의 현실적 필요성을 느끼지 못하고, 과중한 수업 부담으로 인하여 교양과목의 설치를 기피하였다(조규용, 1993: 22－24). 이러한 경향은, 앞의 통계에서 본 것처럼, 현재까지도 이어지고 있다. 실질적으로 고등학교 교양과목에서 교육학 교과 선택이 거의 이루어지지 않는 현실은 무엇을 말해주는 걸까? 혹시, 교육학이 고등학교 교과목으로서 적절하지 않아서 그런 것은 아닐까?

5.

교육학 교과가 고등학교 교양교과로서 적절한지의 여부는, 그것을 설치한 기준에서 찾을 수밖에 없다. 그 기준은 고등학교 교양교과 교육과정에 대한 교육과학기술부 고시이다. 고시 제 2012－3호에는 현재 교육학 교과가 무엇을 추구하며, 어떤 내용이 어떤 기준으로 구성되었는지 구체적으로 일러주고 있다.

교육학 교과는 교양교과로서 올바르고 가치 있는 삶을 구현하는 데 필요한 지식과 기능, 가치, 태도를 학습할 수 있게 하는 성격을 지닌다. 다시 말하면, 인간의 삶 속에서 바른 가치를 추구하고 행복한 삶을 영위하는 데 요구되는 가르침과 배움, 그 교육적 체험을 통하여 그것을 구현하고 생애 설계 속에서 자아를 실현하고 미래의 사회 변화에 대응할 수 있도록 하는 것이 목표이다.

이처럼, 교육학 교과의 개설 목표만을 두고 봤을 때, 그것은 10대 청소년인 고등학생들에게 필요한 교과임에 자명하다. 그러나 교육학 교과와 수업이 이러한 목표를 실현하는 데 적절할까? 교육학 교과서의 내용적 측면과 교육과정은 전인적 측면을 강조한 목표를 제시하고 있다. 그러나 내용을 자세하게 분석·검토해 보면, 고등학생 수준을 벗어나는 전문 지식이 상당수 포함되어 있다. 왜 이런 현상이 벌어지는가?

6.

동서고금을 막론하고, 배움은 인간의 행복과 밀접한 관계를 지니고 있다. 동양 최고의 스승으로 꼽히는 공자는 끊임없이 배움의 즐거움과 가치를 삶의 행복과 연관하여 논의하였고, 희랍의 철학자 소크라테스는 배우지 못해 무지한 것을 악의 근원으로 보았으며, 아리스토텔레스도 교육의 궁극적 목표를 행복의 달성으로 이해했다. 동서고금을 막론하고, 교육이 인간 삶의 행복을 좌지우지할 정도로 중요하다면, 오늘날의 교육학 교과목도 이를 반영하고 있음에 분명하다.

이런 관점이 투영된 것인지, 1996년 6차 고등학교 교육과정에서 교양교과가 개발되고 적용된 이후, 교육학 교과는 수차례 개정되었다. 하지만, '올바른 삶과 교육의 의미, 그리고 그 관계를 올바르게 이해하고 그 속에서 교육적 사고 능력을 함양한다'라는 핵심 목표는 변하지 않았다. 특히, '행복한 삶과 교육', 혹은 '바른 삶과 교육'이란 내용은 고등학교 교육학 교과서 1단원에 자리하고 있다.

그런데, 교육학도들은 재미있는 의문을 제기한다.

"정말, 많이 배우면 행복할까?"

"교육학을 배우면 행복해질까?"

"교육학 교과를 가르쳐서 학생들이 행복해지려면 어떤 내용을 가르쳐야 할까?"

이런 차원에서 고등학교 교양교과로서 교육학이 고등학생에게 적합한 내용으로 구성되어 있는지 본질적 성찰이 필요하다.

7.

교육학 교과는 교육과정이 개정될 때마다 약간의 내용 변화를 보여 왔다. 6차개정교육과정에서 주요 내용은 '교육의 본질', '학교와 교육', '학습의 과정', '인간발달과 청소년기', '교육과 사회', '교육의 발전 방향'이었다. 그것이 7차개정교육과정에서는 '행복한 삶과 교육', '가르치고 배우는 일', '생애 개발과 진로 선택', '청소년기의 특성과 과제'로 바뀌었고, 2012개정교육과정에서는 '바른 삶과 교육', '공부와 자기 개발', '생애 설계와 진로 선택', '미래 사회와 교육'으로, 그 내용이 통합되기도 하고 삭제되기도 하며 추가되기도 하였다.

이러한 교육학 교과내용의 변화는 '학문적 교육학'과 '생활 교육학' 사이의 시소게임으로 비쳐지기도 한다. '학문적 교육학'의 측면에서 보면, 어느 한 교과를 대학에서 배울 경우와 고등학교에서 배울 경우, 그 둘 사이에는 수준에 따른 차이가 있을지언정 종류에 따른 차이는 없다. '생활 교육학'의 측면에서 보면, 교육학을 실제 생활 장면에 접근하게 함으로써 실천적 학문이라는 인식을 제고시킬 수 있다(강현석 외, 2006: 271).

이러한 논란을 해결하기 위해, 교육과학기술부에서는 '2007개정교육과정' 이후, 생활 교육학과 학문적 교육학을 이분법적으로 대립시키기보다는 교양으로서 교육학의 성격을 통합적으로 제시했다(교육과학기술부, 2012: 63). 특히, '2012교육과정'에서 생활 교육학의 성격이 짙은 교육학 교과서인 『생활과 교육』을 학문과 생활을 겸비하는 교양 교육학의 색채를 지닐 수 있도록 교육학으로 명칭을 변경하여 통합적 성격을 부각하였다.

8.

그렇더라도 문제는 여전히 남아 있다. 학생의 행복과 관련된 내용은, '2007개정교육과정'과 같이, 학생의 일상생활과 관련된 부분이 큰 비중을 차지해야 하는 것은 아닐까? 물론, 교육학 교과의 기초가 '교육학'이라는 학문이기 때문에, '교육학을 왜 배워야 하는가?'를 비롯하여 '교육의 역사', '교육학 학습의 필요성' 등 기본적인 설명은 필요하다. 중요한 것은 고등학생들에게 이런 내용이 얼마나 중요한 것인지, 반드시 가르쳐야만 하는 것인지, 고려할 필요가 있다는 말이다. 특히, 교육심리, 교육사회, 교육공학, 교육행정, 평생교육 등 전문적 내용까지 교육학 교과 내용에 포함시켜야 하는지는 심각히 고민할 문제이다. 다시 말하면, 학문적 느낌을 강조한 교육학을 가르치기에는 내용이 전문적이기 때문에 고등학생 수준에 맞지 않다는 의미이다. 교육학이라는 학문 자체가 철학, 심리학, 사회학, 공학, 행정학 등 여러 학문과 밀접한 관계를 맺고 있기 때문에, 타 학문에 대한 배경지식 없이는 이해하기 어렵다는 측면도 심각하게 고려해야 한다.

교육과정 운영상의 문제도 난점이다. 고등학교에서 교육학이란 과목은 교양교과로 지정되어 있다. 그리고 그 평가는 이수여부에 따른다. 이런 미약한 강제성 때문에, 현실적으로 교육학 교과목에 대한 고등학생들의 자발적인 학습동기 및 의욕을 유발하기 어렵다. 현재 고등학생들에게 간절하거나 절실하지 않은 교과목, 또는 관심이나 흥미를 유발하지 않는 교과목은 결코 학생들의 삶에 행복을 줄 수 없다.

제2부

학교 현장의 교육학 인식과 교과 운영

교육학 교과목이나 교과교육의 내용을 설명하기 전에, 문제의식 공유와 문제제기 차원에서 교육학 교육과정의 운영이 어떻게 이루어지고 있는지 살펴볼 필요가 있다. 특히, 교육학을 채택한 학교의 교사와 학생들이 교육학을 어떻게 인식하고 있는지 조사하여 교육학 수업의 실제와 문제점을 성찰할 필요가 있는 것이다. 교육학을 전공하는 교육학도로서, 나의 현실이 되어 버린 교육학 교과목에 대해 다음과 같은 시각에서 접근해 보자.

고등학교는 과연 교육학의 중요성과 필요성에 대해 높이 평가하고, 고등학교 때부터 진로탐색 및 자아실현을 돕기 위해 교육학을 가르쳐야 한다고 생각하고 있는가?

고등학교 현장에서는 실제로 교육학 수업이 어떻게 이루어지고 있는가?

고등학교 현장에서 이루어지고 있는 교육학 수업은 교과로서 긍정적이며 발전 가능성이 있는가?

이러한 문제를 제기하면서, 고등학교 교양교과의 운영 실태를 파악하기 위해, 우리는 현장을 직접 살펴보는 것이 효과적이라고 판단했다. 문제는 '어떻게 현장에 접근하느냐'였다. 전국적으로 교육학을 채택한 학교 수도 적고, 어떤 지역의 무슨 학교가 교육학을 채택하고 있는지, 파악하기 어려웠다. 처음부터 난관을 맛보았다.

우리는 교육과학기술부와 각 시·도교육청에 연락을 취하였다. 그리고 '교육학 교과를 채택한 학교'에 관한 정보나 통계자료를 얻으려고 했다. 그러나 그것을 다루는 분명한 부서도 없는 것 같고, 간혹 담당자를 연결해 주겠다고 했으나 통화가 되지 않았다. 할 수 없이 우리는 현장을 일일이 조사할 수밖에 없었다. 지연, 학연을 비롯하여 혈연에 이르기까지, 가능한 수단을 동원하여 정보를 수집하기 시작했다. 때로는 학교 교사로 있는 선배에게 교육학 채택 여부를 묻기도 했고, 또는 교육학을 채택했다는 소문을 들은 적이 있는지도 확인했으며, 교육학 교과서를 출간한 출판사에 연락하여 그 소재를 파악하기도 했다. 이 작업은 전국적 단위로 이루어졌다.

직접 통화를 하거나 현장조사를 통해 확인한 지역은 서울, 경기도 남양주, 동두

천, 의정부, 전라지역 및 광주, 충청지역 및 대전 등 전국 각지를 망라했다. 그러나 대부분의 고등학교에서는 학교 현장에서 이루어지는 교육과정 조사나 수업 참관, 관찰 등에 부정적 반응을 보이거나 현장방문 자체를 거부했다. 그나마 긍정적이거나 우호적인 답변은 다음과 같은 것들이다.

"과거에 교육학을 채택했으나 현재는 운영하고 있지 않다."

"현재 교육학을 채택하여 운영하고 있으나 실제 수업 여부 및 수업 내용에 대해 밝힐 수는 없다."

"학교 홈페이지를 참고하라. 거기에 교육과정 운영계획이 있고, 교육학의 경우, 부교재를 통해 수업이 이루어지고 있다(그러나 실제 수업 여부는 확인할 방법이 없었다)."

"3년 전 교육학 교과서를 학생들에게 배포했지만, 당시에도 타 교과 선생님이 자습시간으로 교육학을 운영했다. 지금은 교육학 교과를 진로와 직업 과목으로 대체했다."

이런 섭외과정을 거쳐 우여곡절 끝에 찾아낸 곳이 A고등학교와 B고등학교, 그리고 C고등학교와 D고등학교이다. 이 학교의 경우에도, 처음부터 적극적으로 현장방문을 허락한 것은 아니었다. 여러 번의 설득과 충분한 취지를 설명한 후에, 인터뷰와 설문조사의 기회를 얻었을 뿐이다. 그것도 나의 제자가 재직하고 있거나 다른 인연으로 아는 교사들에게 부탁하여 겨우 승낙을 받아냈을 뿐이다.

1. 고등학교 교육학 교과의 운영 사례

우리는 교육학 교육과정이 어떻게 운영되고 있는지 파악하기 위해, 교육학 교과를 채택하여 가르쳤던 학교 현장을 직접 찾아 갔다. 경기도에 소재하고 있는 A고등학교와 서울의 B고등학교, 그리고 대전에 있는 C고등학교 등 세 지역의 고등학교였다. 이들 세 학교는 각각 다음과 같은 특징을 지니고 있었다. A고등학교는 교육학 교과를 채택하고 실제로 교육학 수업을 진행하고 있는 학교이고, B고등학교는 교육학 교과를 채택하고는 있으나 실제 수업시간에는 자습이 이루어지고 있는 학교이다. 그리고 C고등학교는 과거에 교육학 교과를 채택했으나 현재는 채택하고 있지 않은 학교이다.

조사 연구는 다음과 같이 진행되었다. 인터뷰 허락을 받은 후, 학교를 직접 방문하여 교사와 학생을 대상으로 교육학 교과목을 가르치고 배우는 것에 대한 인식 조사를 하였다. 현장 조사에서는 교육학 교과목을 채택한 학교에서 교육학 수업이 실제로는 자습시간으로 운영되거나 형식적 교육에 그치고 있는 것은 아닌지, 예상과 달리 교육학 교과목을 효과적으로 잘 가르치고 있는지, 그리고 교사와 학생 만족도는 어떠한지 여부를 우선적으로 조사하였다. 아울러 교육학 교과목에 대한 교사와 학생의 인식 차이가 있는지도 알아보았다.

1) A고등학교의 사례: 교육학 교과를 채택하여 실제 수업을 하는 경우

A고등학교는 경기도에 소재하고 있는 학교로, 교육학 교과 전담교사를 둔 미션스쿨이다. 미션스쿨이기 때문에 교양교과에서 교육학과 더불어 종교과목도 채택하고 있었다. 인터뷰 섭외 과정에서 A고등학교는 인터뷰와 학교 방문, 교사 및 학생과의 인터뷰에 흔쾌히 응해 주었고, 교육학 전담교사도 두고 있었기에, 전국의 어떤 고등학교에 비해, 교양교과로서 교육학 과목에 대한 전문적 식견을 지니고 있는 학교라고 판단하였다.

(1) 교사 인터뷰

교사 인터뷰는 A고등학교에 재직 중인 교육학 전담교사 한 분과 이루어졌다. 교육학 과목을 전담하고 있는, G교사는 솔직하고 친절하게 인터뷰에 응해 주었다. 그러나 고등학교 교양교과나 교육학 전담교사로서의 자부심은 약간 희박하다는 느낌을 받았다.

질문 1.
A고등학교는 왜 다양한 교양과목 중 교육학을 선택하였습니까?
답변
7~8년 전에 내가 이 학교에 부임한 후 교육학을 선택하였습니다. 나는 윤리와 교육학 교사자격증이 있고, 현재 교육학을 전담하는 교사입니다. 당시, 미션스쿨에 다니는 한 고등학생이 종교수업을 거부한 시위 사건이 있었어요. 그 이후에 우리 학교도 종교가 아닌 다른 교양과목을 선택할 수 있도록 시스템이 바뀌었습니다. 그 즈음에 내가 이 학교에 부임해 왔고 내 과목이 교육학이었기 때문에 자연스레 교양과목으로 교육학을 선택하게 되었습니다.

다양한 교양교과들 중, A고등학교에서 교육학을 선정한 특별한 이유가 있는지에 관한 질문에서, 현재 교육학 수업을 하고 있는 G교사는 고등학교의 특별한 교육철학에 의한 것이라기보다는 자신이 교육학 교사자격증이 있었기 때문에 교육학을 채택하였다고 응답하였다. 이는 교육학과 이전에 A고등학교에서 채택했던 종교과목이 비교적 비슷한 성격을 지닌 교양교과군에 속하는 것도 하나의 이유로 작용한 것으로 보인다.

질문 2.
다른 고등학교의 경우, 교육학 전담교사가 거의 없는 것으로 알고 있습니다. 혹시, 다른 고등학교 교육학 교사와 교과목과 관련한 교류가 있는지요?
답변
교양과목이기 때문에 그런 교류가 필요 없다고 생각합니다. 고등학교 교사에게 부과된 업무가 생각보다 의외로 많아요. 따라서 그런 교과목 교류에 신경 쓸 겨를이 거의 없어요. 다만, 2004년에 정교사 연수를 받을 때 교육학 교사들이 모였는데, 전국에서 약 20명가량이 모인 적은 있어요. 대부분의 교사들이 나이가 많은 분들이었고, 젊은 사람은 나 하나밖에 없었어요.

두 번째, 다른 고등학교의 교육학 교사와 교류가 있는지에 관한 질문에서, G교사는 교류 자체에 회의적인 반응을 보였다. 학교의 업무가 과중하기 때문에, 별도로 다른 학교 교사와 교과교육과정에 관한 정보 교환이나 동일한 과목을 담당하는 교사 사이의 교류를 할 여유가 없다는 것이었다. 이것은 교과 자체의 문제라기보다는 교사의 개인적 성향이라는 생각이 들었다.

질문 3.

교육학 전담교사가 선생님 한 분밖에 안계신데, 수업 준비에 어려움은 없는지요? 그리고 교과서 활용은 어느 정도 하고 있는지요?

답변

수업은 교과서로 합니다. 아이들이 너무 집중력이 없고 필기를 하지 않기 때문에 전통적인 교수방법으로 칠판에 판서하고 노트를 만들어 필기하게 하고 있어요. 교과서의 중요 부분을 요약하여 아이들이 쓰게 하기도 합니다. 배우는 단원과 관련된 동영상도 많이 보게 하고요. 요즘은 '힐링캠프'를 활용하기도 합니다. 특히, '행복' 단원에서 행복의 의미와 가치를 가르치는 데 이 영상이 도움이 됩니다.

세 번째 질문에서는 수업이 어떤 방식으로 진행되는지에 대한 정보를 얻기 위해, 교과서 활용 정도에 대해 물었다. G교사의 경우, 학생들의 집중력을 높이기 위해 전통적인 판서에 의한 방식으로 수업을 하고 있었다. 교과서 이외의 외부 자료도 활용하고, 학생들이 이해하기에 모호한 측면들이 존재하므로, 영상 등의 자료를 활용하게 된 것으로 보인다.

질문 4.

현행 교육학 교과서의 내용과 구성이 실제 교육현장에서 적절합니까?

답변

학생들에게 실제적이기보다는 지나치게 이론 중심으로 되어 있어요. 학생들의 현실에 적합한 내용이 없다고 해도 과언이 아닙니다. 그리고 내용도 구체적이지 않아요. 행복이란 무엇인지, 선이 무엇인지 가르쳐 주려면, 그 내용이 무엇인지 구체적으로 담아야 한다고 생각합니다. 교사용지도서에도 개념이나 용어에 대한 정의가 없고, 교수 지침이 없어 교사 입장에서 가르치기가 어렵습니다.

네 번째, 현행 교과서의 수업 적절성에 대한 질문에서는 내용이 현실과는 동떨어져 있고 추상적이기 때문에 학생들이 이해하기 어려우므로 적절하지 않다고 응답했다. 그리고 교과서만 출판될 뿐, 교사용 지도서가 있어도 수업에 참고할 만한 자료들이 적다고 생각하였다.

질문 5.
어떤 차원에서 교육학 교과가 개선될 필요가 있습니까?
답변
교육학 교과서에는 자아존중감, 도덕성, 성정체성, 학교폭력, 인권교육 같은 학생들이 느끼기에 현실적인 내용이 담겨야 합니다. 또한 스승의 의미, 교육의 개념에 대해 학생들이 생각할 수 있는 내용이 필요합니다. '선생님'의 호칭 문제도 다뤄졌으면 합니다. 진로 단원의 경우에는, 교육학 교과서에서 완전히 삭제해야 합니다. 왜냐하면 진로교과와 대부분 겹치기 때문입니다.
교과서 측면에선 정리된 이론보다 관련 수업자료나 정보가 있었으면 좋겠어요. 관련 교구나 도서, 동영상 자료 등이 CD로 교과서에 포함되었으면 합니다. 교양과목인 만큼 교과서를 보는 게 아니라 다양한 관련 자료로 흥미를 갖게 하는 게 중요한 것 같아요. 이번 학기에는 『명화로 보는 천년의 지혜서』란 책으로 행복 단원을 가르치고 있습니다. 아이들이 더 흥미로워 하고 예전보다 졸지 않고 집중합니다. 하버드대에서 출간한 『행복한 사람들』 같은 책이 교과서보다 더 도움이 됩니다.
그리고 교과서 뒷장에 노트 부분이 있었으면 좋겠어요. 교과서 자체만 준비해도 노트 필기도 할 수 있고 내용도 볼 수 있게 교양과목인 만큼 종합적인 활동지라면 더 유용할 것 같아요.

교육학 수업을 개선 위해서는 어떠한 점이 보완되어야 하는지에 관한 질문에서 G교사는 크게 세 가지 측면에서 응답했다. 첫 번째는 실제적인 사안과 관련된 내용이 교과 내용이 되어야 한다는 것이고, 두 번째는 수업에 필요한 자료들을 관련 기관에서 만들어 공급했으면 한다는 응답이었다. 이는 현실적으로 필요한 부분이기도 하지만 교사 본인의 편의를 위한 의견으로 느껴졌다. 세 번째는 교과서 뒷장에 노트를 붙이면 좋을 것 같다는 의견이었다. 이는 교양교과의 특성상 학생들이 필기하는 것을 선호하지 않고 노트를 지참하지 않는 경향이 있기 때문에 의미가 있는 견해로 판단되었다.

질문 6.
그 밖에, 교육학 교과를 가르치면서 어려운 점은 무엇이 있을까요?
답변
같은 교양과목인 종교수업과 수업 방법을 맞춰야 하는 어려움이 있어요. 학생들은 교과목에 대해 교육학이다 종교다라는 식으로 특별히 구별하여 인식하지 않아요. 독립된 교과목으로 이해하기보다 교양과목이라는 인식이 강해서, 예를 들어 종교과목을 수업하는 옆 반이 영상자료를 보면, 교육학을 하는 자기네 반도 영상자료를 봐야 한다고 생각하고 비교합니다.

추가적인 보충 질문에 대해서는 같은 시간에 수업이 이루어지는 종교수업과 교육 방법이나 활동을 유사하게 맞추어야 한다는 점을 토로했다. 이는 교육학 자체의 문제도 아니고, 학생들의 인식과 요구에 따라 교사의 교육방식이 상당히 좌우되는 교육 현실을 반영한 의견으로 보인다.

(2) 학생 인터뷰

학생 인터뷰는 A고등학교에 재학 중인 학생 5명이 참여하여 다양한 의견을 제시하였다. 5명 중에는 고1 학생이 2명, 고2 학생이 1명, 고3 학생 2명이 참여하여 자신의 견해를 솔직하게 말하였다. 아래 질문과 대답은 인터뷰 내용을 요약한 것이다.

질문 1.
교육학은 일주일에 몇 번 수업을 합니까? 그리고 그것은 언제 어디에서 이루어집니까?
답변 (고1 남)
전체 12학급 중에 절반 정도· 학급, 그리고 절반 정도의 학생이 교육학을 선택해서 듣는데, 이동식 수업을 합니다. 1주일에 1회 100분씩 수업을 들어요. 주로 동영상 자료를 보고, 시험 기간에는 자습을 합니다. 선생님이 좀 독특한 분이어서 애들이 싫어하는 경우도 있어요. 때로는 수업이 너무 지루하기도 하고요.

학생들과의 인터뷰에서 첫 번째 질문은 교육학의 수업 빈도와 시간, 장소 등 단순 사실을 확인하는 질문이었다. 그런데 답변한 학생은 일주일에 1회 100분 간, 교육학을 선택한 학생들에 한 해 수업이 이루어진다고 하였다. 이 질문에서 주목할 부분은, 사실 관계에 대한 질문을 했을 뿐임에도 불구하고, 교사의 특성이나 인격에 대한 언급이 문제로 제기되었다는 점이다.

질문 2.
교육학 수업은 보통 어떻게 이루어지나요?
답변1. (고1 여)
교육학 담당 선생님이 좀 독특한 것 같아요. 열심히 가르치지도 않는 것 같고 수업도 지루해요. 수업 시간에 대부분 비디오 틀어놓고 학생들의 절반은 자는 경우가 많아요. 제 친구는 종교수업 듣는데 거기는 게임도 하고 선생님도 재미있다고 하더라고요. 교육학을 선택한 애들은 특정 종교를 강요할까봐 교육학을 선택한 건데, 알고 보니 종교과목도 특정한 종교를 강요 안 해요. 그래서 차라리 종교과목을 선택할 걸 그랬다고 후회하는 애들이 많아요.

답변2. (고3 여)

솔직히 말하면 수업 내용은 거의 기억이 나지 않습니다. 너무 재미가 없어서 지루했어요. 다만 동영상 본 것들이 생각납니다. 선생님이 〈우리 아이가 달라졌어요〉라는 프로그램을 틀어 줬던 것이 기억에 남아요. 동영상 보는 것 자체는 괜찮은데, 대부분의 수업 시간에 동영상을 보는 건 좀 그래요. 교육학 시간에도 체육이나 종교 시간처럼 몸으로 즐기고 게임으로 하는 수업 등 재밌게 이뤄졌다면 좋겠다는 생각이 많이 들어요.

답변 3. (고2 여)

한 동안은 선생님이 학습심리와 관련된 영상들을 틀어주었는데, 그런 영상을 보는 것은 재미있었어요. 특히, 학습발달이나 학습심리 부분은 유익했다고 생각합니다. 그 동영상 틀어준 시간에는 친구들도 자지 않고 많이 본 것 같은데요.

답변 4. (고3 남)

제 기억으로는 1년 동안 교과서 1번 정도 본 것 같아요. 그러니까 교과서가 별로 필요 없다는 것과 같은 말이지요. 수업 시간에는 친구들이 거의 잤지만 선생님이 애들 깨우는 데 도사였어요. 때로는 아이들을 잘 통제하지 못해서 수업이 어수선했어요. 대부분 동영상만 틀어줬어요. 노트에 뭘 쓰긴 한 것 같은데, 지루했습니다. 같은 교양과목인 종교과목처럼 즐길 수 있는 수업이었다면 더 좋았을 것 같아요. 그래도 교육학이나 종교 두 과목을 한 선생님이 가르친다면 다들 좋아하지는 않을 것 같아요.

교육학 수업이 어떤 방식으로 이루어지는지에 대한 답변에서도 교사의 질에 대한 언급으로 시작되는 경우가 대부분이었다. 수업은 교사와의 인터뷰에서도 살펴

볼 수 있듯이 판서와 동영상 시청 위주로 이루어지는 것으로 보인다. 그러나 수업 방식이 효과적이지 못하기 때문인지 학생들이 교과서를 본 기억은 하지 않는 것으로 드러났다.

그리고 지루하고 대부분 수업시간에 잠을 잔다는 답변은, 같은 시간에 진행되는 종교과목에 비해 교육학의 내용 자체가 지루하다고 볼 수 없는데도 그러한 응답이 나온 것으로 볼 때, 교과 자체의 문제라기보다는 교사와 교수방법의 질에 문제가 있었다는 것을 방증한다. 학생들이 자신에게 도움이 된다고 생각하는 부분에 대해서는 명확히 기억하고 있다는 점에서 교과 내용이 현실화 된다면 학생들에게 더 많은 도움을 주는 교과가 될 수 있는 가능성이 있음을 확인할 수 있었다.

질문 3.
기타, 교육학 교과와 관련하여 하고 싶은 말이 있으면 해 보세요.
답변
선생님이 수업을 재밌게 해주셨다면 수업을 잘 들었을 것 같습니다. A고등학교는 미션스쿨로 교양과목이 종교와 교육학 2개가 있어요. 그래서 절반 학급씩 나누어 선택하여 듣습니다. 교육학 선생님도 같은 교양과목인 종교선생님처럼 게임하고 즐기고 놀면서 수업했다면 아이들이 좀 더 귀 기울여 듣고 수업 시간에 자는 학생은 많지 않았을 것으로 판단됩니다. 종교수업의 경우, 애들이 안자고 잘 듣는다고 합니다. 실제로 교육학 수업 시간에 동영상만 틀어준 것과 교과서 활용을 거의 하지 않은 것도 문제입니다.

A고등학교 교사와 학생들을 인터뷰해 본 결과, 교육학이 입시과목에 포함되어 있지 않아서, 평가를 하지 않아서, 또는 교양과목이기 때문에 교육학 수업을 듣지 않는다는 선입견은 빗나갔다. 학생들은 선생님이 재미있고 수업이 흥미롭다면 교양과목을 즐기면서 들었을 것이라고 대답하였고, 실제 종교시간은 재미있게 수업이 진행되고 있다고 응답하였다.

반면, 교사의 수업 준비 정도는 그다지 높은 것으로 보이지 않았다. 그래도 학습심리 동영상이나 여타 교육적인 동영상은 학생들이 기억하고 있었고, 그 부분은 도움이 되었다고 느끼고 있었다. 하지만 동영상 이외의 수업방식이 그 흥미를 이어가지 못했기 때문에 교육학 내용에 관한 관심을 확장시키는 데에 실패한 것으로 보인다.

마지막으로 학생들은 교과서 내용이나 교과서로 수업했던 내용들을 거의 기억하지 못했다. 교사는 수업 시간에 교과서 활용을 많이 한다고 답변하였으나 학생들은 동영상만 기억했고 교과서와 관련된 학습경험이 전무하다고 응답했다. 나중에 이루어진 교사 인터뷰에서 학생들이 교과서를 거의 지참하지 않는다는 것이 밝혀졌기 때문에 이것은 전적으로 수업 방식의 실패는 아닌 것으로 확인되었다.

2) B고등학교의 사례:
교육학 교과를 채택하였으나 실제로는 자율학습을 실시하는 경우

B고등학교는 현재 교육학 교과를 채택하고 있는 학교로, 서울시에 소재하고 있다. 이 학교는 2011년부터 자율형 고등학교로 지정되어 일반계 고등학교와는 차별되는 특수한 교육과정을 운영하고 있다. 교육학 교과는 자율형 고등학교로 지정된 2011년 이전부터 채택, 운영된 교과로 2013년부터는 교육과정으로 운영하지 않을 계획이라고 한다.

현재, 교육학 교과는 B고등학교 3학년 교육과정에 4단위가 책정되어 한 학기마다 일주일에 두 번 진행된다. 그러나 이 학교에는 교육학 교과 전담교사가 없고, 기술, 제2외국어, 한문 등 수업 시수가 상대적으로 적은 교사들이 수업을 담당하고 있다. 수업 또한 실제로 진행되지 않고, 자율학습 시간으로 대체하여 운영하고 있었다.

(1) 교사 인터뷰

B고등학교 교사로 인터뷰한 대상은 역사 교과와 수학 교과를 담당한 선생님 두

분이었다. 역사 교사는 교육학 교과 담당자는 아니지만 해당 고등학교 교사로서 교육학 교과에 대한 일반적인 견해를 알려 주었고, 수학교사는 실제로 교육학 교과를 담당하며 수업을 진행한 바 있어 실제적인 수업 모습에 대한 의견을 제시하였다. 수학교사의 경우, 대학학부시절 주 전공인 수학 교육은 물론 교육학을 부전공하여 교육학 전공자에 준하는 전공지식을 갖추고 있었다. 인터뷰의 주요 내용은, 교육학 교과를 채택한 이유, 교육학 교과 시간이 자율학습으로 진행될 수밖에 없는 이유, 교육학 교과가 고등학교 교양교과로서 적절한지 여부, 교육학 교과로서 타당한 내용, 현재 교육학 교과의 개선점 등이었다.

첫 번째 질문은 B고등학교가 교육학 교과를 채택하고 있는 이유에 대한 것이었다. B고등학교에서는 실제로 교육학 수업을 진행하지는 않았다. 그럼에도 불구하고, 왜 하필이면 고등학교 교양교과로서 교육학을 선택하였는가? 이는 B고등학교가 교육학 교과가 필요하다는 교육과정 운영의 시각을 보여주는 것으로, 인터뷰를 하는 입장에서는 매우 중요한 사안으로 생각되었다.

질문1.
B고등학교에서는 현재 3학년 교양과목으로 교육학 교과목인 생활과 교육을 채택하고 있습니다. 다양한 교양교과 가운데 교육학 교과를 채택한 이유가 무엇인지요?

답변 (역사교사)
학교 교육과정 상의 교과는 교장, 교감 등의 임원 교사가 일방적으로 결정하는 것이 아니고 교내에 구성된 교육과정위원회에서 교과별 회의를 거쳐서 엄격한 절차에 따라 결정됩니다. 개인적인 생각으로는 교육학이 다른 교과에 비해 비전공자가 교수하기에 용이하기 때문에 채택된 것으로 보입니다.

답변 (수학교사)
물론 교육과정위원회에서 나름의 이유가 있어 채택한 것이지만, 제 생각에는 교육이라는 것이 학생들이 텔레비전을 비롯한 다양한 매체를 통해 쉽게 접할 수 있는 분야이고, 학교와도 밀접하게 관련되어 있기 때문이 아닌가 생각합니다. 교육학은 학생들이 교육 당사자이기 때문에 배울만한 가치가 있는 교과입니다.

교육현장에서 인터뷰에 응한 교사들의 답변은 일반적으로 예상한 것과는 약간의 차이가 있었다. 학교 현장을 잘 모르는 경우, 일선학교의 교육과정은 학교장의 교육철학에 준하여 운영된다고 생각할 수 있다. 그러나 실제로 학교의 교육과정은 학교장, 교감, 교사, 학부모 등 다양한 이해관계자로 구성된 교육과정위원회의 회의를 거쳐 운영되고 있었다. 교육학 교과 채택의 경우에도, 애초에 특정한 교육철학에 의해서라기보다는, 복합적 이해관계에 의해 채택되었던 것으로 보였다.

현장에서 인터뷰에 응해 준 교사에 의하면, 교육학은 다른 교양교과에 비해 모든 교사가 대학의 교직과목으로 배운 것이기 때문에 상대적으로 비전문 교사가 담당하기에 용이하다는 것이다. 학교의 교원 수급 상황에서 볼 때, 교양교과와 관련한 전문 인력을 보충할 재정적·행정적 여건이 되지 않기 때문에, 교사들이 비교적 다루기 쉬운 교과목인 교육학을 채택한다는 말이다. 즉, 교육학 교과의 철학적 정체성과는 무관하게, 현실적이고 합리적인 근거로 학교 교육과정이 운영되고 있었다. 그렇다하더라도 수업을 진행하는 일선 교사들의 경우, 나름의 교육학에 대한 철학을 가지고 교육에 임하였다.

B고등학교의 경우, 교육학 교과가 채택되었음에도 불구하고, 교육학 교과목의 실제수업은 이루어지지 않고 있었다. 두 번째 질문에서 그 이유가 무엇인지 들어보기로 했다.

질문 2.
B고등학교에서 교육학 교과인 생활과 교육 시간을 실제로는 자율학습 시간으로 활용하고 있다고 들었습니다. 교육학 교과 시간이 자율학습 시간으로 활용될 수밖에 없는 이유는 무엇입니까?

답변 (역사교사)
가장 큰 이유는 교육학 교과목이 입시와 관련이 없기 때문이라고 생각합니다. 현실적인 어려움은 학생들이 매우 계산적으로 움직인다는 점입니다. 일례로 역사 수업을 진행 중인데, 이과반 근현대사 수업을 진행하는 데도 학생들의 참여도가 매우 저조합니다. 왜냐하면 수능 시험에 들어가지 않는 과목이기 때문입니다. 실제로 근현대사 주관식 시험에서 만점 50점 시험을 치렀는데, 40명 학생 총점이 2000점 중 90점 밖에 안 되었던 적이 있습니다. 교육학은 이보다 더할 것으로 예상됩니다. 그러다 보니 교사가 수박 겉핥기 식으로 가르칠 수밖에 없는 문제점이 있습니다. 또, 3학년 때는 이미 진로가 어느 정도 결정이 되어버린 상태인데, 교육학 교과목을 3학년 때 가르치게 되니, 더욱 열악하게 될 수밖에 없습니다. 3학년 때보다 1, 2학년 때 가르치는 것이 더 나을 것으로 생각됩니다. 그리고 교육학 전공 교사가 있어야 하는데, 전담교사가 없기 때문에 체계적인 교육이 힘들어요.

답변 (수학교사)
수능 시험 과목이 아니고 내신 성적반영도 안 되기 때문에 평가가 이루어지지 않습니다. 그리고 인정만 해 주는 이수교과이기도 하고요.

고등학교에서 교육학 교과가 교양교과로서 적절한가 여부 문제를 두고 논란이 되는 것 중의 하나가 대학입시와 상관없는 교과목이라는 점이다. 다시 말하면, 대학입시에 민감한 학부모와 학생의 요구에 대해, 학교가 전혀 고려하지 않을 수 없다는 것이다. 게다가 교육학 교과는 수능시험과 관련 없는 과목일 뿐만 아니라 내신 성적에도 반영되지 않는 '이수인정' 교과라는 것도 학습자의 학습 동기 및 수요를 저하시키는 요인이다. 즉 교육학 교과는 공식적인 평가가 정확하게 이루어지지 않는 교과이기에, 학습자로서 열심히 공부할 이유가 없는 교과로 전락하고 만 것이다. 또한 교사 배치 문제와 관련하여, 전공자가 없기 때문에 이 교과에 대한 체계적인 교수가 불가능하다는 실질적인 문제도 존재한다.

이와 같은 현실적인 문제가 있음에도 불구하고, 교육학 교과가 교양교과로서 존재할 필요가 있다는 점에는 B고등학교의 두 교사 모두 이견이 없었다.

질문 3.
선생님께서는 교육학 교과가 고등학교 학생들에게 교양교과로서 적절하고 필요하다고 생각하십니까?

답변 (역사교사)
교양의 측면에서 학생이 장차 부모가 되고 자녀를 훈육해야 한다는 측면에서 필요합니다. 그리고 고등학교 수준에서 받아들이기에 어렵지 않고 국어, 영어, 수학과 같은 분과별 학문의 모(母) 학문이 바로 교육학이기 때문에 모 학문이 바로 서야 다른 교과들도 제 역할을 한다고 생각하므로 가르치는 것이 필요하다고 봅니다. 특히 이과생의 경우 국어, 영어, 수학, 과학 등 수능과목이 아니면 관심이 없는데, 문학, 사학, 철학 등 인문학의 배경을 가진 교육학 기본 지식을 학생들에게 전달한다면 도움이 될 것이고, 실질적으로 생활에서 응용할 수 있는 내용이 될 것입니다. 그리고 인성교육의 측면에서도 교육학이 긍정적인 역할을 할 것으로 생각합니다.
'미래사회'라는 단원의 경우 실제로 사회가 급변하기 때문에 현실적인 반영이 힘들다고 봅니다. 교과서 검정과정이 매우 복잡한 현실을 고려할 때, 교과서 내용의 개정이 어렵고 심의 과정에서 내용이 보수적으로 변할 수밖에 없는 문제점이 있습니다. 심의에 탈락하지 않기 위해, 심의기준에 맞춰야 하고 사실상 집필자의 의도를 온전히 반영하기 힘들기 때문에, 내용이 부실할 수밖에 없는 구조를 지니고 있습니다.

답변 (수학교사)
교육학 교과 자체는 학생들의 삶에 많은 도움이 될 수 있다고 생각합니다. 분명히 좋은 과목이지만 당장 써먹기에는 좋지 않은, 즉 실용적인 성격은 다소 떨어지는 학문이라는 생각도 듭니다. 심리, 상담, 진로지도를 할 때, 실제적인 프로그램을 사용한다면 효과적이라고 생각해요.

B고등학교의 역사교사에 의하면, 교육학은 말 그대로 교양교과로서 고등학생의 생활에 유용하고, 다른 일반교과의 모 학문으로서 의미이다. 하지만 기존의 교육학

교과는 내용 구성상 미흡하다고 지적하였다. 이는 교과서 구성 단계에서 절차의 구조적 문제와 연관이 있다.

이 지점에서 인터뷰에 참여한 B고등학교의 교사들이 학교 현장에서 실제 수업을 진행하는 현직교사인 점을 감안하여, 교육학 교과의 대안적 모습에 대한 질문을 던졌다. 두 교사의 대안 제시는 상이하게 드러났다.

역사교사의 경우, 일반교과와 다르지 않은 일방적 지식 전달의 차원에서 교육학 교과가 제 역할 하기를 바랐다. 교육학을 전공한 전문교사가 '지식이라 일컬을 수 있는' 정보를 학습자에게 전달해야 한다는 입장이다. 요컨대, 학생들이 필요로 하는 교육 관련 지식을 전문가가 가시적인 정보, 유용한 정보로서 다루어야 한다는 것이다. 반면, 수학교사는 교육학 교과를 하나의 대안교과로서 보다 자유로운 형식으로 이루어져야 한다고 생각하였다. 수학교사가 2년 전까지 실제로 진행했던 수업은, 지식을 전달하는 차원의 수업이 아니었다. 학생들이 일련의 주체적 활동을 통해 저절로 학습케 되는 방식이었다. 예를 들면, 교육심리 단원에서는 직접 심리검사를 한다거나, 교육 관련 다큐멘터리를 감상한 후, 학습자들이 서로 의견을 교환하는 등의 활동을 하였다.

그럼에도 불구하고, 학생이 정말로 필요로 하는 내용을 다루어야 한다는 점에서, 두 교사의 의견은 일치했다. 두 교사가 교육학 교과를 바라보는 관점의 차이는 교과 수업에 대한 인식과 철학이 다르기 때문인 것으로 보인다. 이는 교육학 교과의 정체성과 방법론에 대한 연구와 논의가 앞으로도 충분히 이루어져야 함을 시사한다.

질문 4.
고등학교에서 교육학 교과가 필요하다고 생각한다면, 교육학 시간에 어떤 내용이 다루어져야 한다고 생각하십니까?

답변 (역사교사)
심리학과 사회학을 다룰 때, 이 부분에 대한 지식이 많은 도움이 될 것으로 봅니다. 사실 학생들은 수업시간에 구체적인 '지식'이 있어야 배운다는 느낌을 가지고 수업을 따라옵니다. 교육학 교과에 전공자가 교사로 배치되어야 하는 이유도 바로 이 때문입니다. 체계적인 지식 전달이 되어야 교육학 교과가 제대로 교육될 수 있을 것입니다.

답변 (수학교사)

실제 2년여 동안 자율적으로 다큐멘터리 시청 및 영화 시청 등 교과서에 얽매이지 않는 수업을 진행하였습니다. 학습지에 10대/20대/30대의 미래 꿈 적기, 꿈을 3월, 9월에 적고 코팅해서 책상에 붙이기 활동 등이 효과적이었습니다. 그리고 내신 성적 처리 및 수능성적에 대한 통계를 가르치면 선생님 입장에서는 정당성 확보, 학생 입장에서는 평가에 대한 정보를 얻을 수 있어서 효과적일 것으로 보입니다. 또한 실제 수업에서 성격검사를 진행하였는데 MBTI검사 수행 후 실제 성격비교를 하는 등 활동 진행 과정에서 학생들 반응이 좋았습니다. 그리고 대학교 수업처럼 자율적인 분위기에서 수업을 진행하였습니다. 영화는 Modern times 혹은 Singing in the rain, 무성영화 등을 감상하면서 그 당시 사람들이 어떤 생각을 하고 살았는지에 대해 토론해보는 시간을 가진 점이 좋았습니다. 전반적으로 국, 영, 수 위주의 수업에서 벗어나 숨구멍의 역할을 하는 수업이 되었던 것 같습니다.

두 교사가 제시하는 교육학 교과의 모습은 교수 방법적 차원에서도 상반된 모습이다. 하나는 교사의 일방적인 지식 전달 교수이며, 다른 하나는 교과서에 얽매이지 않는, 교사와 학생 간의 충분한 상호작용이 기반 되는 수업이다. 한 교과에 대해서 이렇듯 상반된 두 가지의 양상이 노출되는 것은, 현재 교육학 교과가 이 두 가지 수업 형태 중 어느 하나도 제대로 충족시켜주지 못하고 있다는 것을 시사한다.

질문 5.

고등학교 교양교과로서 교육학이 제 기능을 다하기 위해서는 어떤 부분이 개선되어야 한다고 생각하십니까?

답변(역사교사)
행정적인 문제, 입시체제와의 관련성, 교육학 교과서 내용 등 모든 면에서 문제가 있습니다. 무엇보다도 교사 수급구조가 변해야 한다고 생각합니다. 교육학 교과목을 교육청에서 지정해 주지만, 학교 현장에서는 기술 선생님, 수업시수 남는 선생님을 동원하여 배정할 수밖에 없습니다. 선생님 수급 문제가 해결되어야 교육학 교과의 교육 정상화와 내실화에 도움이 되리라고 봅니다. 그리고 뻔한 결론이지만 교육학 과목이 이수인정이 아니라 평가과목에 반영이 되어야 합니다.

답변 (수학교사)
교육과정을 편성할 때, 몇 학년에서 어떤 내용을 가르칠지, 분산할지, 집중할지를 결정할 필요가 있습니다. 당장 입시체제를 고치는 것은 사실상 힘들다고 보고, 교육학 교과가 입시과목을 보조해 줄 수 있는 역할을 해야 한다고 봅니다. 진로의 경우 이미 알고 있는 이야기를 반복하고 있다는 생각이 들었습니다. 실제 수업에서 대학입시 수시전형 기간에 대학교에서 과별로 어떤 과목을 배우는지 자세하게 다루었습니다. 학생들이 학과별 교육과정을 모르는 경우가 많고 점수에 맞춰서 진학하는 경우가 지배적인데, 이러한 점에서 많은 도움이 되었다고 생각합니다.

B고등학교 현직 교사의 의견에 따르면, 교육학 교과는 교사 수급구조와 같은 행정적 문제, 입시체제와 관련성이 없는 현실적 문제, 이수인정 교과로서 내신 성적에 반영되지 않는 문제, 교과서의 내용과 수업 방식상의 문제 등 다양한 애로점이 존재한다. 나아가 교육학 교과의 정체성과 교수 내용 및 방법에 대한, 학계의 충분한 연구와 논의가 부족하다는 지적도 있었다.

(2) 학생 인터뷰

B고등학교에서 인터뷰에 참여한 학생은 1학년 남학생 3명, 2학년 여학생 5명이었다. 대입수험생인 3학년을 제외하고, 1, 2학년을 상대로 교육학 교과에 대한 학생들의 견해를 들을 수 있었다. 인터뷰에서는 교육학이 어떤 과목이며 어떤 내용을 다룬다고 생각하는가? 고등학교 교양교과로 교육학이 필요하다고 생각하는가? 만약 교육학 시간에 자습을 하지 않고 수업을 진행한다면 들을 의향이 있는가? 등이었다.

먼저, 학생들에게 교육학 교과 얘기를 꺼내자 생소하게 느끼고 있었다. 더구나 그 정체성에 대해 명확한 인식이 없었다. 교육학이라는 교과목 명칭에서 대략적으로 내용을 유추해냈다. 이는 교육학이라는 교과가 고등학생 수준에서도 그 내용을 짐작할 수 있을 만큼 보편적이어서, 전문적 교과 내용을 담보할 수 없다는 말로 여겨질 수도 있다.

질문 1.
고등학교 교양교과의 하나인 교육학에 대해 알고 있나요? 교육학 시간에 뭘 배울 것이라고 생각하세요?

답변 (학생1)
교육학이라는 교과가 있는지 처음 알았어요. 하지만 어떻게 하면 학생들을 잘 가르칠 수 있을지에 대해 배울 것 같아요. 아니면 어떻게 하면 공부를 잘 할 수 있는지, 뭐 그런 내용을 배울 것 같은데요.

답변 (학생2)
청소년 심리나 선생님들이 얼마나 힘든지, 선생님들이 걸어온 길에 대해 배울 것 같아요.

교육학 교과의 필요성에 대한 학생들의 대답은 예상과 달리 긍정적인 반응도 있었다. 그러나 이는 인터뷰 대상이 1, 2학년이고, 아직 본격적인 입시에 뛰어들지 않은 학생이며, 교육학 교과를 듣지 않은 학생이기에 그런 반응을 보인 것으로 볼 수 있다. 왜냐하면 3학년 학생들과 같이 현실적으로 대학입시에 부딪힌 학생들의 경우, 교육학 교과의 필요성을 적극적으로 긍정하지 않기 때문이다.

질문 2-1.
고등학교 교양교과목에서 교육학이 필요할 것 같나요?
답변 (학생1)
솔직히 말씀드리면, 그 시간에 자습할 것 같아요. 나중에 교육계열 쪽으로 진학하는 게 꿈이라면 모를까, 그게 아니면 별로 필요 없을 것 같은데요.
답변 (학생2)
하지만 교육학을 가르치는 학교도 무슨 생각이 있으니까 가르치는 게 아닐까요?

질문 2-2.
만약, 교육학 시간에 자습 안하고 수업을 하면 어떨 것 같아요?
답변 (학생1)
공부하는 방법이나 교육 상식 같은 것을 다룬다면 들을 것 같아요. 왠지 써먹을 데가 많을 것 같아서. 그런데 흥미를 끌기는 힘들 것 같아요.
답변 (학생2)
재미있으면 들을 생각은 있어요.
답변 (학생3)
계속 입시 공부만 하면 지치니까 이 시간에 쉰다고 생각하고 들을 것 같아요. 재미만 있으면.
답변 (학생4)
근데 대부분은 안들을 거예요. 피곤하고 수능시험과 관련도 없고. 고3 때 하는 건 안 좋아요. 내신이랑 수능시험 공부하고 대학 가는 게 중요한데 솔직히 시간 낭비로 느껴질 것 같아요. 교육학 같은 건 대학가서 배우면 되니까.
답변 (학생5)
재미있으면 들을 것 같긴 한데, 만약에 다음 시간에 숙제가 있다거나 그 날 다른 것을 해야 한다면 안 듣고 그 시간에 자습을 하거나 다른 일부터 할 것 같아요.

인터뷰에 참여한 대부분의 학생은 입시와는 관계가 없더라도 수업이 재미있으면 충분히 들을 의지를 가지고 있었다. 이런 반응은 약간 의외였다. 학생들은 학교에서 가르치는 교과목은 나름의 당위와 필요가 있기 때문에 운영되는 것이라는 믿음이 있었고, 수업에 참여할 뜻도 있었다.

학생들의 인터뷰를 종합하면, 교육학 교과를 구성할 때, 내용 선정의 문제, 수업 방법의 적절성, 수업 진행에서 흥미 등이 상당히 중요하게 작용할 수 있음을 보여주었다. 그러나 교육학이 내신이나 수능시험에 반영되지 않는다는 근본적인 문제가 학생들의 학습 동기를 저하시키는 요인이 된다는 사실은 분명해 보였다.

3) C고등학교의 사례: 이전에는 교육학 교과를 채택했으나 현재 채택하지 않은 경우

대전에 있는 C고등학교는 2011년까지 교양교과로 교육학을 채택하다가 2012년부터 다른 교양과목으로 바꾼 사례이다. 이 학교는 왜 그런 조치를 취한 것일까?

(1) 교사 인터뷰

C고등학교에서는 두 분의 교사가 진지하게 인터뷰에 응해 주었다.

질문 1.
C고등학교에서는 3학년 교양과목으로 교육학 교과인 생활과 교육을 채택한 적이 있습니다. 다양한 교양교과(진로와 직업, 철학, 종교, 논리학, 생태와 환경 등) 가운데 교육학을 채택한 이유가 무엇인지요?

답변
대부분의 학교 현장에서는 수업시수가 적은 교사들이 교양과목을 담당합니다. 생활과 교육은 철학, 논리학 등과 같은 전문적인 교양과목에 비해 가르치기가 쉽습니다. 따라서 교사들이 교양과목 수업에 대해 부담감을 느끼게 하지 않기 위하여, 생활과 교육을 채택한 적이 있습니다. 현재는 진로와 직업을 교양과목으로 채택하고 있는데, 이는 학교에 진로상담교사가 생겨서 상담교사의 수업시수를 늘리기 위한 방안입니다. 그리고 3학년 시간이기 때문에 생활과 교육이든 진로와 직업이든 교양과목 수업을 하지 않고 자습시간으로 활용하고 있습니다.

교양교과를 담당하고 있는 C고등학교 교사는 수업시수가 적은 교사들이 부담없이 가르칠 수 있는 교양교과로 교육학이 적합하기 때문에 채택되었다고 답하였다. 이는 교육학 전문 교사의 수요를 차단할 수도 있고, 교육학 교과의 전문성을 저하시키는 원인이 될 수도 있다.

질문 2.
C고등학교에서 생활과 교육 시간을 실질적으로는 자율학습 시간으로 활용했다고 들었습니다. 교육학 교과 시간이 자율학습 시간으로 활용될 수밖에 없는 요인은 무엇입니까?

답변 (교사1)
대학입시 교과가 아닌 것이 가장 큰 이유입니다. 학생들은 대학입시와 관계된 교과라면 수업에 충실하지만 그렇지 않으면 입시에 관한 부담이 없으므로 수업을 제대로 듣지 않습니다. 3학년의 경우, 입시에 관계되지 않은 과목을 수업하게 되면, 학생들이 자신들이 활용할 수 있는 시간으로 해 달라고 요구하는 경우도 있어요.

답변 (교사2)
처음에는 과목의 취지를 살리기 위해 2~30분 정도 수업하고 자습을 하는 방향으로 진행해 보았어요. 수업 초기에는 학생들에게 흥미를 주는 자료를 첨부하고, 효과적인 교수학습 방법을 통하여 수업을 진행해 보려고 했습니다. 그러나 대학입시가 부담이 되는 상황에서 수업을 지속적으로 진행하기는 교사에게도 학생에게도 어려운 문제였습니다. 학생들은 점점 수업을 듣지 않게 되고, 이것을 지켜보는 교사도 계속적으로 수업을 하기에는 심적 부담과 학생들에 대한 미안함을 느끼기 때문입니다. 따라서 초기에 몇 번 수업한 이후에는 자습시간으로 활용할 수밖에 없었어요.

요약하면, 교육학 교과를 비롯한 교양교과는 대학 입시교과가 아니기 때문에 수업을 진행하면 학생에게도, 교사에게도 부담이 되어, 자습시간으로 할애할 수밖에 없다는 것이다. C고등학교의 경우, 지역을 대표하는 명문학교이기 때문에 전반적으로 수업에 열의가 높다. 그럼에도 불구하고, 학교에서 교육학 교과나 교양교과 수업을 하면 입시와 관계가 없으므로 수업을 잘 듣지 않는 편이다. 이런 점에서 다른 고등학교의 교양교과 수업의 집중도는 훨씬 떨어질 수도 있다는 생각을 지울 수 없다.

질문 3.
선생님께서는 교육학 교과가 고등학교 학생들에게 적절하고 필요한 교과목이라고 생각하십니까?

답변 (교사1)
현실적으로는 어렵다고 생각합니다. 가장 큰 문제가 학생들은 대학입시와 관계되지 않으면 수업에 대한 관심을 거의 보이지 않으며, 이는 교사에게도 수업의 의욕을 잃게 합니다. 교육학도 필요성을 느끼게 하려면 대학입시와 관련이 되어야 합니다. 현재 생활과 교육의 내용을 좀 더 심화하여 교육학을 입시의 사회탐구 영역에 포함하는 방안도 생각해 볼 수 있으나, 교육학은 교육철학, 교육심리학, 교육사회학, 교육평가 등 매우 방대한 내용이 들어가 있기 때문에 사회탐구 영역에 들어가기 어려울 것 같아요. 사회탐구 영역에서는 정치/경제/윤리 등과 같이 세분화된 과목을 다루고 있기 때문입니다.

답변 (교사2)
현실적으로 볼 때, 교육학은 고등학교에서 다루기 어렵다고 생각합니다. 일단 대학입시 과목이 아니면 학생들의 흥미를 끌기 어렵습니다. 학생들의 수업 열의가 높은 특정한 고등학교에서도 명문대를 준비하는 학생들이 아니면 입시에 직접적으로 반영되지 않는 과학 시간에도 수업에 집중하지 않는 학생들이 많다고 해요. 대학입시에 반영하자는 말도 나오지만, 현재 교육과정이 개편되면서 수능시험 과목은 점점 줄어들고 있습니다. 예를 들어, 사회탐구도 선택 4과목에서 2과목으로 줄고 있어요. 이러한 상황에서 교육학을 추가로 하기는 현실적으로 어렵다고 생각합니다.

C고등학교 교사의 경우, 교육학이 대학입시의 주요 과목이 되지 않는 한, 고등학교에서 이를 가르치는 것은 부적절하다는 의견을 드러냈다. 그러면서도 대학입시 과목을 줄이는 현재의 상황에서 교육학이 입시과목으로 추가되기는 어려워 보인다는 견해도 내비쳤다. 이런 시각은 교육학이 고등학생을 위한 교과로서 그 내용이 부적절하다기보다는 현실적인 차원의 교양교과로서 부적절하다는 의견이다. 아무리 교육학의 내용이 좋다고 하더라도 현재와 같은 입시제도하에서는 교양과목이 제대로 기능을 할 수 없기에 학생들이 교육학을 제대로 배우기 어렵다는 말이다.

질문 4-1.
교육학 교과의 필요성이 있다면, 교육학 시간에는 어떤 내용이 다루어져야 한다고 생각하십니까?

답변 (교사1)
교육심리학 영역의 학습방법론에 대해 중점적으로 다뤄야 한다고 생각합니다. 교육학의 세분화된 교과들은 교사들에게 필요한 영역이 대다수입니다. 따라서 학생들에게는 학습방법론이 가장 관련이 있다고 생각해요. 그리고 학생들은 교육학 시간을 통하여 자신들이 배우는 다른 교과목에 대한 적절한 학습방법을 찾을 수도 있습니다. 따라서 이는 학생들에게 다른 교과를 자기주도적으로 학습하는 데 도움을 준다고 봅니다.

교육학 교과가 필요하다는 전제에서 볼 때 그 내용의 대부분은 학습심리나 학습방법에 관한 것을 주문했다. 대학입시 과목에 직접적으로 반영될 수 없다면, 학생들에게 실제적으로 도움이 될 만한 내용을 다루자는 취지에서 그런 의견을 제시한 것으로 판단된다. 이는 행복한 삶이나 자아존중감 등을 주로 다루기를 바랐던 A고능학교 교사들의 견해와 비교된다.

질문 4−2. (교육학 교과를 담당했던 경험이 있는 교사에게 질문)
현행 교육학 교과서의 구성과 내용이 실제 고등학교 학생들에게 적절하다고 생각하십니까?

답변
일단 교과서 구성면에서 매우 취약하다고 봅니다. 교육학이 현재 대학입시 과목에 들어가지 않기 때문에 교육학 교과서를 출판하는 회사가 매우 적고, 이는 교육학 교과의 구성을 빈약하게 하는 이유가 된다고 생각합니다. 교과서에 쓰이는 사진과 도표 등의 자료도 오래된 것들이라 현실성이 떨어집니다. 이는 교사들이 수업하는 데도 어려움을 주며, 학생들에게 흥미를 유발하기 어렵습니다. 그리고 내용도 체계적이지 못합니다. 실질적인 도움을 주는 내용보다는 교육학에 대해 수박 겉핥기식으로 넘어가는 내용이 많습니다. 따라서 교과서의 구성을 현재 상황을 잘 반영하는 자료와 사진을 참고해야 하고, 내용에서도 학생들에게 도움이 되겠다 싶은 부분은 깊이 있게 다루고, 도움이 되지 않겠다 싶은 부분은 과감히 생략해야 합니다.

이전에 교육학을 가르쳤던 교사는 교육학이 교양과목으로서도 제대로 기능을 하지 못하고 있다고 판단하였다. 그 요인 중의 하나가 교과서 내용 구성의 취약성이고 그것이 교양과목으로서 교육학의 입지를 약화시킨다고 보았다. 이런 점에서 대학입시 과목으로서 교육학의 반영이 어렵다면, 차선책으로 교과서의 구성을 참신하게 바꿔 학생들의 실질적으로 도움을 줄 수 있는 대안이 요청된다.

질문 5.
교육학이 교과로서 제 기능을 다하기 위해서는 어떤 점이 개선되어야 한다고 생각하십니까?

답변

대학입시의 과목으로 넣는 것이 가장 좋은 방법이라고 생각합니다. 이는 매우 현실적인 문제입니다. 교육학 교과가 제 기능을 하지 못하는 이유는 단순히 교육학이 지니고 있는 내용의 문제가 아니라 입시 과목과 연계되어 있느냐 아니냐의 문제이기 때문입니다. 반복되는 얘기지만, 현재 입시제도에서 있는 교과목도 축소하고 있는데 교육학을 입시과목으로 반영하기는 어렵다고 생각합니다.

차선책은 교육학 교과서의 내용을 학생들에게 실질적인 도움을 줄 수 있는 내용으로 바꾸는 것입니다. 예를 들면 교육학 교과에서 자기 주도적 학습의 내용을 주로 다루는 것이 하나의 방안이 될 수 있습니다. 현재 여러 대학에서 자기 주도적 학습 여부를 대학입시에 반영하는 경우가 많은데, 교육학 교과 시간에 자기 주도적 학습 활동을 한 뒤, 그 활동을 포트폴리오로 정리하고, 해당 자료들을 대학입시에 활용할 수 있도록 지도하는 것도 좋을 것 같습니다.

C고등학교의 두 교사는 고등학교에서 교육학을 활성화하는 방안은 대학입시 체제의 개선이 최우선이고, 차선책으로 교과서의 내용을 수정해야 한다고 보았다. 이는 고등학교 교양교과로서 교육학의 위상을 잘 보여준다. 즉 대학입시에서 교양과목이 지닌 위상과 직접적으로 연관된 문제이다. 대학입시에 반영되기 어렵다면, 적어도 입시제도에 도움이 되는 방향으로 자리매김 되어야 한다는 의견이다.

(2) 학생 인터뷰

학생 인터뷰는 C고등학교에 재학할 당시, 교육학을 배운 경험이 있는 현재의 대학생을 대상으로 실시하였다.

질문 1.
고등학교 재학시 교양교과로 배웠던 교육학 과목에 대한 만족도는 어떠합니까?

답변
교육학 수업은 이수인정 과목으로 성적이 산출되지 않았기 때문에 다른 과목과 비교해서 말하기는 어렵습니다. 대학입시 준비에 바쁜 고3 학생들이 잠시나마 기분전환을 하면서 새로운 생각을 해 볼 수 있게 하는 것이 수업의 주된 의도였기 때문에, 큰 부담 없이 즐겁게 들을 수 있었습니다.
당시 수업 내용을 더듬어 보면, 교육과 동, 서양의 철학적 관점을 연결시킨 것을 간략하게 소개하는 것이었어요. 예를 들면 소크라테스, 아리스토텔레스가 본 교육은 무엇인가, 교육을 통해 추구하는 바람직한 인간상은 무엇인가 등에 대한 내용이 슬라이드에 간단히 정리되어 제시되었습니다. 윤리적 지식을 수업에 활용하고 다양한 적용 방안을 고민할 수 있었기 때문에 흥미로웠다고 느꼈던 기억이 납니다. 선생님의 설명이 끝나고 나면, EBS 지식채널 e 동영상 몇 개를 보곤 했는데, 사회적 이슈에 대해 짧지만 재미있고, 비교적 객관적이고, 강한 울림을 주었던 것 같습니다. 교과서는 거의 사용하지 않았던 것 같고, 선생님이 만든 PPT로 수업을 진행했어요.

고등학교 재학 당시, 이 학생이 받은 교육학 수업은 시청각 자료를 활용하여 짧고 간단하게 진행되었던 것으로 보인다. 시청각 자료를 이용하여 짧고 재미있게 수업하는 것은 수업 초기에는 집중도를 높이는데 기여할 수는 있으나, 지속적으로 그렇게 수업을 진행하기에는 어려움이 있었을 것으로 판단된다. 왜냐하면 교사는 매 수업 시간마다 재미있는 시청각 자료를 찾아오느라 부담을 가질 수 있고, 학생들은 대학입시 과목도 아니고 내신 성적에도 영향을 미치지 않는 과목이므로, 교육학 교과의 내용을 깊이 공부하지 않기 때문이다. 그러다 보니, 실제로 교육학 수업은 학기 초에만 잠깐 진행되고 말았다고 한다.

질문 2.
고등학생이었을 때, 교양교과인 교육학이 어떤 과목이라고 느꼈나요?

답변
다른 정규과목들과 비교했을 때, 수업시수와 교육 분량 측면에서 교육학 수업을 제대로 받지 않았어요. 따라서 교육학이 어떤 과목인지 잘 알지는 못하지만, 교육학은 교육을 하고, 받는 이유를 알려주는 과목이라고 생각했습니다. 수학, 과학을 통해 자연을 이해하고, 인문학을 통해 인간과 사회를 이해한다면 교육학은 무엇을 가르칠 것이며, 가르침을 받는 사람들이 어떻게 달라질지 고민하는 과목인 것 같다고 생각했습니다.

C고등학교를 졸업한 대학생은, 고등학생 당시에 교육학은 가르치는 활동과 그로 인한 변화를 고민하는 과목으로 느꼈다고 답변했다. 답변 자체로만 볼 때는 교육학의 본질을 잘 파악한 것으로 판단되지만, 다른 학생들도 이와 비슷하게 생각할지는 의문이다.

질문 3.
고등학교 교양교과로서 교육학 수업의 필요성에 대해 어떻게 생각하십니까?

답변
한국의 초, 중, 고등학교 교육과정은 상급학교 진학을 위한 입시과목의 지식 습득에 초점이 맞추어져 있다고 봅니다. 좋은 성적을 얻고, 좋은 대학에 진학하기 위해 열심히 교육 받는 것은 고등학생들에게 선택이 아니라 의무로 여겨집니다. 교육에 대한 의무 의식을 심어주는 것은 좀 더 많은 학생들을 공부하게 하는 데에는 효과적일 수 있어요. 하지만 상대적으로 '선택으로서의 교육'의 측면에서 학생들에게 교육이 왜 필요한지에 대해 깊이 있게 알려주는 것이 부족하게 됩니다. 당장 공부시키는 것도 중요하지만, 학생들이 교육을 단순히 의무이자 부담으로 여기기보다 자신과 사회를 위한 선택이라는 인식을 갖게 된다면, 좀 더 행복해질 수 있지 않을까 생각해 봅니다.

고등학교 교양교과로 교육학을 경험한 학생들 중 상당수는 교사들의 견해와 다른 부분도 있다. 교사들은 대학입시와 연관이 없기 때문에 교육학 수업이 제대로 이루어지지 않는다고 보았다. 그러나 C고등학교를 졸업한 이 학생의 경우, 단순히 교육학 수업의 입시 연관 여부에만 초섬을 두지는 않았다. 상당수의 학생들은 자신에게 깨달음을 주는 수업을 원하는 것으로 보인다. 교육학 수업이 학생들의 마음에 울림을 주는 방향으로 이뤄진다면 입시과목이 아니더라도 학생들의 참여를 이끌어 낼 수도 있다. 그러나 이 학생의 경우, 대부분 수업에 적극적으로 참여하는 학생이었다고 자평하고 있어, 모든 학생의 의견을 대변하기에는 한계가 있다고 판단된다.

4) 종합적 논의

사실, 우리는 '고등학교에서 교육학이 교과목으로 적절한가'에 대한 논의를 시작하면서, 현재 우리나라 교육 문제 중 하나인 대학입시를 염두에 두었다. 교육학이 고등학교 교양교과목으로 어떻게 자리매김 할 수 있느냐의 문제보다는 대학입시 과목이 아니라는 점에 주목했다. 그리고 입시의 주요 과목인 국어, 영어, 수학 등의 몇몇 과목 이외의 교과목이 학생과 교사에게 외면 받는 현실을 고려하였다. 그것은 '학교현장에서는 교육학 교과를 중요하게 여기지 않으며, 행정적 필요에 의해 교육학 교과를 선택했을 뿐, 실제 수업도 제대로 이루어지지 않는다'라는 잠재적 가정 내지 결론을 상정하는 것으로 이어졌다. 이러한 우리들의 시선은 인터뷰와 설문 및 서면조사에서 어긋난 부분이 있기도 했지만, 대부분의 경우, 그대로 확인되었다.

A고등학교의 경우, 교육학 전담교사가 있어 교육학 교과목을 열심히 가르치는 대표적인 학교이다. 1학년 학급의 절반이나 되는 학생이 교육학을 선택해 수업을 듣고 있다. 교육학 교과목을 이수한 학생들은, 고등학교 교양교과로서 교육학에 대한 인터뷰에서, 대학입시로 인해 교육학 교과목에 어떤 문제가 있다고 답하지는

않았다. 대부분의 학생들은 교과목을 가르치는 교사의 성향에 따라 교과목의 존재가치가 드러난다고 답변하였다. 교양과목으로서 교육학은 그 본래의 역할을 다하여 고등학생이 원하는 수준에 맞게 제시된다면 큰 문제가 아니라는 것이 학생들의 태도이다. 학생들은 교사가 좋다면, 수업이 재미있다면, 수업방법을 교양과목에 알맞게 신나게 즐길 수 있는 수업으로 꾸며진다면, 얼마든지 교육학 수업을 졸지 않고 잘 들을 수 있다고 대답했다.

이러한 학생들의 답변은 우리의 가정과 어긋났다. 그것은 교육학도들의 선입견이 불러온 오류이다. A고등학교 학생들에게 접근할 때, 우리는 최소한 그들이 선택한 교과를 존중하면서 그들을 만나야 했다. '고등학교에서 교육학이 교과목으로 적절한가'를 묻는 것이 아니라, '고등학교 교양교과로 적절한가'를 물어야 했다. A고등학교를 현장 방문하면서 깨달은 것은, 교육학을 교과로 바라보는 교육학도의 시각과 해당 교사와 학생들의 시선에 차이가 있다는 것이었다. 이런 점에서, '고등학교 교양교과로서 교육학이 적합한가?'라는 비판적 논의는 관점의 수정을 필요로 한다.

예를 들면, '고등학생에서 교육학을 교양으로 배우는 것이 적절한가?' 또 '교양으로 배운다고 할 때 교과서의 내용과 형태는 어떠해야 하는가?' 나아가 '교육학이 교양으로 적합한 교과인가?' 등등을 고려하는 것이 바람직하다고 판단된다.

B고등학교의 경우, 교육학 수업은 자율학습시간으로 활용되기도 했지만, 때로는 상당히 자율적으로 이루어졌다. 사실, B고등학교는 명문대 진학률이 상당히 높은 학교였다. 그러다보니 교육학 수업은 새로운 방식으로 진행되었다. 교과서 내용이나 교육과정에 크게 구애 받지 않고 교사가 자율적으로 구성했던 것이다. 실제로 교육학 수업에 대한 교사와 학생들의 만족도가 상당히 높았다.

그렇더라도 고등학교 교양교과로서 교육학이 보통교과에 상응하는 위상을 얻는 것은 현실적으로 불가능하다. 수능시험이나 주요 교과목 중심의 대학입시가 강조되는 대한민국 교육현실에서, 교육학과 같은 이수인정 과목인 교양교과를 내신 성적 평가과목으로 바꾼다할지라도, 학생들의 학습동기에 엄청난 변화를 가져오기는 쉽지 않을 듯하다.

이런 차원에서 교양교과로서 교육학은 하나의 대안적 교과로 존재할 필요가 있다. 이런 현실을 인식하고 고등학교 교육과정에서 교육학의 자리매김과 수준에 맞는 내용으로 교과를 재구성한다면, 교육현장에서 교육학의 정체성을 확보할 수도 있다고 판단된다. 인터뷰를 통해 새삼 발견한 것이 있다면, 수업에서 교사의 역량이 결정적으로 중요하다는 것이다. 수업에 임하는 교사의 태도와 수업 내용을 전달하는 방식에 따라, 그것이 동일한 내용일지라도, 학생들의 수업참여도와 만족도는 전혀 다른 결과를 가져올 수 있다는 점이다.

C고등학교의 경우, 이전에는 교육학을 가르쳤으나 현재는 채택하지 않고 있어 여기서는 생략한다.

그렇다면, 교육학은 고등학교 교양교과로서 적합한가? 아니면 필요 없는 교과목인가? 그것은 교육과정을 어떻게 운영하느냐의 문제로 환원된다.

현실적으로 교육현장에서 교육학 교과가 제대로 운영되기 위해서는, '교양수업'으로서 고3이 아닌 고1 또는 고2 학생들을 대상으로 개설할 필요가 있다. 그리고 이를 지도할 교수 및 학습방법에 대한 방법 개발과 교사 연수가 요구된다. 현장 교사들의 의견에 따르면, 교육학 교과의 경우, 교과서 이외에 참고할만한 수업자료가 제대로 갖춰져 있지 않고, 교구 및 교수방법에 대한 안내가 부족한 실정이다. 따라서 우선적으로 '교양수업에 맞는' 수업방법 연구가 진행되어야 한다. 아울러 교과서 개발도 현재와 같은 이론 중심의 구성보다는 미술이나 음악 교과처럼 참고자료가 풍부한 내용으로 개선할 필요가 있다.

또한, 교육학 교과를 비롯하여 고등학교 교양교과에 포함된 다양한 교과목들이 교양수업으로서 제 역할을 할 수 있도록 후속 연구가 요구된다. 학교 현장에서는 다양한 교양교과목이 교육과정에만 기재된 채, 학생들의 자율학습으로 이루어지는 경우가 대부분이다. 이는 교양교과를 선택할 때, 그 역할이 무엇이어야 하는지 제대로 인식하지 못한 결과이다. 따라서 고등학교 교육과정총론에 제시된 '교양교과'의 목적과 역할에 맞는 교육목표, 교육과정, 교육방법의 전반적 개편과 전문적이고 체계적인 교육 지원이 요청된다.

2. 교육학 수업의 실태와 문제점

교육학 수업의 실태를 조사하기 위해서는, 현재 고등학교에서 교양교과로 교육학을 채택하여 수업하고 있는 학교를 찾아 실제로 관찰하고 조사하는 것이 중요한 문제였다. 이에 우리는 수도권 중소도시에 있는 D고등학교와 E고등학교에 방문 취지를 문의하고, 다양한 방법으로 설득하여 방문 허락을 받았다. 현장 조사에서는 학생들의 설문과 교사 인터뷰, 교육과정 운영 등 심층적으로 안내를 받았다.

D고등학교 학생들을 대상으로 한 설문에서는, 교양교과 중에서 선택한 교육학(생활과 교육)에 대한 학생들의 인식을 조사하였다. 설문의 문항은 생활과 교육이라는 교육학 교과목에 관한 인지도, 수준의 적합성, 흥미도, 선호도, 교수법 등 총 다섯 가지로 구성하였다.

E고등학교에서는 현재 교육학 수업을 진행하고 있는 담당교사와 심층적인 인터뷰를 진행하였다. E고등학교가 위치한 수도권 중소도시는 농업이 지역경제의 기반이 되는 지역이었으나 주택개발 활성화에 따라 현재는 도심의 주거기능을 분산하는 위성도시의 역할을 하고 있다. 이런 환경의 변화는 주민들의 생활수준 향상을 가져왔고, 그에 따라 학생들의 학구열이나 성적, 학습태도 등도 점차 증가하고 있는 추세이다.

1) 교육학에 대한 학생의 이해 수준

본 설문조사는 경기도 소재 D고등학교의 2학년 학생들을 대상으로, 총 4학급 147명을 대상으로 실시하였으며, 147부 모두를 회수하여 분석하였다. 설문에 참여한 학생들의 성별은 남 79명, 여 68명이다. 설문분석의 결과는 교육학에 대한 인지도, 수준의 적합성, 흥미도, 선호도, 교수법 등 5가지 측면으로 나누어 제시한다.

(1) [학생용 설문지] 내용

안녕하십니까?

본 설문지는 고등학생을 대상으로 하는 선택교양과목, 생활과 교육에 대한 하생들의 인식조사입니다. 본 설문지는 익명으로 처리되며 귀하의 의견은 학문적 목적 이외에는 절대로 사용하지 않을 것을 약속드리며 보내주신 설문 내용은 소중히 다루겠습니다. 제시된 요령에 따라 솔직하게 응답하여 주신다면 교육학 교과 연구에 귀중한 자료가 될 것입니다. 각 문항을 읽고 보기의 번호를 골라 ∨표시를 하거나 의견을 직접 쓰면 됩니다. 바쁘신 중에도 귀중한 시간을 내주셔서 감사합니다.

성　　별 : ① 남　　　　　　　　② 여
학　　년 : ① 1학년　　② 2학년　　③ 3학년
학교계열 : ① 일반고　　　　　　② 특목고

1. 이전에 생활과 교육 과목에 대해 들어본 적이 있습니까?
① 예　　　　　　② 아니오

1-1.(1번 문항에 '①예'로 답한 경우) 이전에 생활과 교육 과목에 대해 어떤 경로를 통해 들었습니까?
① 선생님　② 부모님　③ 형제자매　④ 친구　⑤ 학원　⑥ 기타(　　　　　)

2. 앞서 제시한 생활과 교육 과목의 전반적인 내용에 대해 얼마나 이해했습니까?
①매우 그렇다 ②그렇다 ③보통이다 ④그렇지 않다 ⑤전혀 그렇지 않다

3. 생활과 교육 과목의 전반적인 내용이 고등학생을 대상으로 가르치기에 적합하다고 생각하십니까?
①매우 그렇다 ②그렇다 ③보통이다 ④그렇지 않다 ⑤전혀 그렇지 않다

3−1.(3번 문항에 '④그렇지 않다, ⑤전혀 그렇지 않다'에 답한 경우) '생활과 교육' 과목의 전반적인 내용이 고등학생을 대상으로 가르치기에 적합하지 않다면 누구를 대상으로 가르쳐야 한다고 생각하십니까?
①초등학생 ②중학생 ③대학생 ④기타( )

4. 생활과 교육 과목에 대한 전반적인 내용이 흥미롭다고 생각하십니까?
①매우 그렇다 ②그렇다 ③보통이다 ④그렇지 않다 ⑤전혀 그렇지 않다

5. 생활과 교육 과목의 4개의 소단원들 중 어느 소단원이 가장 흥미롭다고 생각하십니까?
①행복한 삶과 교육 ②가르치고 배우는 일 ③생애 개발과 진로 선택
④미래 사회와 교육

5−1. 위의 문항5에서 선택한 소단원이 훌륭한 이유를 간략하게 설명하시오.
( )

6. 현재 배우고 있는 선택 교양과목은 무엇입니까?
①철학 ②논리학 ③심리학 ④생활경제 ⑤종교 ⑥생태와 환경 ⑦진로와 직업
⑧해당 사항 없음

6−1.(6번 문항에 '⑧해당 사항 없음'에 답한 경우) 현재 배우고 있는 일반선택과목에는 어떤 것들이 있습니까? (복수 응답 가능)
①국어생활 ②시민윤리 ③인간사회와 환경 ④실용수학 ⑤생활과 과학
⑥정보사회와 컴퓨터 ⑦체육과 건강 ⑧음악과 생활 ⑨미술과 생활 ⑩독일어 I
⑪프랑스어 I ⑫스페인어 I ⑬중국어 I ⑭일본어 I ⑮러시아어 I ⑯아랍어 I
⑰한문 ⑱교련

7. 만약 선택교양과목을 선택할 수 있다면 '생활과 교육'을 선택하시겠습니까?
①매우 그렇다 ②그렇다 ③보통이다 ④그렇지 않다 ⑤전혀 그렇지 않다

7－1.(7번 문항에 '①매우 그렇다, ②그렇다'에 답하신 분들만) '생활과 교육'을 왜 선택하고 싶습니까? (기타의견을 써주시면 감사하겠습니다).
① 내용이 흥미로워서 ② 내용이 쉬워보여서 ③ 삶에 도움이 될 것 같아서
④ 교육에 관심이 있어서 ⑤ 기타( )

7－2.(7번 문항에 '④그렇지 않다, ⑤전혀 그렇지 않다'에 답하신 분들만) '생활과 교육'을 선택하지 않으려는 이유는 무엇입니까? (기타의견을 써주시면 감사하겠습니다).
① 내용이 흥미롭지 않아서 ② 내용이 어려워보여서
③ 수능과 관련된 과목이 아니라서 ④ 교육에 관심이 없어서
⑤ 기타( )

8. 만약, 생활과 교육과목을 학교에서 가르친다면 어떤 방식으로 수업이 진행되어야 한다고 생각하십니까? (복수 응답 가능, 기타의견을 써주시면 감사하겠습니다.)
① 강의식 ② 토론식 ③ 기타( )

－ 수고하셨습니다. 감사합니다.

(2) [학생용 설문지] 분석

① 인지도 측면

생활과 교육 교과에 대한 학생들의 인지도를 살펴보기 위한 설문은 문항1과 문항1－1이다. 문항1은 생활과 교육 교과에 대해 들어본 적이 있느냐라는 질문이었는데 학생들의 86.1%는 들어보지 못했다고 하였고, 13.9%만이 알고 있었다. 문항1－1은 어떤 경로를 통해 들어 보았는지를 파악한 결과, 선생님 78.8%, 학원 21.2%로 응답하여 학생들이 주로 접촉하는 학교와 학원에서 교과목에 관한 정보를 얻고 있었다. 아직 생활과 교육 수업을 듣지 않은 학생이 많아서인지, 이 교과에 대한

학생들의 인지도는 압도적으로 낮았다.

② 적합성 측면

생활과 교육 교과가 학생들의 수준에 적합한지의 여부를 살펴보기 위한 질문은 문항2, 문항3, 문항3－1이다. 생활과 교육 과목의 전반적인 내용에 대해 얼마나 이해했느냐는 질문에 대해 학생들은 대부분 이해하고 있다는 긍정적 반응을 나타냈으나 20.8%의 학생들은 그렇지 않다고 답하였다. 문항3에서 생활과 교육의 전반적인 내용이 고등학생을 대상으로 가르치기에 적합한가라는 질문에는 매우 그렇다 5.4%, 그렇다 58.2%로 긍정적인 반응을 보였고, 그렇지 않다는 견해도 5.4%나 되었다. 문항3－1에서 생활과 교육의 내용이 고등학생에게 적합하지 않다면 누구를 대상으로 가르쳐야 하느냐에 대한 질문에서는, 중학생 45.8%, 대학생 30%, 기타 24.2%의 결과를 보였다.

요컨대, 생활과 교육 교과가 어떤 수준의 학생들에게 적합한지의 여부는 고등학생이 배우기에 적합하다는 의견이 상대적으로 많았고, 적합하지 않다고 답변한 학생들 가운데는 중학생이 배워야 한다는 의견과 대학생 및 기타 의견도 상존하고 있어 교육학 교과의 수준을 제대로 가늠하지 못한 인상을 주었다. 그것은 설문 조사를 진행하기 전에 생활과 교육 교과에 어떠한 내용이 담겨있는지, 실제 교과서를 보여주지 않았기 때문에 나온 결과일 수도 있다.

③ 흥미도 측면

생활과 교육 교과에 대한 학생들의 흥미도는 문항4, 문항5, 문항5－1을 통해 점검하였다. 문항4에서 생활과 교육 과목에 대한 전반적인 내용이 흥미롭다고 생각하느냐의 질문에, 학생들은 그렇다 33.3%, 보통이다 47.2%, 그렇지 않다 19.5%로 응답했다. 문항5에서 생활과 교육의 4개 소단원 중 어느 단원이 가장 흥미롭다고 생각하느냐라는 물음에 대해서는 '행복한 삶과 교육' 5.6%, '가르치고 배우는 일' 16.7%, '생애 개발과 진로 선택' 72.2%, '미래사회와 교육' 5.5%의 결과를 보였다.

낮은 인지도에도 불구하고 생활과 교육 교과에 대한 학생들의 흥미도는 예상 외로 높게 나왔다. 가장 흥미로워 보이는 단원은 학생들의 관심 분야이기도 한 '생애 개발과 진로 선택'을 꼽았다. 문항5에서 1단원 '행복한 삶과 교육'을 선택한 학생의 경우, 그 이유를 교육은 일생동안 일어나므로 삶과 교육을 연관 지을 필요가 있고, '교육을 잘 받는다고 가장 행복할까?'라는 의문에 답을 구하고 싶어서라는 의견도 제시하였다. 2단원 '가르치고 배우는 일'을 선택한 학생의 경우, 교육을 통해 자신의 미래를 설계할 수 있고, 학습의 원리나 방법에 흥미를 느꼈기 때문이라고 응답했고, 동시에 다른 단원들은 추상적이고 도덕 시간에 배웠던 것 같아 관심이 가지 않았다고 답하였다. 3단원 '생애 개발과 진로 선택'에 관심을 보인 학생의 경우, 진로가 인생에서 가장 중요하므로 관심이 많고, 진로에 대해 고민할 시간이 적어 도움을 구하기 위해서라는 응답과 동시에 삶과 직접적으로 관련되어 있고, 삶의 주체적 자아를 발견하며, 직업에 대해 탐색할 수 있어서라는 반응을 보였다. 4단원 '미래사회와 교육'에 관심을 보인 학생의 경우, 미래와 관련된 내용들 때문에 다른 단원보다 피부에 와 닿는다는 응답을 하였다.

④ 선호도 측면

생활과 교육 교과에 대한 학생들의 선호도는 문항7, 문항7-1, 문항7-2를 통해 확인하였다. 먼저, 교양과목을 선택할 수 있다면 생활과 교육을 선택하겠느냐는 질문에서는 그렇다 33.4%, 보통이다 38.9%, 그렇지 않다 27.7%의 반응을 보여 긍정적인 태도를 보였다. 이어 문항7-1에서 생활과 교육을 선택하고 싶은 이유를 물었는데, 내용이 흥미로워서 8.3%, 삶에 도움이 될 것 같아서 91.7% 등 학생들의 삶에 직접적으로 도움이 될 경우에 적극적으로 선택하겠다는 반응을 보였다. 반대로 문항7-2에서는 생활과 교육을 선택하지 않으려는 이유를 물었다. 이에 대한 반응은, 내용이 흥미롭지 않아서 20.5%, 수능과 관련된 과목이 아니라서 30.2%, 교육에 관심이 없어서 9.5%, 기타 내용이 추상적이어서 깨달음을 얻지 못할 것 같음, 실효성이 없음, 진로와 직업의 내용과 중복되는 듯, 교육과 관련된 진로가 아니라 도움이 안 되는 것 같음 등 39.8%로 자신들과 직접적으로 연관이 될 대만 관심을 가지는 경향을 드러냈다.

다시 말하면, 생활과 교육 교과에 대한 학생들의 선호도는 상당히 높게 나타났다. 하지만, 교과를 선택하고 싶은가 그렇지 않은가의 차원에서는 큰 차이를 보이지 않아, 선호도 차원에서도 약간의 회의가 들었다. 학생들이 생활과 교육 교과를 선호하는 이유로 '삶에 도움이 될 것 같아서'에 큰 관심을 보였는데, 이는 학생들이 '진로' 문제를 많이 고민하고 있다는 점을 반증한다고 볼 수 있다. 또한 학생들이 생활과 교육 교과를 선호하지 않는 이유가 '수능과 관련되지 않아서'를 비롯하여 자신들의 삶과 직접적 연관이 없는 데 있음을 알 수 있다.

⑤ 교수법 측면

교수법은 다양한 측면에서 학생들의 관심과 학습 태도에 영향을 미친다. 학생들이 생활과 교육 교과를 선택하여 공부한다고 할 때, 그들은 어떤 교수법을 선호하는지 살펴보기 위해, 문항8에서 그 수업의 진행 방식을 질문하였다. 그러자 강의식 43.6%, 토론식 48.8%, 기타 7.6%의 반응을 보였다. 아울러 다양한 활동 위주의 수업이나 참여를 유도하는 수업, 발표 위주의 수업이었으면 좋겠다는 의견을 제시하였다.

일반적으로 생각할 때, 일방적인 강의식보다는 토론식 혹은 기타의견이 압도적으로 우세할 것으로 예상할 수 있으나, 학생들은 의외로 강의식 수업을 선호하고 있었다. 이는 의외이면서도 상당히 유의미한 결과이다. 문제는 진정으로 학생들이 강의식 수업을 선호하는가? 아니면 학생 본인들의 수업참여가 소극적이기 때문에 편리하다고 느껴서 그런 것인가? 그것에 대한 분명한 태도 구분을 파악할 필요가 있었다.

⑥ 문제와 대안

우리는 학생들의 설문을 분석하면서 흥미로운 사실을 발견하였다. 상당수의 학생들은 생활과 교육 교과의 전체 4개 단원 중, '생애 개발과 진로 선택'을 가장 흥미로워 하였다. 그들이 이 단원을 선호하는 이유는 '삶에 도움이 될 것 같아서', 즉 '진로'와 관련되어 있기 때문인 것으로 판단되었다. 그것은 고등학생의 경우, 생활과 교육 교과를 본인의 '진로'와 관련하여 이해하고 있다는 추측의 근거를 제공한다. 따라서 교육학 교과는 학생들이 선호하는 '생애 개발과 진로 선택' 단원을 확대하고 그것을 어떻게 효과적으로 교수할 수 있느냐의 문제를 제기할 필요가 있다.

이미 지적하였지만, 생활과 교육이라는 교육학 교과는 자칫하면, 직업과 진로 교과와 중복될 수 있다. 그럼에도 불구하고, 고등학생의 최대 관심사인 '진로'와 관련하여 '생애 개발과 진로 선택'의 내용을 효과적으로 가르치는 문제가 주요한 논점으로 부각된다.

교수법 차원에서 학생들은 상당수가 강의법을 선택하였다. 토론식 수업보다는 선호도가 낮지만 43.6%의 학생들이 효과적인 교수법으로 강의식 수업을 선호하였다. 엄밀히 말하면, 강의식 교수법은 상당수의 학교에서 생활과 교육 교과의 주된 강의법으로 자리 잡고 있다. 때문에 학생들은 생활과 교육 교과에 대한 흥미를 잃기도 했다. 무엇보다도 고려할 문제는 실제 생활과 교육 교과의 목적이 강의식 수업으로 달성하기 어려운 부분이 있다는 점이다.

이런 인식이 '진로'와 관련되어 있는 '생애 개발과 진로 선택' 단원에 대한 재검토를 요구한다. 인생과 진로의 문제는 학생들이 본인에 대해 고찰할 수 있는 충분한 시간을 가지면서 진행되어야 한다. 따라서 일방적 지식 주입의 강의보다는 활동 중심의 수업이 훨씬 중요하다. 예를 들면 적성검사 해보기, 실제로 해당 직업 체험하기 등으로 이루어질 필요가 있다.

앞에서도 지적했지만, 진로와 직업 교과와 차이를 고려하여, '생애 개발과 진로 선택' 단원이 자아실현과 관련되어 있다고 보고, 학생들에게 최대한 스스로 진로를 고민해 볼 수 있도록 해주어야 한다. 생활과 교육 교과만의 특수성을 강조하기보다는 고등학생으로서의 '행복한 삶과 교육', '가르치고 배우는 일', '미래사회와 교육'을 고민할 수 있는 문제의식 제기 수준에서 충분히 논의되기를 기대하는 것이다.

2) 교육학 교사의 수업 실태 및 인식

교육학 교과가 학교 현장에서 어떻게 진행되고 있는지 구체적으로 알아보기 위해 우리는 E고등학교를 방문하였다. E고등학교의 경우, 학교 교육과정이 바뀌면서 교육학을 선택하였다. 교육학을 담당하고 있는 K교사의 경우, 다른 과목과 교육학을 함께 맡고 있다가, 현재는 교육학을 전담하여 가르치고 있다. K교사는 대학에서 교육학을 전공하였으며, 현재 대학원에서 철학과 심리학을 공부하고 있다.

(1) 교육학 교과의 수업 실태

E고등학교의 경우, 남녀공학 학교로 교양교과는 1학년 학생을 대상으로 실시하고 있었는데, 종교와 교육학 가운데 하나를 선택하여 이수할 수 있다. 교육학 담당교사의 교육학 주간 수업 시수는 12시간이며, 일주일에 2시간씩 모두 6개 반의 수업을 맡고 있다. 특히 E고등학교는 교과교실제를 운영하고 있는데, 교육학의 경우, '교육학 교실'에서 수업을 진행하되, 2시간 연속, 100분의 수업을 실시하고 있다.

(2) 교육학 교과의 목표 및 편성

교육과정의 편성은 교육과정을 만드는 사람이 교과교육의 목표를 어떻게 설정하느냐에 따라 달라질 수 있다. 국가 수준에서 제시한 교육학 교과의 목표를 요약한 것과 K교사가 경험하면서 인식한 내용을 비교하면 다음과 같다.

① 고등학교 교양교과 과정 해설에 제시된 교육학 교과의 목표

1) 올바른 삶의 의미와 삶 속에 교육이 어떤 의미를 가지는지 살펴보고 교육의 궁극적 목적과 진정한 교육이 무엇인지 올바르게 판단한다.
2) 학습을 통하여 자기를 개발시키고 자아를 성장시킬 수 있는 교육적 역량을 기른다.
3) 미래에 부모 또는 교육자로서 후세대를 바람직한 방향으로 지도할 수 있는 자질과 교육관을 형성하고, 민주시민으로서의 역할을 수행할 수 있는 능력 및 태도와 가치관을 함양한다.
4) 교육의 필요성에 대한 객관적 이해를 바탕으로 적극적으로 생애를 설계·개발하여 진로와 직업을 합리적으로 선택하고 국가, 사회 발전에 이바지한다.
5) 미래 사회에 대한 능동적 대처 능력과 사회 교육을 올바르게 보는 능력을 기르고 평생 학습 사회에서 행복한 삶을 영위할 수 있도록 하는 지식, 기능, 가치관을 습득한다.

② 인터뷰

질문1.
선생님이 생각하기에 교육학 교과 수업을 통해 어떤 목표를 달성할 수 있다고 생각하십니까?

답변 (K교사)
내가 행복해지고 내가 내 삶을 살아갈 수 있는 그런 것들을 우선 목표로 하고있어요 .... (중략) ....그리고 가정에서의 교육, 동생들이 많잖아요. 어린 동생들을 무턱대고 다루지 말고 어떻게 돌보아야 하는지 그런 관점, 그 다음에 내가 나중에 부모가 되었을 때 아이들을 어떻게 돌보아야 하는지 ...(중략)...

질문2.
일상생활에서 일어나는 교육 가운데, 그 관점이나 방법, 이런 것들을 말씀하시는 건가요?

답변 (K교사)
네 그런 것들을 교육시켜주고, 학교라는 자체에서 어떻게 교육을 받아야 되는지. 그러니까 전체적인 교육의 틀을, 교육이 우리 삶에 미치는 영향, 교육을 통해서 내 삶을 어떻게 살아갈 수 있냐 그런 것들, 교육을 통한 삶의 행복 등등입니다.

국가수준의 교육과정이나 K교사가 생각하는 교육학 교과의 궁극적인 목적은 대체적으로 비슷하다. 모두 개인적 차원에서 교육을 통한 개인의 행복한 삶의 실현을 목표로 하고 있다. 뿐만 아니라 가정교육, 학교교육 등 다양한 교육에 대처할 수 있는 가치관을 기르는 것을 목표로 한다는 부분에서도 유사한 태도를 보였다.

그러나 국가수준의 교육과정에서는 교육학 교과의 목표를 민주시민, 국가·사회적 인재 양성에 두고 있는 반면, K교사는 개인적 차원의 자아실현과 행복에 비중을 두고 있다. 또한 교육을 통한 생애 개발과 진로 선택을 국가에서는 교육학이 달성해야 할 주된 목표로 설정하고 있는 반면, K교사는 인터뷰에서 이를 적극적으로 언급하지 않았지만, 고등학교 현장에서 직접 경험을 토대로 하고 있었다. 이와 같은 목표 인식의 차이는 교육과정 편성에서 다르게 나타난다.

1년간의 교육학 수업에서 교육학 교과서에 있는 전 단원을 다루고 있는지에 대한 질문에서, K교사는 3단원인 '생애 개발과 진로 선택'은 수업을 하지 않고 있으며, 1단원과 2단원을 중심으로 수업하고 있었다. 교재의 경우에도, 2002년도에 발간된 『교육학』과 2011년에 개정되어 나온 『생활과 교육』 교과서를 함께 활용하여 수업하였다. K교사는 그 이유를 다음과 같이 들었다. "교육과정이 개정되면서 '진로' 교육이 강화되었고, 학교 차원에서 진로 수업을 따로 배정하고 있다. 교육학의 경우, 진로 교육과 중복되는 내용이 많으므로 학생들이 지루함을 느낄 수 있다. 때문에 교육학 수업 시간에 3단원인 진로 교육을 별도로 가르치지 않는다." 다시 말하면 교육학 교과 내용의 20~30%에 해당하는 부분을 가르치지 않은 것은, 국가 정책과 학교 차원의 교육과정 편성, 그리고 교사의 의지가 큰 영향력을 미친 것으로 나타났다.

현재, 한국의 고등학교 교육과정은 학교나 교사 개인의 차원보다는, 국가나 교육자치단체가 주도하거나 권장하여 편성・운영되는 경우가 많다. 그럼에도 불구하고 교육학과 같은 교양 과목의 경우, 선택하는 학교가 미미하다 보니, 국가나 교육자치단체에서 제시한 교육과정의 영향력보다는 학교 차원의 교육과정과 담당 교사의 영향력이 교과 운영에 막대한 영향을 미친다. 왜냐하면 학생들에게 필수적으로 부과되는 주요 교과의 경우, 학업성취도 평가와 같이 국가수준 교육과정에 맞게 운영되고, 대부분 그 기준을 근거로 수업을 진행하기 때문이다. 예를 들면 국어, 영어, 수학과 같은 교과의 경우, 국가의 검・인정 절차를 거친 교재를 중심으로 연합학력평가, 성취도평가 등의 시험을 출제한다. 이런 상황에서 교사가 국가에서 정해준 교육과정 이외의 내용을 자율적으로 수업하기는 매우 어렵다. 그러나 교육학의 경우, 이런 평가보다는, '이수' 여부만을 판정하는 이수 인정과목이다 보니, 교사와 학교가 교과의 편성 및 운영에서 상대적으로 자율성을 부여할 수 있다.

(3) E고등학교의 교육학 수업 및 평가

E고등학교를 방문하기 전에, 미리 교육학 교과서를 분석하면서, 교육학 교과가 지식 중심의 내용을 담고 있으며, 고등학생을 대상으로 가르치기에 어려움이 있다고 판단하였다. 그리고 그런 교육학의 특성 때문에 수업은 강의식 위주로 진행될 것으로 생각하였다. 그러나 실제 E고등학교에서 진행되는 교육학 수업은 이런 예상과 꽤 달랐다.

담당교사는 다양한 교수방법과 아이디어를 고안하려고 노력하였고 창의적 수업들이 진행되었다. K교사는 내실 있고 유의미한 교육학 수업은 교사의 역량에 따라 좌우된다고 생각하였다. 따라서 학생들을 향한 애정과 교과에 대한 열정을 가지고 수업에 임하고 있었다. 특히, 많이 쓰는 교수법은 강의식과 탐구학습, 모둠별 학습, 동영상이나 파워포인트와 같은 교육공학을 이용한 수업이었다.

〈표 2-1〉 E고등학교 교육학 교과의 내용과 수업 방법

교육내용	수업방법
행복한 삶과 교육	모둠별로 신문을 활용해 행복한 삶과 교육에 대해서 탐구하고 찾아서 적어보기
애착	아기성장 보고서, 우리 아이가 달라졌어요. 등의 동영상을 시청하고 애착을 받은 아이와 애착을 받지 못한 아이의 차이점 등을 조별로 토론하기
가드너의 다중지능이론	김연아 등 유명인사의 동영상을 보여주고 그들과 다중지능이론을 연결시켜서 생각해보기
행동주의 이론	스키너 박스 상자의 도서를 보조 교재로 이용함 파워포인트를 통해 스키너 박스 상자 원리를 설명하고 행동주의 이론의 실제 예를 함께 접목시켜서 설명하고 토론해보기
집중력, 창의력, 학기 초 친밀도 높이기 등	할리갈리, 젠가, 직업카드, 법칙카드, 교육학 관련 도서 등 보드게임과 각종 교구를 활용
세계의 교육	E고등학교 원어민 선생님이 그 나라의 교육에 대해서 직접 얘기해주고 조별활동 세계의 교육, 민사고의 교육 관련 동영상 시청 및 조별활동
교육문제 - 왕따, 학교폭력 문제	관련 동영상 시청 후 학교폭력 가해자와 피해자의 입장에 서서 롤 플레이 해보기

뿐만 아니라 매 차시의 수업내용을 1년 단위로 구성하고 매 수업의 대본을 작성하는 등, 체계적인 수업을 위해 노력하고 있었다. K교사가 실제로 사용하고 있던 수업방법은 위의 <표 2-1>과 같다.

이수인정 과목이어서 그러하기도 했지만, E고등학교에서는 교육학 교과에 대한 평가가 없다. 정기시험이나 수행평가를 통한 수시평가 등, 일체의 평가를 실시하지 않는다. 대신, 교육학 교과에 대한 나름대로의 평가기준을 마련하여, 교육학 수업 시간에 활동이 우수한 학생들에 한해, 생활기록부에 학습활동과 관련한 내용을 기록해 준다.

(4) E고등학교 교육학 수업의 한계

E고등학교 K교사는 교육학 교사로서의 다양한 수업방식을 시도하며 열정적으로 수업준비를 하였다. 그런 인터뷰를 통해 교사는 열심히 수업을 준비하고 있으나 학생들이 열정적으로 반응하지 않는다는 사실을 알 수 있었다.

질문1.
교육학 수업 시간에 학생들 분위기는 어떤가요?

답변 (K교사)
3월에는 좀 좋아요. 4월까지도 괜찮은데 중간고사 끝나고 5월이 되면 학교에 프로그램이 많으니까 풀어져요. 많이 풀어지고 그리고 또 시즌을 잘 맞춰서 수업을 해야 해요. 6월 이후, 방학이 끝나고 9월이 되면 아이들이 안하려고 들어요.

질문2.
학생들이 수업을 안 들으려고 한다고요?

답변 (K교사)
네, 왜냐하면 이게 시험도 안 들어가고 평가도 없잖아요.

질문3.
교육학 교과는 평가를 하지 않습니까?

답변 (K교사)
네 평가가 아예 없어요. 수행평가에도 안 들어가고 시험도 없고. 애들이 3월에는 학기초라 잘 몰라요. 그런데 시험 보는 줄 알았다가 시험 안 본다는 것을 소문으로 알게 되니까, 그때부터 이제 소홀하게 되는 거예요.

질문4.
교육학 교과내용에 대해 학생들이 흥미를 느낍니까?
답변 (K교사)
흥미를 별로 안 가져요. 뜬구름 잡는 얘기가 많다고 느끼기 때문에, 우선 이게 행복한 삶을 주는지, 행복과 교육이 무슨 관계인지 등등, 애들이 흥미를 잘 느끼지 못해요.

K교사의 인터뷰에 의하면, 현재 E고등학교에서 교육학 수업을 듣는 학생들은 수업에 대한 열정이 적고 내용에서도 흥미를 느끼지 않는 것 같다고 답하였다. 그 이유는 크게 두 가지로 나누어 볼 수 있다.

첫째, E고등학교의 교육학 수업이 평가를 하지 않기 때문이다. 평가라는 수단이 없다보니 학생들은 자연스럽게 교육학 수업을 해야 할 유인을 찾지 못하고 소홀히 하게 된다. 대학입시를 목전에 두고 있는 고등학생들에게는 교양 선택인 교육학 교과는 그다지 필요하지 않은 과목으로 여겨진다.

둘째, 교과의 내용이 학생들의 실제 생활과 연관성이 갖게 하는 데 실패했다. 실제적인 예를 통해 교육이 자신의 행복에 얼마나 영향을 주는지 연결되지 않아 흥미를 잃게 되고, 지루함을 줄 수 있다는 것이다.

K교사는 이와 같이 교육학 교과에 대한 학생들의 열정과 흥미가 떨어진다는 점이 가장 안타까운 부분이라고 지적했다. 또한 수업을 준비하는 과정에서 작년에 반응이 좋았던 수업 프로그램이 올해 학생들을 대상으로 하면 뜻대로 진행되지 않는 경우도 있다고 했다. 즉, 학습자의 특성이 해마다 또는 반마다 다르므로 그에 맞춘 수업 프로그램을 준비하는 일이 중요하다고 한다. 이런 문제를 해결하기 위해 K교사는 지속적인 의사소통과 학생들의 눈높이에 맞춰 교육학을 바라보려는 시각이 중요하다고 했다.

"작년에 만들었던 자료가 있는데, 작년에는 학생들에게 어느 정도 통했는데, 올해 학생들에게는 전혀 안 통하는 거예요. 그래서 모두 새로 만들어야 했어요. 누군가가 자료를 가지고 있으면 교류하려고 했는데. 왜냐하면 혼자서 만드는 데는 한계가 있잖아요. 그런데 아무리 찾으려고 해도 누군가랑 공유할 사람이 없는 거예요. 나 혼자 해야 하니까 너무 답답한 거예요. ....(중략)... EBS에서는 초등학생 수준의 자료는 잘 만들어 놨는데, 청소년들을 대상으로 한 그런 동영상들이 없어요."

K교사는 본인의 교육학 수업에 대해 너무나 열정을 가지고 있었다. 그러나 교육학을 실제로 수업하는 학교가 매우 적어 '교수-학습 자료'를 공유할 수 있는 곳이 한정되어 있고, 자신의 수업을 발전시킬 수 있도록 수업을 분석하고 평가받을 수 있는 시스템이 존재하지 않은 점을 애로사항으로 꼽았다. 또한 현재 '교수-학습 자료'로 활용하고 있는 동영상 자료도 청소년기 학생을 대상으로 한 것보다는 유아나 초등 수준을 대상으로 한 것이 많아 적합하지 않음을 불만으로 꼽았다.

다른 교과의 경우, 교사들의 커뮤니티도 활성화되어 있고, 그 안에서 다양한 자료와 의견을 공유하여 좀 더 나은 수업을 만들어낼 수 있다. 그러나 K교사의 경우, 지역 내 교육학 교사를 만나기도 어려울 뿐만 아니라, 교육학 전담교사가 어떤 학교에 있는지조차 알 수 없었다.

3. 고등학교 교양교과의 유용성 여부에 대한 견해들

현재 고등학교에서 시행되고 있는 교양교과로서의 교육학을 비판적으로 검토하기 위해, 교육학계의 전문가 의견과 교육 현장의 교사는 어떤 의견을 지니고 있는지 살펴볼 필요가 있다. 왜냐하면 고등학교 교양교과로서 교육학에 대한 다양한 시선을 통해, 교육학 교과를 올바로 자리매김하는 데 도움을 줄 수 있기 때문이다. 이에 대학교에서 교육학 교과교육론 강의를 담당하고 있는 K대학교 교육학과의 S교수와 N고등학교 수학교사로 재직 중인 C교사의 의견을 인터뷰를 통해 확인하였다. 그 주요 내용은, 먼저, 고등학교 수준에서 교양교육의 의미나 목적이 무엇인지 질문하였다. 이어서 교양교과로서 교육학을 선택한다면, 그 내용과 방법은 어떠해야 하는지를 물었다. 그리고 교육학과 재학생이나 교육학을 복수전공하여, 미래 교육학 교사를 꿈꾸는 학생이 있다면 어떤 충고를 해 주고 싶은지 질문하였다.

1) 교육학계 교육전문가–K대학교 S교수의 견해

질문1.

현재 고등학교에서는 다양한 교양교과목을 운영하고 있습니다. 고등학생들에게 교양 차원의 교과목을 운영하는 것은 어떤 의미가 있습니까?

답변

현재 교육학과 학생들을 대상으로 교육학 교과교육론 강의도 하고, 고등학교 교육학 교과서 집필에도 참여해 보았지만, 고등학생들에게 이 과목을 적극적으로 권장하고 싶지는 않아요. 현재 시행되고 있는 교양교과의 목적이나 취지는 서구적 의미의 교양교과(Liberal Arts)와 상당히 다릅니다. 서구적 의미에서 교양교과는 사회를 이끌어가는 자유민들, 즉 귀족계급을 위한 교육이었던 반면 현재의 교양교과는 민주사회를 구성하는 시민들에게 보편적인 덕성을 함양하기 위해 실시되는 교육입니다. 이 같은 맥락에서 교양교과는 보편교육의 의미가 연장된 것에 불과하고, '교양'의 본질적 의미와 어긋난다고 생각해요. 그러므로 고등학교 선택 교양교과 교육을 통해 성취할 수 있는 효과는 다른 교과목이나 선생님들의 다양한 지도를 통해 충분히 달성될 수 있다고 봐요.

또한, 교양교과를 별도로 설정하는 것은 고등학생이 고민하는 진로에 맞지 않는 선택일 수 있고, 이로 인해 학생들의 학습 부담을 가중시킬 수 있어요. 예를 들면, 인문학자를 꿈꾸는 학생과 컴퓨터 프로그래머를 꿈꾸는 학생이 똑같은 수준의 교양 지식이나 컴퓨터 정보교육을 받을 필요가 없어요. 따라서 현재 교양교과의 취지에 비추어볼 때, 선택 교양교과를 추가하여 교과목 수를 양적으로 늘리기보다는, 기존의 교과 가운데 학생들에게 실질적으로 도움을 줄 수 있는 내용들을 심화시켜 교육의 질적 측면을 향상시키는 것이 필요하다고 생각합니다.

질문2.
교육학 교과의 목표를 구현한다고 할 때, 형식적으로 선택한 교육학 교과로도 충분하다고 생각하십니까? 아니면 학교생활 가운데 다른 체험으로 이를 구현할 수 있다고 생각하십니까?

답변
현재 고등학교 교육학 교과의 목표 자체가 오해를 불러일으킬 수 있습니다. 목표의 진술이 잘못되었다기보다는 목표설정 자체가 오류를 가져올 수 있습니다. 왜냐하면, 고등학교 교육학 교육과정에 제시된 목표는 교육학에 국한되는 것이 아니고, 보편교육 및 보통교과의 목표에 교육학의 의미를 약간 덧붙여 진술한 것에 불과하기 때문입니다. 이는 대학의 전문교육 수준에서 진술된 교육학의 목표와 비교해보면 보다 확연히 드러납니다. 교육학 교과의 목표는 사회 교과나 수학 교과와 같은 기본 주지 교과에서도 충분히 달성할 수 있는 성질의 것입니다. 따라서 현행 고등학교 교육학 교과의 목표는 교육학의 관점에서도 보편교육의 관점에서도 적절하지 않다고 생각해요.

어떤 차원에서는 교육학을 비롯한 교양교과의 목적을 구현하려고 할 때, 교양교과 선택을 통해 이루어지는 형식교육보다 독서나 토론 활동, 진로에 대한 상담이나 간접 경험 활동 등이 훨씬 효과적일 것으로 기대합니다. 교육학이라는 명시적 타이틀 아래 교육과 관련된 내용을 고민해보는 것은 고등학생의 학습 흥미를 떨어뜨릴 수 있고, 내용의 어려움으로 인한 이해 수준의 저하로 이어질 수 있어요. 따라서 클럽 활동을 통해 자연스럽게 삶 속의 교육을 이야기해보고 고민해보는 것, 그리고 그러한 활동이 몸에 밸 수 있도록 유도하는 것이 오히려 청소년 수준에서 교육에 대한 시각을 키우는 데 도움이 되고, 협동학습 과정에서 타자교육에 대한 경험도 자연스레 이루어질 것으로 판단돼요.

질문3.

교수님께서는 고등학교 교육학 교과서 집필에도 참여하여 교과서를 집필한 것으로 알고 있습니다. 교과서는 국가에서 정해주는 집필기준에 의해 집필되지요? 만약 교수님께서 국가에서 정해 준 교과서 집필기준에 얽매이지 않고 자유롭게 고등학생 수준에 맞는 교육학 교양 책을 집필하신다면 어떤 내용이 들어가야 한다고 생각하십니까?

답변

내용 자체도 중요하겠지만, 그 내용이 청소년들에게 꿈을 심어줄 수 있어야 한다고 봅니다. 보통 꿈이라는 말을 희망 직업과 혼동되는 경우가 많아요. '나는 영어교사가 되는 것이 꿈이다' '나의 꿈은 대통령이 되는 것이다'라고 말하는 것이 그러한 예입니다. 그러나 꿈은 단순한 직업 활동 그 이상의 의미를 지니고 있어요. 꿈은 직업이라는 수단과 기능을 통해 이뤄내고 싶은 그 무엇입니다. 자신의 인생을 통해 만들어가고 싶은 세계예요.

교육을 통해 얻어야 할 것 중 가장 중요한 것이 꿈인데도 불구하고 오늘날 아이들은 점수에 따라 주어지는 진학에 매몰되어 희망 직업을 찾기에만 바쁩니다. 교과목의 내용도 능력주의 사회를 반영하고 안정적인 고소득의 직업을 갖는 것이 성공인 것처럼 이야기하는 것이 현실입니다.

그러나 중요한 것은 꿈을 품고 올바른 진로를 고민하는 일입니다. 무엇이 될 것인지를 정하도록 하는 작업 이전에 어떤 사람으로 살아갈 것인지를 고민할 수 있는 장을 베풀어야 합니다. 그리고 이러한 목표를 달성하기 위해 이야기 형식의 교양교육도 필요하다고 생각해요. 이론적인 내용을 통한 명시적인 전달보다는 구체적인 예시를 통한 암시적인 배움이 청소년들의 마음에 변화를 일으키기에 적절하기 때문이지요.

또한 고등학생 수준에 적절한 책이 있다면, 그냥 추천도서, 교양도서에 머무르지 않고, 교과서로 쓰는 것도 무방하다고 봅니다. 청소년의 마음에 꿈을 심어주는 책 한 권이 형식교육의 딱딱한 틀에 의해 만들어진 교과서보다 훨씬 더 큰 울림을 가져다 줄 수 있어요.

질문4.
앞으로 교육학 교사를 꿈꾸는 대학생들에게 한 말씀 부탁드립니다.

답변
엄밀히 말하면, 고등학교에서 교양교과로 교육학을 선택하는 학교가 드물고, 전담 교사를 채용하는 경우도 흔하지 않습니다. 따라서 교육학을 전공하여 교사자격증을 취득한 대학생들도 교육학 교사로만 진출하려고 하지는 않는 것 같아요. 현실적으로 교육학 교사를 꿈꾸는 대학생이 적은 점을 고려하여, 그에 국한하기보다는 교육학을 전공하는 대학생들에게 이렇게 말해 주고 싶어요.

교육학은 사범대학 내 다른 교과교육을 주로 하는 전공들을 아우르는 교육의 기초학문입니다. 즉 기초학문이자 근본학문이기 때문에 국어, 영어, 수학, 과학, 예체능계 등의 교육에서 이론을 원용할 수 있습니다. 교육을 하기 위한 이론적 바탕이 되는 학문입니다. 따라서 국어교사나 영어교사 수학교사와 같은 구체적인 교과목의 전문가로서 특화된 인재가 되려고 욕심을 내기보다는, 교육의 근본 바탕을 충실히 하는데 애쓰면 좋겠습니다.

장기적으로 볼 때 교육학적 지식은, 학생 자신이 쓸모 있는 인재가 되는 데 많은 도움이 될 것으로 생각합니다. 왜냐하면 사람의 일생은 요람에서 무덤에 이르기까지 교육이 진행되기 때문입니다. 어쩌면 너와 나로 이루어진 인간의 관계망 자체가 교육일 수 있습니다. 교육학을 공부했다는 것은 이 같은 삶의 현상을 이론적으로 배우고 그에 대한 나름대로의 통찰력을 갖췄다는 것을 의미해요. 대학을 다니며 동료 학생들과 교육과 삶에 대해 토론하고 고민한 경험은 사회에 나가 사회적 삶을 영위하고 가족을 이루어 가정교육을 수행하며 종국적으로 인생이라는 퍼즐을 완성해가는 데 큰 동기부여를 해줄 것으로 봅니다.

2) 교육현장 교사-N고등학교 C교사의 견해

질문1.
고등학생들에게 교양교과를 선택하여 교육을 실시하는 데에 동의하십니까?

답변
적극적으로 동의하지는 않습니다. 대부분의 고등학생들은 입시과목에 짓눌려 있어 다른 교양교과에 관심을 기울일 틈이 없어요. 오히려 입시과목을 통해 자연스럽게 교양교육을 실시하는 것이 현실적인 방안입니다. 예컨대, 국어나 영어 관련 과목에서 교양을 위한 지문을 선정하여 읽힌다던가, 수학에서 사회통계자료를 분석하며 비판적 사고를 유도하여 민주시민의 덕목을 기르게 한다던가, 역사과목에서 다양한 관점에서의 사료를 제시하여 올바른 역사관을 갖게 한다던가, 과학과목에서 실제 사물을 관찰하고 탐구하여 주변의 사물을 관찰하는 눈을 기르게 하는 것이 현실적인 방안이라고 생각해요.

질문2.
선생님께서는 대부분의 학생들이 선택 교양교과 교육에 잘 참여한다고 생각하십니까?

답변
그렇지 않습니다. 어떤 학교에서는 '영어청해'와 같은 교양과목을 개설하기도 합니다. 왜냐하면 이런 과목은 수능시험에서 외국어영역을 준비하는 데에 도움을 주기 때문이지요. 마찬가지 이유로 '한문'이나 제2외국어 과목을 실시하는 경우도 있어요. 그러다보니 교양교과에 해당하는 교육학이나 생태, 환경, 진로 관련 과목은 잘 개설되지 않는 형편이에요. 어쩌다 이런 과목이 개설되었다 하더라도 자습시간으로 활용되기 쉽고요. 결론적으로 말하면, 선택으로 교양교과를 개설하더라도 편법으로 운영되어, 고등학교 수준에서 실제로 교양교육이 이루어진다고 보기는 힘들 것 같아요.

질문3.
교육학 교과의 목표를 구현한다고 할 때, 형식적으로 선택한 교육학 교과로도 충분하다고 생각하십니까? 아니면 학교생활 가운데 다른 체험으로 이를 구현할 수 있다고 생각하십니까?

답변

현재 교양교과로 선택하여 가르치는 형식교육만으로는 부족하다고 생각합니다. 교육학이라는 것이 교육을 위해 만들어진 교과라면, 실제 교육을 하면서 그 내용을 습득할 수도 있을 것입니다. 내가 전담하여 가르치고 있는 수학의 경우에도, 수학의 기본 내용을 익히는 데서 끝나지 않고 다양한 수학적 사고 방식을 통해 수학 문제를 직접 해결해 보게 해요. 마찬가지로, 교육학도 교육학의 기본 내용을 익히는 데 그쳐서는 안 될 것입니다. 교육학의 기본 내용을 가지고, 실제로 자신이나 타인을 교육하면서 그 내용을 익혀야 할 것입니다. 더군다나 교육학은 인간을 대상으로 하므로 다른 어느 교과보다도 실제로 적용해 보는 것이 필요하다고 생각합니다.

질문 4.

고등학생 수준에 맞는 교육학에 어떤 내용이 포함되어야 한다고 생각하십니까?

답변

가다머는 "교육은 자기교육이다"라고 말했습니다. 마찬가지로 고등학교 교육학도 자기 자신을 교육하는 데에 도움이 되는 내용으로 채워져야 한다고 생각합니다. 제도권에서 이루어지는 교육 이외에, 인터넷과 도서관, 기타 다양한 자치단체에서 제공하는 교육들을 이용하여, 다양한 방법으로 자기교육을 할 수 있다고 생각합니다. 따라서 학생들에게 교육과 학습을 할 수 있는 현실적 방안을 적극적으로 알려줄 필요가 있어요.

인터넷에서 정보를 찾고 정보를 조직하고 활용할 수 있는 방안, 다양한 웹사이트 안내, 동영상 강의 보강, 시뮬레이션을 통한 실기 교육 등을 생각할 수도 있습니다. 인터넷에서라면 쌍방향 학습도 가능하고, 메신저 등을 이용하여 토론도 가능할 것입니다. 예를 들어, 도서관에서라면 각종 도서의 분류 방식을 알려주어 개가식 서가에서 관심 도서를 쉽게 찾을 수 있는 방법, 도서관에서 정보를 찾는 방법, CD-ROM 등의 시청각 자료를 활용하는 방법, 도서관의 문화강좌에 참여하는 방법 등을 홍보할 수 있을 것입니다. 가능한 한 학생들이 관심을 가질 수 있고, 변화하는 사회에 부응하는 교육과 학습이 이루어지도록 구체적이고 현실적인 방안을 제시하는 것이 좋을 것입니다.

4. 교육학 교과 수업의 내실화 방안

교육현장에서 교육학을 가르치는 교사와의 인터뷰, 학생 설문 조사에서 드러났듯이, 교육학 교과교육은 다양한 문제를 내포하고 있다. 실제 교육학 교과가 운영되고 있는 학교 현장의 경우, 교사 개인의 다양한 노력을 접할 수 있었다. 그럼에도 불구하고, 전반적으로 교육학 교과교육이 제대로 이루어지지 않는 원인은 교수자보다는 학습자 측면에 큰 문제가 있다고 판단된다. 학생들은 교육학 수업에 대한 열정이 적고 내용 자체에 흥미를 두지도 않았다.

그러한 문제점이 나타나게 된 이유 중의 하나가 교육학 교과의 내용이 실제 생활과 연관성이 적다는 학생들의 인식이다. 실제적인 예를 접하지 못하기 때문에 학생들은 교육학 교과에 대한 흥미를 잃게 되고, 지루하다고 생각한다. 하지만 교육학 교과의 총괄적 목표는 단순한 지식전달에 머무르지 않는다. 지식 전달 수준에 머무를 경우, 교육학 교과에 대한 학습의욕을 저하시켜 효율성을 떨어뜨리는 요인이 된다. 따라서 다양한 교수방식을 활용하여 학생들에게 도움을 줄 수 있도록 새로운 방안이 기획되어야 한다.

현재 교육학 교과 수업에서 일반적으로 사용되는 교수방식은 '지시적' 수업방식과 '개념획득' 수업방식이다(배장오, 2011). 지시적 수업방식은 비교적 단기간에 새로운 내용을 이해시키려는 것이 주요 목표이다. 따라서 철자법이나 수영법 등과 같이 특정한 방법에 대한 지식을 이해하고 습득하기 위해 가르칠 때 유용한 교수

방식이다. 개념획득 수업은 개념을 정의할 때 유용한 방식이다. 따라서 '교육이란 무엇인가?' '행복한 삶은 무엇인가?'와 같은 형이상학적 탐구를 할 때보다는 '직사각형이란 가로 세로의 길이가 같지 않고 네 각의 크기가 모두 90°인 사각형이다'와 같은 개념을 가르칠 때 효과적인 방식이다. 이러한 두 가지 방식은 교육학 교과의 총괄목표를 달성하기 위해 어느 하나를 사용하기보다 상호 보완될 필요가 있다.

그럼에도 불구하고, 실제 고등학교에서 교육학을 가르칠 때, 교과서에 담긴 교육학 전문용어나 전문지식들을 전달하는 데 초점을 맞추는 지시적 수업과 개념획득 수업이 이루어지기도 한다. 물론 교육학 교과 탐구를 위해 기본적인 교육 개념과 지식을 학습할 필요는 있다. 하지만, 교육학 교과 수업이 본래 취지에 부합하고 학생들의 학습의욕을 고취시키기 위해, 다양한 교수방식이 동원되어야 한다. 예를 들면, 세미나식 수업, 문제 중심 탐구 수업, 갈등 해결 수업 등이 있다. 이러한 교수 방식들은 고등학교에서 교육학을 담당하고 있는 교사 중, 일부가 이미 사용하는 방식이기도 하다.

세미나식 수업을 교육학 교과 수업에 적용을 한다면, 교사는 교육학에 대한 개괄적인 주제들을 학생들에게 알려준 뒤, 학생들 스스로 관심 있는 주제에 대해 구체적으로 탐구하게 한다. 이런 방식은 대화와 토론에 의존하는 수업전략이기 때문에 학생들의 적극적인 참여를 유도할 수 있다. 학생들이 구체적인 주제와 문제에 대해 다양한 아이디어를 논리적으로 조사한 후, 교사는 개인적 이해를 구성하는 데 도움을 줄 수 있는 것이다. 이런 과정을 거치면 학생들은 교육학 교과에 대해 스스로 관심을 가질 수도 있다. 다시 말하면, 학생들이 교육학 교과를 공부할 때, 자신이 관심 있는 부분에 대해 탐구할 수 있는 기회를 가지고, 지식을 암기하는 데서 벗어나 지식을 스스로 사용함으로써 체득할 수 있게 된다.

문제 중심 탐구 수업의 경우, 사회적으로 논점이 되고 있으면서도 논리적이고 이성적인 해결방식을 제시할 수 있을만한 교육문제를 주제로 정하여, 학생들이 탐구하게 만든다. 세미나식 수업과 마찬가지로 학생들의 흥미를 반영하여 반응을 이끌어내고 학생들에게 교육학적 탐구에 대한 동기를 부여받을 수 있게 해준다. 또한 스스로 탐구하고 가설을 세워봄으로써 교육학에 대한 지식을 단순한 정보 획득을 통해서가 아닌 자신의 것으로 만들어 볼 수 있다. 예를 들면, 학생들과 직접적 연관이 있는 왕따, 학교폭력을 주제로 정할 수도 있다. 관련 동영상을 시청하고 문제 상황에 대한 학생들의 흥미를 보다 고취시킬 수 있으며, 문제에 대한 정보 또한 교육할 수 있다. 이후 문제에 대한 원인 분석을 통해 가설을 설정하고 검증하며, 그에 따른 대안을 제시하는 방식으로 교육을 진행할 수 있다.

갈등 해결 수업 방식의 경우, 문제 중심 탐구 수업과 마찬가지로 수업시간에 교육학과 관련된 사회적 갈등에 대해 탐구하는 수업을 할 수 있다. 예를 들면 교육학 교과의 내용과 관련되면서도 학생들의 관심과 맞닿아있는 갈등을 탐구 주제로 정하여 학생들 스스로 갈등상황에 대한 탐구를 통해 가설을 세운 뒤 검증해나가도록 하는 것이다. 이러한 갈등은 현재 논란이 되고 있는 문제가 될 수도 있고 과거에 있었던 갈등을 다룰 수도 있다. 하지만, 유사한 상황을 논의하는 과정을 거치면서 학생들 스스로의 경험 혹은 현재 발생하고 있는 문제에 대해 다룰 수도 있다. 구체적인 예로, 교육문제들 중 학생 인권 문제에 대해 학생들에게 스스로 탐구하도록 할 수 있다. 사회적으로 논란이 되는 동시에 학생들의 실제생활과 밀접한 관련을 가진 체벌 문제와 같은 것을 주제로 정하여 학생들의 체벌 경험을 바탕으로 논의해보고, '체벌은 허용되어야 하는가?'에 대한 가설을 세워 탐구하는 것이다. 결국 갈등 해결 수업 방식도 앞의 문제 중심 탐구 수업이나 세미나식 수업과 마찬가지로 학생들의 흥미를 자극하고 동기부여를 통해 학생들의 반응을 이끌어낼 수 있고, 학생들 스스로 탐구한다는 점에서 교육학에 대한 지식을 보다 잘 익힐 수 있다.

요컨대, 다양한 교수 방식을 원용할 경우, 교육학 수업은 단순하게 내용을 전달하는 차원에서 벗어날 수 있다. 즉 학생들이 교육학 교과에 대한 지식을 확장하면서도, 흥미를 갖고 스스로 동기를 부여하며, 적극적인 참여를 이끌어낼 수 있을 것으로 판단된다.

제3부

교과교육론과 교육학 교과의 이론적 탐구

1. 교과와 교과교육론

1) 교과의 성격

교과(subject)는 교육활동의 과정에서 교육목적을 달성하기 위해 존재하는 학습지도 영역의 기본 단위이다. 그러므로 교과는 학생을 지도할 지식이나 활동 내용 등을 논리정연하게 묶은 교육의 매개물로 교육내용을 담고 있다. 여기에서는 교과의 의미와 특성, 선정 기준을 간략하게 제시한다(신창호, 2012: 122－125).

(1) 교과의 의미

교과는 교육자와 학습자를 연결하는 매개물(medium)이다. 그것은 교육내용으로서 인류역사 이래로 축적해 온 지식, 기술, 가치, 행위규범, 물질적 산물 등이 포함될 수 있다. 달리 말하면, 문화를 구성하는 모든 요소가 교육내용을 담고 있는 교과이다.

교과는 넓은 의미에서 '교육의 재료'라고 한다. 이를 줄여서 일반적으로 교재(educational materials), 또는 도야재(陶冶材)라고 하며, 좁은 의미에서는 흔히 교육과정(curriculum)이라고 한다. 이는 교수자의 입장에서 보면 교육지도상의 재료이고, 학습자의 입장에서 보면 교육진행상의 자료이다. 교육의 재료는 교과서나 교구, 주변 환경 등 외형적이고 물리적인 것은 물론, 오랜 기간 동안 인류 역사 속에서 조직된 지식의 체계도 중요한 부분을 차지한다.

인류의 다양한 문화요소를 교육하기 위해서는 핵심내용을 체계적으로 구조화하고 조직화해야만 한다. 교과가 대변하는 대상세계를 포괄적이고도 정확하게 담아내야 하며, 그 내용과 활동은 논리적으로 잘 조직되어야 한다.

특히, 지식을 체계적으로 구조화・조직화한 것이 교과서나 교재이다(홍후조, 2002: 24－27). 교과서나 교재에 담긴 교육내용은, 배우는 학생들에게 흥미와 관심을 끌 수 있어야 하고, 수준에 맞게 치밀하게 설계되어야 한다. 그리고 교육내용이 학습자에게 잘 전달되기 위해서는 서로 비슷한 내용끼리 선별되어 모아지는 '응집성'이 있어야 하고, 학습의 난이도에 따라 순차적으로 제시되는 '계열성'이 있어야 한다. 뿐만 아니라, 서로 다른 내용들 간에 긴밀하게 연결되어 설명되어야 하는 '총합성'이 있어야 한다. 응집성과 계열성, 총합성, 이 세 가지는 교육내용을 유기적으로 묶어내는 요소로, 톱니바퀴처럼 맞물려야 한다.

교육내용은 그 자체가 본질적으로 지(智)·덕(德)·체(體) 혹은 지(知)·정(情)·의(意)라는 교육목적에 기여하고 있다. 그러나 학교의 교육과정상, 국어·영어·수학·과학·역사·지리·체육·음악 등 각각의 교과들은 나름대로의 특징을 지니고 있으며, 제각기 분담 받은 교과의 역할들이 모여서 교육 본래의 기능을 종합적으로 수행한다. 예컨대, 인문사회나 과학기술 관련 과목들은 언어정보, 지적 기능, 인지전략 등과 같이 주로 지적 측면을 담당하고, 예술이나 도덕과목은 정서나 태도 행동양식 등 정의적 측면을, 체육과목은 건강이나 보건위생, 신체운동과 같은 운동기능적 측면을 담당한다. 이러한 교과를 중심으로 하는 교육내용은, 제각기 고유한 특성을 지니면서 상호 협조하여 교육목적을 달성하는 데 이바지한다.

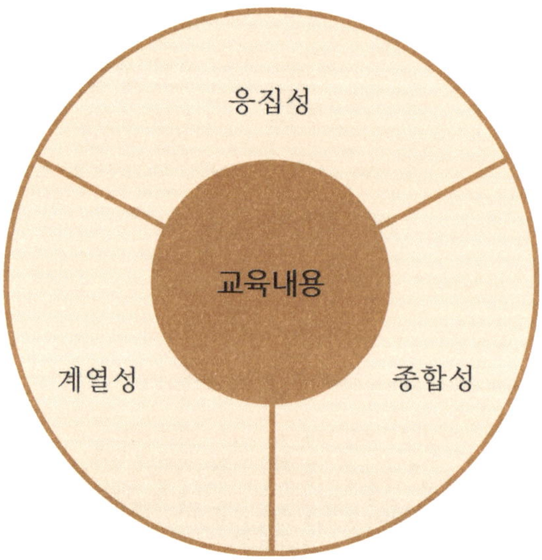

[그림 3-1] 교육내용의 성격

다시 말하면, 교과는 학교에서 교사가 가르칠 내용을 일정한 방식에 따라 선정하고, 그것을 구조화하여 조직해 놓은 것이다. 그것은 학교에서 가르치는 교과목(subject matter)이라는 의미로 사용하는 것이 일반적이다. 따라서 교과는 좁은 의미에서는 학교에서 가르치는 여러 교과서에 포함된 내용이며, 넓은 의미에서는 각 교과에서 다루는 내용을 가르치고 배울 수 있는 형태로 조직해 놓은 것이다. 한마디로 말하면, 교과목을 담당한 교사의 입장에서는 가르치는 내용이고, 학생의 입장에서 보면 배울 거리를 의미한다. 따라서, 교과는 교육내용을 학교교육의 목적에 맞게 조직해 놓은 묶음으로, 국어, 영어, 수학, 사회, 과학, 체육, 음악 등과 같은 것이 구체적 예이다.

교과를 학문 영역에서 가르치고 배울 내용을 선정한 후, 가르치고 배울 수 있는 형태로 조직한 것이라는 차원에서 보면, 교과의 구성에서 중요한 것은 내용 선정의 문제이다. 그것은 앞에서 언급한 것처럼, 일반적으로 인류가 쌓아 온 문화유산 중에서 취사선택한다. 특히, 인간의 가치를 드높일 수 있는 것으로 사회적 지지를 받고 있고, 일정한 준거를 가지고 그 생성을 되풀이하고 있는 문화요소 중에서 학교에서 가르칠 수 있는 내용을 대상으로 한다.

하지만, 학교에서 가르치는 교과의 내용을 선정하는 일은 간단하지 않다. 무엇보다도 중요하게 고려해야할 사안은 다음과 같은 두 기준이다. 하나는 인류가 축적해 온 문화유산을 응축해 놓은 것이어야 하고, 다른 하나는 학생의 요구 수준에 부응해야 한다. 이러한 기준에 의해 선택한 내용들은 학문적 요소와 결부되어 일정한 논리적 틀을 견지하면서 교과로 탄생한다.

(2) 교육내용의 선정기준

교육에서 무엇을 가르치고 배울 것인가? 교사와 학생의 '교수-학습' 차원을 동시에 고려해야 하는 교육내용의 선정은 매우 중요하다. 교육목표를 달성하기 위해 가르칠 것은 많다. 그러나 한정된 시간과 공간에서 다룰 수 있는 내용은 제한된다. 따라서 교육내용의 선정은 신중을 거듭해야 한다. 교육내용의 선정을 위한 주요한 기준으로는 다음과 같은 것이 있다(한국교육개발원 교육과정개정연구위원회, 1996; 홍후조, 2002).

첫째, 교육내용은 인류의 문화에서 선정한 문화요소라는 점이다. 문화는 인류 사회가 만들어낸 생활양식이다. 그것은 컴퓨터, 자전거, 스마트폰 등과 같이 생활에 직결된 것에서부터 수학, 과학과 같은 학문 지식은 물론, 종교, 예술, 문학, 가치, 신념에 이르기까지 모든 영역에 걸쳐 있다. 그러나 모든 문화를 학생들에게 가르치고 다음 세대에게 그 모두를 전달할 수는 없다. 따라서 인류의 문화 가운데 어떤 것을 우선적으로 가르쳐야 할 것인가에 대한 결단을 내려야 한다. 이런 점에서 문화요소는 여러 가지 문화 가운데 인간 사회를 발전시키는데 기여해 왔다고 생각되는 지식, 사고 양식, 경험과 같은 것을 일컫고, 그것은 교육내용의 바탕이 된다.

둘째, 교육내용은 막연히 성립되는 것이 아니라, 논리적으로 구분이 가능한 개념체계와 독특한 준거를 가지고 성립한다. 각각의 교과목은 결코 다른 교과와 동일시되거나 유사한 측면에서 그 성립 근거를 마련하지 않는다. 가능한한 교과의 특성을 살려서 분리하고 독립해 나가는 방향으로 움직인다. 즉 각 교과는 독특한 영역과 논리를 그 설정 준거로 가지고 있으므로 관심 영역을 달리한다. 분야별로 체계화해 놓은 지식과 경험의 내용도 다르고, 그것을 산출하는 탐구의 과정이나 사고의 양식도 다르다.

셋째, 교육내용은 그 가치를 인정해 온 사회적 지지와 교과의 지위향상을 위해 노력하는 학문공동체 또는 권익집단에 의해서 유지된다. 특정 영역의 지식이나 경험이 교육내용으로 선정되어 학교에서 가르치는 교과로 채택되는 데는 그것의 교육적 가치를 옹호하는 사회 세력의 인정이 있어야 한다. 그렇더라도 교육내용에 담길 지식과 경험의 내용은 기존 사회체제의 가치신념과 갈등을 일으키지 않고 그 사회의 발전에 이바지할 수 있는 것이어야 한다. 요컨대, 교육내용은 어떤 것이든지 간에 그것에 대한 사회전반의 지지가 전제되어야 한다.

넷째, 교육내용은 다양한 문화요소 중에서 선택되는 동시에 선택 과정에서 권한을 행사할 수 있는 사회적 권위가 개입된다. 어떤 내용을 교과의 핵심으로 포함시킬 것인가는 문화요소에 대한 관찰이나 분석으로 저절로 도출되는 것이 아니라, 의사결정자의 의지와 뜻하는 바에 따라 어느 분야를 교과로 선택할 수도 있고 그렇지 않을 수도 있다. 다시 말하면, 사회적으로 결정을 내릴 수 있는 권위의 역할이 교육내용을 결정하는 핵심이 된다.

또 다른 차원에서 교육내용은 다음과 같은 특성을 담고 있어야 한다.

첫째 의미성이다. 배워야 할 내용은 의미가 있어야 한다. 학생들이 배워야 할 내용은 학생이 살고 있는 세계와 분명한 관련성이 있어야 하고, 학생이 앞으로 공부하는 분야의 기초가 되어야 한다.

둘째 타당성이다. 선정된 내용이 믿을 수 있고 사실적이며, 타당해야 한다. 특히, 현대와 같이 지식과 정보가 폭발적으로 증가하는 시대에는 그 내용의 신빙성 여부를 면밀히 검토해야 한다.

셋째 요구부합성이다. 학생들의 요구를 존중해야 한다. 교육내용은 대부분의 학생들이 절실히 필요로 하는 것이어야 한다. 무엇보다도 학생들의 개인차나 적성, 흥미, 진로 등과 연관하여 도움을 줄 수 있어야 한다.

넷째 용이성이다. 학생들의 수준에 맞게 학습하기 쉬운 것이어야 한다. 어떤 교육내용들은 학생들이 경험하기 어려운 범주에 있는 것으로 학습하기 곤란할 때가 있다. 교육은 학생들이 적절하게 배울 수 있도록 조직되고 배치되어야 하므로 배우기 쉬운 내용으로 구성되어야 한다.

다섯째 실제성이다. 실제 교육에서 실행할 수 있어야 한다. 선정된 교육내용이 학교에서 교사들이 효율적으로 가르칠 수 없는 내용이라면 의미가 없다. 현재 학교에서 실제로 가르칠 수 있는지 학교의 여건을 고려하여 선정해야 한다.

2) 교과교육학에 대한 인식

(1) 교과교육학의 의미

교과교육학은 '교과'와 '교육' 그리고 '학문'이라는 세 가지 의미가 결합된 개념이다. 앞에서 설명하였듯이, 교과는 교사가 가르치고 학생이 배울 거리이다. 다음으로 교육에 대해 이해할 필요가 있다. 교육을 정의하는 방법은 다양하다(신창호, 2012; 33-36). 대표적인 정의가 규범적, 기능적, 조작적 정의이다. 교육을 규범적으로 정의할 때, 핵심적으로 이해해야 할 말은 '규범'이다. 규범은 사람이 어떤 사물에 대해 판단하고 평가하고 실천하여 가장 좋은 결과를 얻기 위한 행위와 원리이다. 목적을 향한 기준이자 열망이다. 따라서 규범적 정의는 어떤 대상이 바라는 궁극적 목적과 연관되어 규정된다. 인간은 짐승과 달리, 교육을 통해 인격완성을 꾀하면서 '인간됨' 또는 '된 사람', '사람다움'이라는 궁극적 이상을 지닌다. 그것은 인간이라는 가치실현을 위해 인간 자신의 성장을 주요 목적으로 설정하는 작업이다. 인간을 '인간답게' 형성하려는 수많은 노력들이 이에 해당한다.

교육의 경우, 규범적 정의는 현재 인간의 모습이나 현재 사회의 상태에 초점을 맞추는 것이 아니라, '미래에 당연히 확보할 이상'을 그려낸다. 그러기에 '단순히 있는 것 그대로'를 기술하기보다는 '일어나야만 할 것' 또는 '반드시 있어야만 할 것'에 주안점을 둔다. 때문에 현재보다 미래에 더욱 가치 있고 의미 있는 것을 추구하며 계발하는 과정으로 이해된다. 다시 말하면, 규범적 정의는 교육의 가치실현을 위한, 교육 자체의 발전에 무게중심을 둔다. 따라서 개인적 차원에서나 공동체의 차원에서 인격완성이나 자아실현이라는 내재적 가치의 실현 또는 영원한 진리나 가치를 추구하는 것을 교육의 중요한 목표로 제시한다. 예를 들면, 다음과 같은 정의가 가능하다.

- 교육은 민주시민으로서의 자질을 함양해 가는 과정이다.
- 교육은 영원한 진리나 가치로 접근하는 과정이다.

- 교육은 인간을 인간답게 형성하는 과정이다.
- 교육은 인간을 창조한 신의 모습을 닮도록 하는 과정이다.

이런 규범적 정의는 지극히 '주관적'일 수 있다. 왜냐하면 인간에게서 기본적 규범에 해당하는 인격완성이나 자아실현 등은 내재적 가치의 실현이자 진리를 추구하는 보이지 않는 작업이어서, 객관화하기 어렵기 때문이다. 규범적 정의는 그 자체의 행위나 실천이 목적을 지향하고 있으므로 '목적론적 정의'라고도 한다.

기능적 정의는 교육의 '도구적 · 수단적' 가치를 강조하는 관점이다. 기능은 말 그대로, 어떤 분야에서 담당하고 있는 구실이나 작용이다. 구실이나 작용은 사람이 속한 집단에서 역할과 연관되고, 그 역할은 집단의 발전을 위한 도구로 이해된다. 교육의 도구적 가치에서 '도구적'이라는 말은 수단을 강조하는 것이다. 즉, 교육의 기능을 '어떤 것을 이루기 위한 수단'으로 보는데, 특히 사회 문화의 계승이나 사회 발전의 도구로 본다.

다시 말하면, 교육은 무엇을 위한 수단인가? 교육은 어떤 일에 이바지해야 하는가? 국가나 사회와 같은 공동체에 기여해야 하는가? 정치나 경제발전의 수단이 되어야 하는가? 종교에 봉사해야 하는가?

대상을 어떻게 정하느냐에 따라 다양한 기능적 정의가 가능하다. 예를 들면, 다음과 같이 정의할 수 있다.

- 교육은 국가 사회 발전을 위한 수단이다.
- 교육은 사회문화의 계승 및 발전을 위한 주요한 수단이다.
- 교육은 개인의 직업선택과 취업을 위한 수단이다.
- 교육은 합리적 경제활동을 위한 자질을 길러주는 수단이다.
- 교육은 개인의 사회적 출세를 위한 수단이다.

이러한 기능적 정의는 지나치게 도구적이며 수단적이다. 따라서 교육 본래의 가치실현에 소홀히 할 소지가 있고, 교육 자체의 발전에 지장을 줄 수 있다. 무엇보다도 개인의 출세를 위한 수단으로 전락하여 부조리를 초래할 수도 있다.

위에서 살펴본 규범적 정의는 지나치게 주관적일 수 있고, 기능적 정의는 수단적 가치로 전락할 우려가 있다. 조작적 정의는 이 두 가지 정의의 취약점을 보완하기 위해 마련된 것이다. 조작적 정의는 말 그대로 교육을 '조작(operation)'하여 사람을 만들어나가는 데 초점을 둔다. 따라서 '계획적이고 의도적인 인간행동의 변화'를 핵심으로 한다.

조작적 정의는 교육을 인간의 행동특성을 계획적으로 변화시키려는 과정으로 본다. 이 때 인간의 행동특성은 심리학적 개념이다. 인간의 행동은 웃거나 울거나 슬퍼하거나 기뻐하는 등, 겉으로 드러난 외현적 행동뿐만 아니라, 지식이나 사고, 태도, 자아개념과 같은 포착하기 힘든 내면적 행동까지도 포함한다. 즉, 인지적 · 정의적 · 운동 기능적 영역을 모두 포괄한다.

교육은 학생들의 내 · 외면을 포괄하는 행동특성을 우선순위에 둔다. 특히 겉으로 드러난 행동보다 포착하기 어려운 내면의 세계에 보다 관심을 두면서, 그것을 육성하고 함양하고 계발하고 교정하며 인간의 발달을 도모한다. 그리하여 이전과는 다른 행동의 변화를 유도한다. 지식을 습득하면서 지성인으로 거듭나고, 창의적 사고력을 증진하며, 새로운 관점으로 세계를 바라보는 능력을 획득한다. 이 과정은 저절로 이루어지기보다는 명확한 목표와 과정에 의하여 진행된다.

'계획적 변화'라는 말은 인간의 행동이 자연스럽게 변화해 가는 데 관심을 두기보다 '의도적'으로 변화시키는 데 무게중심을 둔다. 어떤 인간으로 기르려고 하는지에 대한 교육적 모델을 설정하고, 그것을 기를 수 있는 실제적인 계획과 과정을 수립한다. 다시 말하면, 교육에서 구체적 교육목적과 교육과정, 그리고 교육방법을 설계하여 갖춘다. 때문에 조작적 정의는 '공학적 정의'라고도 한다.

대표적인 조작적 정의는 다음과 같이 표현된다.

· 교육은 인간행동의 계획적 변화이다.

인간행동의 계획적 변화라는 측면에서, 조작적 정의는 규범적 정의나 기능적 정의에 비해, 교육활동이 전개되는 전체 과정을 비교적 포괄적이고 합리적이며 과학적으로 설명해 준다.

여기에서 공통적인 부분은 교육이 특정 내용을 가르치고 배우는 활동이라는 점이다. 그리고 그것은 계획적인 목표와 내용, 방법까지도 포괄하고 있는 것이다.

학문(disciplines)은 학자들의 연구 활동의 결과를 축적해 놓은 지식 체계이다. 넓은 의미에서 그것은 두 차원에서 논의할 수 있다. 하나는 지식 체계로서의 학문이고 다른 하나는 활동으로서의 학문이다. 따라서 학문은 지금까지 해당 분야의 학자들이 발견하고 축적해 놓은 개념과 탐구 방법이 있고, 현재 학문을 하는 사람들은 그 개념과 탐구방법을 써서 관련된 현상을 이해하는 활동을 한다. 따라서 교과교육학은 교과교육과 관련한 개념과 탐구방법을 써서 교과교육의 현상을 이해하는 활동이다.

(2) 교과교육학의 성격

그렇다면 교과교육학은 교과에 담긴 '교육의 내용을 이해하는 일인가?', 아니면 '교육의 방법적 원리를 터득하는 것인가?'(진영은 · 조인진, 2001).

첫째, 교과교육학은 복합적 성격을 지닌다. 왜냐하면 교과교육학은 해당 교과와 학문, 그리고 교육과학과의 접점에서 이루어지는 학문이기 때문이다. 이런 특성으로 인해 교과교육학은 교과에 관한 전문적 지식과 이론을 요구한다. 그것은 교과교육학 연구 자체가 부진하고 그 연구를 기피하고 있는 현실적인 요인이 되기도 한다. 아울러 학문적 성격 자체를 규명하기 어렵고 학문으로 인정받는 과정에서 난제가 되기도 한다.

둘째, 교과교육학은 독창적 성격을 지닌다. 교과교육학이 형성되는 형식적 차원에서 보면, 그것은 복합적 성격을 띤다. 하지만, 해당 교과나 학문, 그리고 교육과학이 다양한 논의를 거친 학문적 교류를 통해 형성되기 때문에 교과교육학 그 자체는 독창성을 가진 학문이다. 예를 들어, 수학교육학은 수학과 교육과학이 융합하여 탄생한 새롭고 독창적인 학문이므로, 기계적 차원에서 수학과 교육과학을 결합한 것으로 이해해서는 곤란하다. 이런 점에서 교과교육학은 끊임없이 발전하는 교과나 학문, 그리고 교육과학과 상호작용을 거쳐 새롭게 탄생하는 새로운 분야의 학문으로 볼 수 있다. 그렇다고 교과교육학이 응용을 전제로 한 학문이라는 사실을 부정해서는 안 된다.

셋째, 교과교육학은 실천적 성격을 지닌다. 교과교육의 이론과 원리를 제공해주는 교과교육학은 교육내용을 중심으로 하는 교육활동의 실천을 전제로 이루어진다. 때문에 현실적 차원에서, 교육의 실제 속에서 응용되고 활용되는 실천적 성격을 지니는 것이다.

종합적으로 말하면, 교과교육학은 해당 교과의 교육에 관계되는 여러 분야를 종합적으로 다루는 응용과학이다. 해당 교과의 학문적 내용과 그 교육에 관련된 교육적 영역이 만나는 곳에 자리한다. 그렇다고 교과지식 영역과 교육학 영역의 기계적이고 산술적 합을 담고 있는 것은 아니다. 해당 교과를 가르칠 때, 그 교과의 지식이 교과 내적으로 그리고 다른 교과지식과의 관계에서 어떻게 작용하며, 일반적 의미의 교육학 지식과 어떤 관계에 있는지를 파악하는 것이 주된 관심이다. 요컨대, 교과교육학이란 교과지식 영역과 관련 학문 분야, 그리고 교육학 영역의 지식을 해당 교과의 교육을 중심으로 재구성한 것이다.

3) 교과교육학 연구의 현황과 과제

대한민국의 경우, 1950년대에 이르러서야 대학에서 교과교육에 관한 강의가 개설되기 시작하였다. 연구 및 교수활동이 늦게 시작된 만큼, 교과교육학 연구도 활발하지 못하다. 그 이유는 다음과 같이 몇 가지로 나누어 논의할 수 있다(정인석,

1987; 배장오, 2011: 22－23).

첫째, 교육학 연구의 문제이다. 기존의 교육학 연구는 수업과 같은 구체적인 현장에 대한 연구보다 교육학에 관한 '기초적 연구', 즉 학술적·이론적 연구를 중시하였다, 이런 연구풍토는 교과교육학 발전의 장애로 작용하였다. 예컨대, 수업에 관한 연구의 경우, 수업현장에서 교과교육을 의식한 심리학적 문제를 찾아 연구하는 것이 아니라, 기초 연구의 방법이나 학습이론을 그대로 적용시키는 데 그치는 경우가 많다. 때문에 수업연구를 통해 수업현상의 다양한 관계에 대한 지식을 얻을 수는 있으나, 새로운 수업모형과 이론을 창안하는 데까지 이르지는 못했다. 엄밀하게 말하면, 교과목을 전담하여 가르치는 교사는 기술을 중심으로 하는 수업과정보다는 수업의 여러 요소와 전체적으로 관련을 맺고 있는 수업과정을 개발해야 한다. 교사는 학생들에게 무엇을 어떻게 가르쳐야겠다는 분명한 목적을 가지고, 학생과 교과서 내용을 적절하게 조정해야 한다. 그리고 학생의 상황과 반응을 고려하여 상호작용하는 총체적 과정으로서의 수업을 전개해야 한다. 능률과 효과만을 위한 기술주의적 관점의 수업에서 교사와 학생, 교과내용, 환경 등이 역동적으로 움직이는 수업을 실천해야 한다.

둘째, 학교 현장교사의 교과지도에 대한 태도이다. 상당수의 교사들은 학교 현장에서의 교육과 교육학을 별개의 영역으로 인식한다. 다시 말하면, 교육학에 대한 이해 없이도 교과를 잘 지도할 수 있다고 본다. 교육과 교육학의 관계는 '실제'와 '이론'의 관계이다. 어떻게 보면, 현실적으로 교육학 이론을 잘 몰라도 교과를 잘 지도할 수 있고, 반대로 교육학 이론에 해박할지라도 교과지도를 잘하지 못하는 경우도 있다. 하지만 교과교육은 단순하게 인지적 측면만을 지도하는 데 있지 않다. 정의적 특성이나 잠재적 교육과정을 고려하여 각 교과의 목표나 내용, 방법을 통일적으로 적용할 필요가 있다. 따라서 교육학 이론과 그것의 현장에서의 적용, 현장을 통해 새로운 교육이론을 창출할 필요도 있는 것이다.

셋째, 교과내용에 대한 학문적 연구와 비판이 부족하다. 교과교육의 이론 체계를 정립하기 위해서는 교과교육 전문가를 비롯하여 교과 담당교사의 교과에 대한 비판적 검토가 필요하다. 대부분의 교과내용은 교과부에서 제시하는 기계적인 학습지도 요령을 통해 학생들에게 전달된다. 이런 점에서 교사가 적극적 의욕을 가지고 교과의 계통성과 학생들의 수준을 고려하여 내용을 분석하고 검토할 기회가 부족하다. 뿐만 아니라, 교과내용도 현장교사들의 요구나 의견 반영이 부족한 상황에서 구성되는 경우가 많다.

넷째, 교원양성기관에서 교과교육을 경시하기 쉽다. 사범대학이나 교육대학, 교직과정이나 교육대학원에서는 교과교육을 경시하거나 무관심하여 형식적인 교육이 되는 경우가 많다. 교과교육과 관련된 과목인 각 교과의 교과교육론이나 교재연구 및 지도법의 경우, 담당자의 전공배경에 따라 교과내용을 다루기도 하고, 교안 작성요령이나 발표로 충당되는 경우가 대부분이다. 교과교육 관련 교과목은 당연히 교과교육 전문가가 다루어야 한다. 더구나 교과내용을 제대로 이해하지 못하고서 교육학의 이론만을 가르쳐서는 곤란하다.

다섯째, 교과교육을 위한 현직교사 연수 프로그램이 제대로 운영되지 않고 있다. 교사 연수는 교사 교육과정의 중요한 구성요소이다. 특히, 교과교육에 대한 재교육은 교과 상호간의 공통성과 특수성을 중심으로 이해하게 하고, 교과와 교과 사이의 관련과 전체적 구조를 알게 하는 일이다. 따라서 교과교육에 대한 올바른 인식과 교과를 지도할 교사의 자질을 높여주기 위해 시대정신에 맞는 지속적인 현직교사 교육이 요청된다.

2. 교육학의 주요영역과 교육학 교과

1) 교육학의 주요영역

교육학은 19세기 초반 독일의 헤르바르트(J. F. Herbart, 1776-1841)에 의해 하나의 학문 분야로 발전한 것으로 알려져 있다. 헤르바르트가 주장한 교육학은 사변적 방법에 의존하고 있으나, 윤리학과 심리학을 바탕으로 하여 교육현상과 교수방법을 과학적 체계로 설명하였다. 이후, 민주주의 발달과 보통교육의 확산, 아동 발달에 대한 연구의 진전으로 교육학은 독자적 학문으로 정착되었다.

현재, 한국의 교육학계 다루고 있는 영역은 여러 과목으로 나누어져 있다. 교직과목의 경우, 교육학개론, 교육철학 및 교육사, 교육심리학, 교육사회학, 교육방법 및 교육공학, 교육과정, 교육평가, 교육행정 및 교육경영, 교육실습, 교재연구 및 지도법, 교과교육론 등 10여개로 분산되어 제각기 교육되고 있다(강선보 · 신창호, 2009: 220－229).

교육학개론의 경우, 교육학의 기초 이론을 소개하는 내용으로 구성되어 있고, 교육철학 및 교육사는 교육의 의미와 목적, 교육과 관련된 인간과 사회의 여러 가치들, 교육사상이나 사조, 다양한 교육적 주장에 관한 정당화 문제 등을 다루고, 교육을 시대의 맥락에 견주어 조망한다. 교육심리학은 개인 및 집단의 교육문제를 심리학적인 방법과 절차에 따라 교육목적에 맞도록 해결하는 원리와 기술을 찾는다. 교육사회학은 인간의 성장과 발달을 규정하는 사회적 조건을 연구하여 그 성과를 교육에 이바지하게 하려는 기술적인 학문이다. 교육과정은 무수한 지식과 기능 중에서 어떤 것을 선정하고 어떻게 조직하여 가르칠 것인가에 주된 관심을 갖는다. 교육평가는 학습자의 학습결과에 대한 성공과 실패를 구분해 주고, 교수와 학습 여건을 개선하기 위한 정보 탐색에 이용되며, 학생의 학습을 촉진할 수 있는 교육 체제 정비에 도움을 주고, 학습의 효율성을 점검하여 프로그램의 질을 향상시킨다. 교육행정 및 교육경영은 대중교육이 정착되고 국가 발전에 대한 교육의 역할이 중시되면서부터 대두된 연구 분야로, 인적 · 물적 자원의 효율적인 관리와 지원, 장 · 단기 교육정책과 계획의 수립, 교육조직의 경영과 교육재정의 확보 등을 주로 다룬다.

이외에도 교육방법과 새로운 매체를 탐구대상으로 하는 교육공학, 국가 간 교류가 확대됨에 따라 등장한 비교교육학, 급격한 사회변화 속에서 청소년의 원활한 적응을 돕기 위한 상담이론, 교육의 성과를 체계적으로 판단하기 위해 발달한 측정과 평가, 다양한 문화권에 따라 다르게 나타나는 교육현상을 체계적으로 이해하기 위한 교육인류학과 다문화교육, 평생학습사회를 지향하는 평생교육 등도 교육학의 새로운 분야로 등장하였다.

이처럼 교육학의 탐구영역이 확장되고 다양한 이론과 개념이 등장하였음에도 불구하고, 아직 교육학의 학문적 성격과 정체성에 관하여 많은 논란이 제기되고 있다. 가장 기본적인 논란은 '교육학이 교육현장의 실천에 도움을 줄 수 있는 방법을 고안하는 일에 주력해야 하는가, 아니면 교육현상 그 자체를 이론적으로 규명하는 일을 주된 과제로 삼아야 하는가' 이다. 전자를 강조할 때에는 교육실천학, 후자를 강조할 때에는 교육과학으로 일컬어지기도 하는데, 현 단계에서 교육학은 어느 한편만을 강조하기보다 양자를 병행해야 하는 종합학문으로 이해될 수밖에 없다. 어느 편을 선호하는가는 사람에 따라 다르지만, 일반적으로 교사들의 경우에는 전자의 관점에서 그리고 학자들은 후자의 관점에서 교육학을 이해한다고 할 수 있다.

이러한 교육학은 교육활동을 전체적으로 보여주는 학문이다. 이때 교육은 구체적 목적과 방향이 있는 의도적이고 가치지향적인 활동이다. 따라서 목적과 방향이 정해지면 단계별 교육수준에 따라 어떤 내용을 다루어야 하는지 고민해야 한다. 특히 지식의 양이 기하급수적으로 증가하고 사회구조가 급격하게 변화하고 있는 현대 사회에서 어떠한 지식을 골라 정해진 기간에 가르쳐야 하는지의 문제는 심각한 일이다.

우리는 모든 지식을 가르칠 수는 없다. 가장 기본적이고 필수적인 지식과 지혜를 선정하여 적용하는 것이 중요하다. 교육과정은 바로 교육목적이 설정되고 그것을 달성하기 위하여 조작하는 교육의 전체적인 기획이다.

이런 차원에서 교육과정은 교육의 전체를 보여주고, 교육학의 이론적 기초를 정돈하는 기준 역할을 한다. 앞에서 언급한 것처럼, 교육과정은 영어로 커리큘럼(curriculum)이라고 한다. 그것은 라틴어의 쿠레레(currere), 즉 '뛴다'라는 의미에서 온 말이다. 커리큘럼은 크게 두 가지 의미를 지니고 있다. 하나는 경기장에서의 경주로 또는 '달리는 코스'(race course)를 의미한다. 이 말이 교육학에서는 '학생이 일정한 목표를 향해 학습해 가는 과정'으로 사용하게 되었다. 다른 하나는 '경주 그 자체'를 의미한다. 교육적으로 환언하면, '학습 그 자체' 또는 '학습내용'이다. 어원으로 볼 때, 교육과정은 학생이 배움터에 들어와서 나갈 때까지 일정한 목표를 향해 학습에 가는 코스인 동시에 학습 내용 그 자체이다. 그런데 학습의 코스는 내용에서 순서와 배열이 있다. 따라서 교육과정은 일정한 순서로 배열된 학습의 코스와 학습 내용이다.

그러나 교육과정은 실제로는 매우 넓은 의미로 사용되고 있다. 학자에 따라, 시대와 장소에 따라 다르게 표현되고, 특히 교육이 목적에 따라 다르게 해석된다. '교과의 내용조직', '교과의 배열', '생활경험과 활동의 전체', 또는 '탐구학습의 내용 조직'이라고 보는 견해도 있다. 이러한 내용을 종합해 보면, 크게 두 가지로 좁혀서 생각할 수 있다. 하나는 '학교의 지도 아래 이루어지는 교과학습의 영역'이고, 다른 하나는 '학교의 지도 아래 이루어지는 교과학습 및 생활영역의 총체'이다. 후자의 경우, 학생의 모든 생활경험을 포괄해서 보다 넓은 뜻으로 이해한다. 다시 말하면, 하나는 교과의 체계를 존중하는 것이고, 다른 하나는 교과와 더불어 생활경험까지 포괄적으로 다루는 경우이다. 엄밀히 규정하면 전자는 '교과과정'이고, 후자는 '교육과정'이다.

일반적으로 교육학에서 인식하는 교육과정의 의미는, 후자의 입장을 취하여, '학교의 교육목적을 달성하기 위하여 선택한 문화 또는 생활 경험을 교육적인 관점에서 편성하고, 학습활동이 언제, 어디서, 어떻게 행해질 것인가를 종합적으로 묶은 교육의 전체 기획이다.' 이렇게 볼 때, 교육과정은 학교가 학생을 위하여 선택한 교육적인 경험을 준비하여 그들의 성장발달을 도와주고, 학습에 의한 행동의 변화를 초래하게 하는 자료이다. 다시 말하면, 교육과정은 교육이 목표하는 '인간'을 길러내는 데 기여하는 학교와 교사들의 총체적인 노력이며 계획이다.

교육과정에서 핵심이 되는 활동은 '생활지도'와 '교과지도'이다. 생활지도는 교육에서 매우 중요한 부분이다. 어떤 측면에서는 본질적 기능일 수도 있다. 어원을 보면 영어의 가이던스(guidance)의 번역 술어이다. 가이던스의 동사형인 가이드

(guide)는 '안내하다, 이끌어 주다, 지도한다, 숙고한다' 등의 뜻이 들어 있다. 과거에는 교도(敎導), 지도(指導), 향도(嚮導)라는 용어로 쓰기도 했다.

생활지도의 의미도 학자에 따라 다양하게 정의된다. '학생이 어떤 사태에 직면하였을 때 자기 스스로 현명하게 선택하고 적응하고 이해할 수 있도록 지도와 조언을 해주는 일', '개인에게 주어지는 조력(助力)으로 개인이 모든 활동에서 만족을 얻을 수 있도록, 그리고 그에게 필요한 어떠한 적응, 부적응에도 자기를 도울 수 있도록 해주는 일', '개개인의 아동이 개인으로서, 사회의 성인으로서 자기의 능력을 최대한으로 발휘하여 자기완성을 할 수 있도록 돕는 것으로, 조화된 성장발달을 조장하는 지도 활동, 즉 유능한 성숙자에 의하여 미성숙한 아동에게 주어지는 모든 면의 도움(assistance)', '개인이 행동을 변화하는데 도움이 될 목적을 가진 일련의 개인적인 접촉' 등 여러 가지 견해가 있다. 여기서 공통점은 개인이 관심의 대상이라는 것, 그리고 조력을 제공한다는 것, 자기 자신과 현실 환경에 대한 이해를 돕는다는 것, 의도적인 지도활동이라는 것이다.

다시 정리하면 다음과 같다.

첫째, 생활지도는 개인이 관심의 대상이 되는데, 개인은 학교의 학생을 뜻하며, 보다 구체적으로는 정상적인 발달과정에 있는 학생을 의미한다. 그러므로 생활지도에서는 전체보다는 개인이 일차적 관심의 대상이 된다.

둘째, 생활지도는 자기 자신과 현실 환경의 이해를 돕는 활동이다. 이것은 개인에게 자기 자신에 대한 객관적인 이해를 통해 자기 정체감을 확립하고, 자기 자신을 둘러싸고 있는 환경조건에 대한 현실적인 이해를 하도록 돕는다.

셋째, 생활지도는 조력을 제공하는 일이다. 발달상의 문제에 직면했을 때 그 문제를 해결해야 할 주체는 본인이다. 그러므로 생활지도는 전문적인 조력을 제공하는 것일 뿐이다. 결국 개인으로서 학생은 자율적인 문제 해결을 통하여 자기 지도력을 함양해야 한다.

넷째, 생활지도는 의도적인 지도활동이다. 학교 교육에서 생활지도는 교과지도와 병행하는 비교과적 활동이지만 분명한 의도를 갖고 조직적으로 진행되는 교육

활동이다.

이렇게 볼 때, 생활지도를 소수의 문제 학생을 지도하는 방법으로 생각해서는 안 된다. 또한 특별한 사건이 있을 때 그것을 해결하기 위한 수단으로 인식해서도 안 된다. 생활지도는 모든 학생들의 성장・발달을 촉진하여 자아실현을 할 수 있도록 하는데 기여하는 중요한 교육활동이다.

교과지도는 학습활동, 학습지도활동과 관계된다. 교과지도는 배우는 일과 가르치는 일로 상징되는 교육의 핵심이다. 따라서 교육자와 학습자는 자신이 종사하는 가르치는 일과 배우는 일의 본질을 알고 교육에 임할 필요가 있다. 학습에 대한 이론은 다양하다. '행동의 변용', '자극과 반응의 결합', 그리고 '장의 재체제화' 등 이론적 배경과 정의에 따라 다양한 견해가 존재한다.

첫째, 학습을 '행동의 변용'이라고 주장하는 학자들의 견해는 다음과 같다.

"학습은 일정한 활동, 훈련, 관찰 등의 결과, 즉 일정한 경험에 의하여 행동이 다소 영속적・진보적인 변용을 하는 것(H. L. Munn)",

"학습은 경험과 훈련에 의한 행동의 진보적 변용(T. R. Mcconnell)"

"학습은 행동의 변화(R. S. Woodworth)"

"학습은 동일한 자극장면의 반복에 의하여 행동이 점진적 변화 또는 진보적 경향을 나타내는 것(W. S. Hunter)"

"학습은 계속 행해지는 활동 중 뒤의 활동이 앞의 활동보다 개체에게 유익하게 되는 변화(C. Humphrey)"

"학습은 행동의 진보적인 적응과정(Skinner)"

"학습은 경험의 결과로 행동에 어떤 변화가 일어난 것(L. J. Cronbach)"

둘째, 학습을 자극과 반응의 결합으로 보는 학자들이 있다.

"학습은 심리적 기능이 연습에 의해서 결합(connection)되는 것(E. L. Thorndike)"

"학습은 자극과 반응의 새로운 결합・형성과정(E. R. Guthrie & C. L. Hull)"

셋째, 학습을 장의 재체제화(Reorgamization)로 보는 견해가 있다.

"학습은 지각과정과 그 흔적이 복잡한 구조 속에서 재체제화되는 지각적 재체제화(W. Kohler; K. Koffka)"

"학습은 장의 인지구조의 변화(K. Lewin)"

"학습은 기호(sign)－형성(gestalt)－기대(expectation)의 형성 혹은 기호(sign)－의미관계(signification relation)의 형성으로, 어떤 것이 어떤 것으로 이끌어 가는가라는 행동의 통로를 배우는 것(E. C. Tolman)"이라는 견해이다.

어떤 정의이건 학습은 인간 행위의 변화를 전제로 한다. 인간과 환경·생활의 상호작용으로 인해 새로운 관련이 생기고, 이에 따라 주체인 인간은 행동의 변화를 하게 된다. 따라서 행동변화의 결과는 새로운 행동을 획득함과 동시에 정신구조의 변화와 인간 기능의 변화를 가져오게 된다. 이와 같이 학습은 교사의 지도 또는 학습자 자신이 환경과의 작용에 의하여 새로운 지식이나 기능·행동을 습득하고 보유하며, 장래 생활에 활용할 수 있도록, 전제적으로 행동이 변화되어 가는 과정이다.

교수(teaching)는 가르치는 일이다. 이와 유사한 개념에는 수업(instruction), 학습지도(guidance of learning process)가 있다. 이들 개념은 주체의 활동에 따라 뉘앙스를 달리 하는데, 교수와 수업은 교사활동, 학습지도는 학습자의 활동, 교수－학습과정은 교사와 학생의 상호작용 과정을 강조하는 것으로 볼 수 있다.

전통 교육에서는 교사가 중심이 되어 지식 위주의 주입식 방법이 많이 사용되었다. 이때 교수라는 말을 쓴다. 학습지도는 학습자의 능동적인 학습 활동과 학습자의 개인차를 강조하는 보다 새롭고 민주적인 교육이 방법으로 발전하면서부터 많이 사용하게 되었다. 그러나 1960년대 이후 효과적이고 과학적인 교육방법을 모색하려는 다양한 교수이론이 대두되면서 현대적 교수의 개념을 나타내는 말로 교수－학습 과정 또는 수업이라는 말을 많이 사용하고 있다.

수업은 학교에서 일정한 목표를 설정하고, 교육내용과 방법에 대한 계획을 세우고, 그러한 계획의 일부분으로서의 목표를 달성하기 위하여 일정한 시간에 실시하는 교수－학습 활동이다. 그것은 개인에게 특정한 조건 하에서, 또는 특정한 상황에 대한 반응으로서 특정한 행동을 나타내도록 학습하게 하거나, 특정한 행동에 참여할 수 있도록 개인을 둘러싼 환경을 계획적으로 조작하는 과정이다. 가네(R.

M. Gagne)의 경우, "수업이란 학습이 일어나도록 학습자의 내적 및 외적조건을 체계적으로 조정하는 것"으로 보아, 학습자를 둘러싸고 있는 외적 조건만이 아니라 학습자가 지니고 있는 내적조건, 즉, 주의집중, 동기, 선수학습 등까지도 계획적으로 조정해야 함을 강조하고 있다.

요컨대, 교수 활동은 학습자가 특정한 학습목표를 달성할 수 있도록 학습자의 내적·외적 환경을 계획적·체계적으로 조정하는 과정이다.

2) 교육학 교과의 특성

(1) 교육학 교과의 등장과 운용

우리나라에서 교육학이 고등학교 교과로 처음 채택된 것은 해방 직후의 '교수요목기'와 '제1차교육과정기'이다. 당시의 교육학은 사범학교 학생들을 대상으로 가르쳤는데, 오늘날로 비유하면, 대학의 교직과목과 같은 성격이었다. 이후 2차, 3차 교육과정기에서는 운영되지 않았다.

현재와 같이 고등학교 교양선택 과목으로 등장한 것은 1982년부터 시행된 제4차교육과정이다. 이때 교육학은 자유선택 과목의 하나로 교육과정에 포함되었다.

이후, 1988년 3월에 고시된 제5차교육과정에서는 일반계 고등학교에서 교양선택 과목을 필수로 운영하는 조치를 취하였다. 이때, 선택할 수 있는 교과는 교육학, 논리학, 철학, 생활과 경제, 종교 중에서 한 과목이었다. 따라서 제5차 교육과정부터 실제로 교육학이 고등학교 교양교과로 선택되었다고 보는 것이 옳다.

1996년부터 시행된 제6차교육과정에서는 교양과목에 환경과학이 추가되었고, 이수단위도 2단위에서 4단위로 확대되었다.

2002년부터 시행된 제7차교육과정에서는 고등학교 교양교과의 위상에 변화가 생겼다. 교양교과가 고등학교 2학년부터 적용되는 일반선택 과목의 5가지 계열 중의 하나가 되었다. 그리고 환경과학이 생태와 환경으로 명칭이 바뀌었고, 진로와 직업 교과가 신설되었으나, 교양교과 선택의 비중은 그대로 유지되었다.

(2) 교육학 교과내용의 구성

고등학교 교육학 교과는 대학에서 배우는 학문으로서의 교육학과 구분되는 특성을 지니고 있다. 그것은 학문적 특성을 강조하기보다 고등학생의 삶과 학습에 관한 상식과 교양을 높이는데 비중을 두었다. 여기에서는 현재 고등학교 교양교과의 바탕이 되는 제7차교육과정을 중심으로 교육학 교과의 취지를 정돈한다.

① 교육학 교과의 교육목표

교육학 교과는 교육학 교육의 목표를 총괄목표와 하위목표로 제시하고 있는데, 총괄목표는 다음과 같다.

> 행복한 삶과 교육에 대한 올바른 지식과 이해를 바탕으로 자신의 교육과 생애를 주체적으로 설계, 개발하여 인격적 성숙을 이루고, 나아가 장차 후세대를 바람직한 방향으로 인도할 수 있는 역량을 길러 홍익인간의 실현을 지향한다.

총괄목표의 핵심은 고등학생 자신의 교육과 생애를 주체적으로 설계하고 개발하는 데 있다. 다시 말하면, 고등학생이 교육학을 배우는 목적은 자신을 이해하고 자신의 생애를 주체적으로 설계하는 데 있다는 것이다. 이는 교육학의 전문 지식을 습득하는 작업과 질적으로 구분된다. 이러한 총괄목표는 다음과 같은 여섯 가지의 하위목표들을 통하여 구현된다.

> 첫째, 다양한 삶 속에 깃든 행복의 의미와 이와 관련하여 교육이 어떤 의미를 가지는지 살펴봄으로써, 교육의 궁극적 목적과 진정한 교육이 무엇인지 올바르게 판단할 수 있는 안목을 기른다.
>
> 둘째, 전통교육의 올바른 계승과 개혁의지를 바탕으로 오늘날 교육의 새로운

동향을 파악하여, 미래교육의 방향을 능동적으로 모색하는 자세를 지닌다.

셋째, 학습의 기본원리와 훌륭한 가르침의 의미를 파악하고, 생활주변의 교육문제와 현상에 대한 올바른 안목을 길러 교육문제에 슬기롭게 대처하며, 자신의 교육을 주체적으로 설계, 개발할 수 있는 능력을 기른다.

넷째, 미래에 부모 또는 교육자로서 후세대를 바람직한 방향으로 인도할 수 있는 자질과 교육관을 형성한다.

다섯째, 청소년기에 대한 올바른 이해와 성찰을 통하여 청소년기의 위기를 슬기롭게 극복하고, 성숙한 자아실현이 되도록 노력한다.

여섯째, 전 생애적 차원에서 교육의 필요성을 인식하고, 자신의 적성, 흥미, 노력에 대한 객관적 이해를 바탕으로 적극적으로 생애를 설계하고 개발하여, 잠재능력을 최대한 발현함으로써 자신과 국가, 사회발전에 이바지하는 자세를 가진다.

이러한 하위목표는 교육학 교육을 통하여 학생들에게 교육의 의미와 목적을 이해하도록 돕는 데에 있다. 또한 교육을 과거와 현재, 그리고 미래를 연속선상에서 파악하여, 미래교육이 어떤 방향으로 나아가야 할지를 알게 한다. 아울러 배움의 과정에 있는 학생들에게 배움과 가르침의 의미를 생각하게 함으로써, 스스로 처해 있는 상황을 객관적으로 인식하고, 위대한 스승들의 업적을 배움으로써 장차 다음 세대를 가르칠 수 있는 바람직한 자질을 기른다. 특히, 청소년기의 학생들에게 자신의 모습을 객관적으로 보도록 하여, 스스로 어려움을 극복하고, 교육이 전 생애에 걸쳐 자신의 삶을 영위해 갈 직업을 얻는 일과 직결된다는 점을 깨닫게 한다.

② 내용 구성

고등학교 교육학 교과는 다음과 같은 원칙에 의해 내용을 선정하였다.

첫째, 교육학 교육과정의 성격과 목표를 구현하는데 적합한 내용이다. 고등학생 수준의 인간관, 인생관, 교육관에 대한 기본 소양과 학생의 자기개발 능력을 기르는데 필요한 내용을 중심으로 하였다.

둘째, 교육 이론보다는 학생들 자신의 삶에서 도출된 교육현상 및 문제들을 주요 제재로 하였다. 체벌이나 입시제도, 왕따, 진로 등 학생들에게 실제적인 내용을 제시하여 생각할 기회를 제공하였다.

셋째, 고등학생의 발달특성과 과업에 비중을 두어 내용을 조직하였다. 청소년기의 발달과업을 수행하고 있다는 점을 염두에 두고, 청소년기의 특성과 위기극복, 생애개발과 진로선택 등의 문제를 다루었다.

넷째, 주제와 관련된 다양한 소재를 통해 내용을 이해하도록 구성하였다. 과거와 현재, 미래 그리고 동양과 서양, 일상생활 등에서 다양한 소재를 찾아 현실감을 더하였다.

이런 원칙을 바탕으로 하여 선정된 내용들은 4가지 큰 영역으로 구분하고, 이를 몇 가지 소항목으로 나누어 전체 내용을 구성하였다.

〈표 3-1〉 고등학교 교육학 교과의 단원별 내용

단 원	내 용
Ⅰ. 행복한 삶과 교육	1. 행복한 삶과 교육의 의미 2. 우리의 삶에서 교육이 가지는 의미 3. 교육은 어떻게 이루어지는가?
Ⅱ. 가르치고 배우는 일	4. 학습은 어떻게 이루어지는가? 5. 훌륭한 가르침이란 어떤 것인가? 6. 교육의 여러 현상을 어떻게 이해할 것인가?
Ⅲ. 개인의 발달과 진로 선택	7. 인간발달의 원리와 교육 8. 생애발달과 진로선택
Ⅳ. 청소년기 자아발견과 인생설계	9. 청소년기의 특성과 고민은 무엇인가? 10. 자아발견과 인생설계

③ 단원별 내용

Ⅰ. 행복한 삶과 교육

여기서는 다양한 삶 속에 깃들여 있는 행복의 의미 그리고 이와 관련하여 교육의 의미를 살펴보고, 나아가 교육의 궁극적인 지향점이 인간을 바람직한 방향으로 인도하여 행복에 이르게 하는 것임을 깨닫도록 하는데 중점을 둔다. 이를 위해 다음과 같이 세 개의 소단원과 하위내용을 설정하였다.

1. 행복한 삶과 교육의 의미
(1) 행복한 삶이란 무엇인가?
(2) 행복한 삶을 위한 조건으로서의 교육
(3) 교육과 인간의 성장

2. 우리의 삶에서 교육이 가지는 의미
(1) 행복한 삶의 조건으로서 자아실현
(2) 교육받은 사람의 모습
(3) 교육받은 사회

3. 교육은 어떻게 이루어지는가?
(1) 교육의 시작과 끝 (2) 가정교육
(3) 학교교육 (4) 사회교육
(5) 미래의 교육

Ⅱ. 가르치고 배우는 일

여기서는 학습의 기본원리와 훌륭한 가르침의 의미를 파악하고 생활주변의 교육문제와 현상에 대한 올바른 안목을 터득함으로써, 자신의 교육을 주체적으로 설계할 뿐만 아니라 미래의 부모로서 바람직한 자질과 교육관을 형성하도록 한다. 이를 위해 다음과 같이 3개의 소단원과 하위내용을 설정하였다.

4. 학습은 어떻게 이루어지는가?
(1) 학습이론 – 스승과 제자의 만남

(2) 학습내용
(3) 학습방법

5. 훌륭한 가르침은 어떤 것인가?
(1) 교수의 원리와 방법
(2) 위대한 교육자

6. 교육의 여러 현상을 어떻게 이해할 것인가?
(1) 현대 교육제도의 발달과 운영
(2) 현대교육의 여러 쟁점
(3) 현대사회에서의 부모 역할

Ⅲ. 개인의 발달과 진로선택

여기서는 인간발달의 일반적인 과정과 그 특징을 알고, 그러한 발달과 교육의 관계를 이해하는 한편, 인간발달의 한 특수한 형태로서 직업선택을 중심으로 한 생애발달의 의미를 파악함으로써 자신의 진로를 선택할 수 있도록 한다. 아울러 이러한 진로선택에 필요한 직업세계의 구조와 미래를 이해한다. 이를 위하여 다음과 같이 두 개의 소단원과 하위내용을 설정하였다.

7. 인간발달의 원리와 교육
(1) 인간발달의 원리
(2) 인간발달의 단계
(3) 인간발달과 교육

8. 생애발달과 진로선택
(1) 직업의 의미
(2) 직업을 중심으로 본 생애발달
(3) 진로선택을 위한 의사결정
(4) 직업세계의 구조와 미래

Ⅳ. 청소년기 자아발견과 인생설계

여기서는 청소년기 특징이 인지적, 신체적 발달은 성인에 버금가지만, 심리적·사회적 측면에서는 아직 미숙하고 불안정하여 혼란과 갈등이 많은 시기임을 이해함으로써, 청소년기의 위기를 슬기롭게 극복하고 성숙한 자아실현인이 되도록 한다. 아울러 이러한 이해를 통하여 장차 자신이 살아갈 인생의 행로를 설계할 수 있도록 한다. 이를 위해 다음과 같이 두 개의 소단원과 하위내용을 설정하였다.

9. 청소년기의 특성과 고민은 무엇인가?
(1) 청소년기의 신체적 특성
(2) 청소년기의 고민과 문제
(3) 성숙한 자아의 실현을 위한 길

10. 자아발견과 인생설계
(1) 나는 누구인가?
(2) 자아와 인성의 발달
(3) 자아실현과 인생설계

제4부

교육학 교과 선택에 관한 이해

1. 고등학교 교양교과의 의미

2012년 7월 27일부터 시행된 초중등교육법 제45조에서는 고등학교의 교육 목적을 다음과 같이 규정하고 있다.

"중학교에서 받은 교육의 기초 위에 중등교육 및 기초적인 전문교육을 하는 것을 목적으로 한다."

그리고 제48조 ②항에서 교과 및 교육과정을 다음과 같이 규정하고 있다.

"고등학교의 교과 및 교육과정은 학생이 개인적 필요·적성 및 능력에 따라 진로를 선택할 수 있도록 정하여져야 한다."

초중등교육법을 통해 알 수 있는 것은 고등학교의 교육은 중등교육이나 기초적 전문교육을 하고, 그것을 달성하기 위한 교과는 학생의 필요와 적성, 능력을 고려하여 진로에 적합한 내용으로 구성되어야 한다는 것이다. 이런 점에서 고등학교에서 이루어지는 대부분의 교육은 중등교육 차원에서 일종의 '교양교육'이다. 그러나 고등학교 교육과정에서는 별도의 교양교과로 철학, 논리학, 종교, 진로와 직업, 교육학 등 여러 과목을 필수로 선택하도록 규정하였다.

문제는 중등교육을 목적으로 하는 고등학교 교육에서 굳이 교양교과를 필수로 운영할 필요가 있느냐이다. 여러 가지 이유가 있겠지만, 고등학교의 수업량도 많고, 한국의 교육 문화적 특성상, 대학입시의 중압감으로 인해 학생들이 갖는 부담도 크다. 특히, 교양교과 중의 하나인 교육학은 내용 면에서 다른 교과와 차별성이 부족하다는 지적이 많다. 앞에서도 언급했듯이, 교육학 교과의 목표는 "행복한 삶과 교육에 대한 올바른 지식과 이해를 바탕으로 자신의 교육과 생애를 주체적으로 설계, 개발하여 인격적 성숙을 이루고 나아가 장차 후세대를 바람직한 방향으로 인도할 수 있는 역량을 길러 홍익인간의 실현을 지향하는 것"이다. 그 목표를 달성하기 위해 "행복한 삶과 교육, 가르치고 배우는 일, 생애 개발과 진로 선택, 청소년기의 특성과 과제"라는 내용 영역을 설정하였다.

이러한 교육의 목표와 내용은 도덕이나 윤리, 진로와 직업 과목에서도 다룰 수 있다. 교육학으로서의 정체성을 가지고 있는 내용은 기껏해야 행동주의, 인지주의, 구성주의 등의 '학습이론' 정도이다. 이런 현실에서 교육학을 고등학교 수준에서 독립적인 교양교과로 다룰 필요가 있느냐의 문제는 충분히 제기될 수 있다.

'왜 고등학교에서 교양교과가 설치되고 그것이 선택 필수 과목으로 규정되었는가?'

'고등학교 교양교과로서 교육학은 어떤 측면에서 설치되었는가?'

'교육학 교과는 처음 개설되었을 때부터 문제가 많았던 것인가? 아니면, 오늘날 교육 환경의 변화에 따라 그 위상이 낮아진 것인가?'

이런 의문에 접근하기 위해 우리는 위험스럽고 부담스러운 가설을 설정하였다.

고등학교 교양교과로서 교육학은 고등학생들의 요구와 필요에 의해서라기보다, 정책적 필요에 의해서 개설되었다?!

우리나라는 사범대학을 졸업하는 학생들에게는, 자신이 전공한 교과에 따라 기본적으로 2급 정교사 자격증을 부여한다. 이는 사범대학을 비롯한 교원양성기관의 학생들에게만 주어지는 배타적인 자격이다. 교원양성기관은 전문성을 갖춘 교사를 양성한다는 뚜렷한 목적 하에 설치되었다. 교사자격증의 취득은 교사로 진출할 수 있는 전문자격증이고, 그것은 대학졸업 후 진로 결정 과정에서 안정된 직업을 보장받을 수 있는, 상대적 우위를 확보하는 일종의 상징이다.

교사자격증 취득이라는 차원에서 볼 때, 교육학만을 전공한 학생들은 국어교육이나 수학교육과 같은 교과교육을 전공한 것이 아니기 때문에, 교과와 관련한 타 전공을 복수전공(또는 이중전공이나 부전공 등) 하기 전에는 특정한 교과의 교사자격증을 부여받기 힘든 상황이다. 문제는 교육학과가 사범대학에 속해 있다는 점이다.

사범대학은 중등교원을 양성하기 위한 목적 대학이다. 그러므로 특별한 경우를 제외하고는, 졸업과 동시에 의무적으로 중등교사자격증을 부여받는다. 교육학과의 경우, 고등학교 교양교과로서 교육학이 선택되기 이전에는, 도덕·윤리 교사자격증이 부여되었다. 그런데 고등학교 교양교과를 구체적으로 도입하고, 그것을 교육과정의 차원에서 본격적으로 운용함에 따라, 교육정책에도 변화가 일어났다. 즉, 이전과 동일한 교사자격증을 부여할 수 없는 상황이 발생한 것이다.

이 지점에서 '위험하면서도 부담스러운 가설'을 제시하며, 고등학교 교양교과로서 교육학의 문제를 고민해 보려고 한다.

사범대학 교육학과 학생들에게 전공에 맞는 교사자격증을 부여하고, 나름대로의 진로를 배려하기 위해, 고등학교 교육과정에 교양 선택 교과로 교육학 과목을 신설한 것은 아닐까?!

이런 가설을 검토하기 위해, 우리는 관련되는 고등교육 정책을 간략하게 정돈해 보기로 했다. 특히, 관련 전공인 교육학과 윤리 도덕교육 전공의 학과 정책 변화와 각 대학별 교육학과의 동향, 교육학 교과의 의미와 그 변화 과정 등을 개괄해 본다. 이를 통해 고등학교 교양교과로서 교육학이 신설되고 그 위상의 변화 과정이 어떠했는지 고찰할 것이다.

2. 두세 가지 가설의 검토

1) 교육학과는 왜 사범대학에 소속되었는가?

첫 번째 가설은 고등학교 교양교과를 다룰 때, 그 교과목의 교사자격증 문제와 연관된다. 왜냐하면 모든 교과는 국가로부터 공식적으로 인정받은 교사자격증 취득자가 담당해야 하기 때문이다. 이런 측면을 고려하여 고민한 첫 번째 가설은 다음과 같다.

고등학교 교육학 교과의 개설은 교육학과의 소속대학이 문과대학(인문대학)에서 사범대학으로 옮기는 과정에서 교사자격증 부여문제로 개설된 것이 아닌가?!

이런 가설을 검증하기 위해서는 간략하게나마 주요 대학의 교육학과 연혁을 살펴볼 필요가 있다. 왜냐하면 대학교 교육학과의 설치와 존폐 여부가 고등학교 교육학 교과의 채택과 직결되기 때문이다.

(1) 주요 대학별 교육학과 연혁

고려대학교(사립) **교육학과**
- 1959년 문리과대학 문학부 교육심리학과 신설
- 1963년 교육학과와 심리학과로 분리[문과대학 교육학과]
- 1972년 사범대학 신설, 교육학과 사범대학에 편입[사범대학 교육학과]

부산대학교(국립) **교육학과**
- 1969년 사범대학 신설
- 사범대학 출범 이전에는 문리과대학 교육학과로 존속되다가 폐지
- 1974년 사범대학 소속으로 교육학과 신설[사범대학 교육학과]

서울대학교(국립) **교육학과**
- 1946년 사범대학 교육과
- 1950년 (문학부, 이학부 설치) 문학부 교육학과
- 1953년 교육심리과, 교육행정과 설치, 교육학과와 교육학부 구성
- 1961~62년 문리과 대학에 교육학과 신설안 발표, 이후 백지화
- 1962~75년 교육심리과와 교육행정과가 교육과로 통합, 교육학부 폐지
- 1975년 교육과에서 교육학과로 명칭 변경[사범대학 교육학과]

숙명여자대학교(사립) **교육학과**
- 1955년 문리과대학 교육학과 설치[문리과대학 교육학과]
- 1987년 교육학과에서 교육심리학과 개편 신설
- 1999년 교육학과, 교육심리학과 교육학부로 통합

– 2007년 교육학, 교육심리학 교육학과로 통합[교육학부 교육학과]

연세대학교(사립) **교육학과**
– 1946년 문과대학 교육학과 신설[문과대학 교육학과]
– 1981년 사범대학으로 독립[사범대학 교육학과]
– 1983년 사범대학이 교육과학대학으로 명칭 변경[교육과학대학 교육학과]

이화여자대학교(사립) **교육학과**
– 1945년 한림원 교육학과 설치
– 1947년 한림원 교육학부로 명칭 변경, 교육학과 설치
– 1951년 교육학부가 사범대학으로 승격[사범대학 문학부 교육학과]
– 1952년 학부제 폐지
– 1958년 교육학과 4영역의 전공(교육학·중등교육·초등교육·학령전교육) 실시
– 1991년 교육학과 3개 전공이 학과로 분리[사범대학 교육학과]

(2) 전국 교육학과의 소속대학 현황

현재 전국의 교육학을 전공 학과로 두고 있는 대학은 총 39개교이며, 그 중 숙명여대와 연세대, 2개교가 '교육학부'라는 명칭을 사용하고, 나머지 37개교는 '교육학과'라는 명칭을 사용한다. 소속 단과대학의 경우, 사범대학에 소속된 경우가 대부분이다. 사범대학이 설치되지 않은 대학의 경우, 문과대학이나 인문대학 등에 소속되어 있다.

그런데 사범대학에 소속되어 있는 교육학과와 문과대학에 소속되어 있는 교육학과의 경우, 단과대학의 설립 목적에 따라 교육의 취지나 방향이 달라질 수 있다.

〈표 4-1〉 대학별 교육학과 소속대학 현황

국공립대			사립대		
학교명	명칭	소속	학교명	명칭	소속
강원대	교육학과	사범대학	강남대	교육학과	사범대학
			경남대	〃	〃
			경성대	〃	문과대학
경북대	〃	〃	계명대	〃	사범대학
			고려대	〃	〃
경상대	〃	〃	국민대	〃	문과대학
			대구가톨릭대	〃	사범대학
공주대	〃	〃	동국대	〃	〃
			동아대	〃	인문과학대학
목포대	〃	〃	상명대	〃	사범대학
			서원대	〃	〃
부산대	〃	〃	성균관대	〃	〃
			성신여대	〃	〃
서울대	〃	〃	세종대	〃	인문과학대학
			숙명여대	교육학부	문과대학
전남대	〃	〃	신라대	교육학과	사범대학
			연세대	교육학부	교육과학대학
전북대	〃	〃	영남대	교육학과	사범대학
			우석대	〃	〃
			원광대	〃	〃
충남대	〃	〃	이화여대	〃	〃
			인하대	〃	〃
충북대	〃	〃	조선대	〃	〃
			중앙대	〃	〃
한국교원대	〃	제1대학	한남대	〃	〃
			한양대	〃	〃
			홍익대	〃	〃

① 사범대학 교육학과

사범대학에 소속되어 있는 교육학과의 경우, 교육의 실제성을 중시하고, 중등학교와 연관된 다양한 교육의 기초이론과 정책을 교육하고 연구하는 데 집중할 수 있다. 왜냐하면 사범대학은 목적대학으로서 중등학교 현장에서 교육을 담당할 교원을 양성하기 때문이다. 사실, 교육의 실제와 현장에 필요한 교육정책은 사회 구성원들이 오랜 세월에 걸쳐 자신들이 공유하는 일련의 가치와 신념에 기초하여 만들어 온 사회적 구성물이다.

교육학은 이러한 역사적·사회적으로 구성되어 온 교육의 실세와 성책 등에 관해 다양한 연구 방법을 통하여 분석하고 이해함으로써, 교육현실에 대한 우리의 인식을 비판적으로 성찰하고 새롭게 재구성하는 데 일차적 관심이 있다. 구체적으로 말하면, 교육학은 학습조직을 통해 보다 풍요로운 삶을 살 수 있게 하는 능력을 함양하는 활동과 실천, 그리고 정책을 탐구한다. 그리하여 인간다운 인간이 된다는 것이 무엇을 의미하는지, 무엇을 어떻게 배우고, 어떤 조건이 제공되어야 그런 능력을 갖게 되는지를, 체계적이고 비판적이며 자기 성찰적으로 분석하고 이해하려는 학문이다.

때문에 사범대학 교육학과는 인간에 대한 철학적·과학적 이해를 바탕으로 심오한 교육학 이론을 구축하고, 이를 교육현장인 학교는 물론, 나아가 기업과 사회의 각 분야에 접목할 수 있도록 다양한 경험을 제공함으로써, 교육적 능력과 자질을 갖춘 고급 전문 인력 양성을 목적으로 한다. 또한 교육의 대상이 되는 인간을 과학적으로 이해할 수 있는 능력을 배양하고, 교육학 이론과 실제를 학습하고 경험하도록 함으로써 다음과 같은 전문 인력을 양성하는데 교육의 목표를 둔다.

첫째, 교육에 관한 이론적 지식과 실천적 기술을 구비하여 국가의 교육발전에 기여할 수 있는 유능한 중등교사 및 교육 지도자를 양성한다.

둘째, 평생교육 이념의 확산에 따라 사회 전반에 걸쳐 수요가 증가하고 있는 각종 사회교육 및 기업체 교육훈련을 수행할 전문요원을 양성한다.

셋째, 교육현상을 과학적으로 설명하고 교육현장과 전문적 학문영역에서 부딪치는 문제들을 해결할 수 있는 교육전문가로서의 능력 및 자질을 갖춘 교육학자를 양성한다.

② 비사범대학 교육학과

교육학과가 사범대학이 아닌 다른 단과대학, 예컨대, 문과대학이나 인문대학에 소속되어 있는 경우, 교육학 전공은 상당히 다른 방식으로 인식되고 있다. 문과대학에 소속된 경우, 실제로 그렇지 않다고 하더라도, 명목상으로 교육학과는 학교 및 교실에서의 교육현상을 주된 연구대상으로 삼는 것을 넘어서, 관심의 폭을 확대하고 있다. 즉 사회·문화·역사 등 학교 밖의 현상까지 이해하고 전망하는 인문학적·사회과학적 교육학을 지향하여, 한국을 비롯하여 세계의 교육학 담론들을 주체적으로 수용하고 교육문명의 진보를 이끌어 내기 위한 연구에 앞장서고 있다. 따라서 사범대학 소속의 교육학과와는 달리 다음과 같은 특성과 비전을 갖고 있다.

첫째, 실천교육학을 지향한다. 실천교육학은 교육학의 생명은 교육학 이론 자체에 있지 않고 생생한 교육현실에 있다는 이해를 기저로, 학문을 위한 학문을 넘어서서 현존하는 한국교육의 병폐를 적절하게 진단하고 치유할 수 있는 실천적 힘을 지닌 교육학 연구이다.

둘째, 인접 학문과의 역동적 소통을 지향한다. 역사, 철학, 심리학, 사회학, 행정학, 경제학, 공학, 통계학 등 인문과학과 사회과학의 연구 관점과 성과를 적극적으로 수용하면서 교육현상의 이해를 심화한다. 동시에, 교육학적 시선으로 본 역사, 사회, 문화, 행정에 대한 연구 성과를 인접학계에 제공한다. 이와 같은 교육학의 종합 학문적 특성은 학생들에게 다양한 학문에 대한 소양을 갖추도록 인도한다.

셋째, 중등교사 양성과 교육전문가나 교육학자 양성이라는 구체적 목적을 지닌 사범대학에 비해, 졸업생들의 다양한 진로를 모색한다. 중등교원만이 아니라 교육학자, 교육행정가, 기업체의 인적자원개발 전문가, 산업교육 및 평생교육 분야 컨설턴트, 카운슬러, 평생교육사, 청소년지도자, 대안교육실천가 등 다양한 분야에 종사할 교육 전문가 양성을 꾀한다.

전국 교육학과의 연혁이나 변화 과정, 설치 현황을 통해 볼 때, "고등학교 교육학 교과의 개설은 교육학과의 소속대학이 문과대학(인문대학)에서 사범대학으로 옮기는 과정에서 교원자격증 부여문제로 개설되었다?"라는 가설을 뒷받침하기에 충분하지는 않다. 왜냐하면, 대학의 교육학과 설치 문제는 그것이 사범대학에 소속되건 문과대학을 비롯한 다른 단과대학에 소속되건, 고등교육 차원의 대학 정책에서 등장한 문제이지, 고등학교 교육학 교과와 연관하여 설치여부가 결정된 것은 아니기 때문이다. 그렇더라도 사범대학이 구체적으로 지정된 교과목을 담당하는 교원양성기관이라는 차원에서 보면, 교육학과가 어디에 소속되어 있느냐의 문제도 상당히 중요할 수 있다.

2) 교육학과 졸업생에게는 어떤 과목의 교사자격증을 부여해야 하는가?

두 번째는 국가 정책에 의해 교육학과 졸업생을 위한 특별조치를 취했을 것이란 가설이다. 특정한 시기에 정부는 국민윤리 교육을 강화하는 정책을 내놓았다.

교육부의 전신인 문교부는 <문교부령 제519호 교원자격검정령 시행규칙>을 통해, 1979년, 사범대학에 국민윤리교육과를 신설하였다. 그리고 1983학년도부터 교육학과에 입학하여 졸업하는 경우(별도로 중등 교과목과 관련된 전공을 복수전공 혹은 부전공을 이수하지 않는 경우)에는 교육학 교사자격증만 부여하도록 변경하는 조치를 단행하였다.

국립대 사범대학의 경우, 졸업생들의 대부분은 중등학교 교사로 진출하였다. 간혹, 중등교사로 진출하지 않고 일반 기업체로 진로를 바꾸는 졸업생들도 있었다. 이런 경우, 당시에는 해당대학의 총장 추천서를 발부 받아야만 취업을 할 수 있는 상황도 존재했다. 교육학과의 경우, 중등학교에서 실제로 활용할 수 있는 교사자격증이 부여되지 않는다는 것은 심각한 문제였다.

사립대 사범대학 교육학과의 경우에도, 기존에는 도덕이나 윤리 교사자격증을 취득하고 중등학교 교사로 진출할 수 있었다. 그러나 이제는 더 이상 도덕 윤리 교사자격증을 취득할 수 없고, 별도로 복수전공을 하지 않을 경우, 중등학교 교직에 설 자리도 줄어들게 되었다.

이에 사범대학 교육학과 학생들은 나름대로 그에 대한 대비책을 마련해 줄 것을 요청하였다. 우리는 여기에서, 정부 당국이 사범대학 교육학과의 저항을 막기 위한 일련의 정책을 쓴 것은 아닐까 판단해 본다. 그리고 조심스럽게 "사범대학 교육학과 전공자에게 교사자격증을 부여하기 위해 고등학교 교양교과로 교육학 교과를 개설한 것은 아닐까?"라는 의문을 제시해 본다.

국립 서울대학교의 경우, 1977년 서울대학교 대학원 석사과정에 '국민윤리전공'을 설치하고, 사범대학에 속하지 않는 여러 전공들과 '협동과정'으로 운영하였다. 예를 들면, 철학과, 정치학과, 사회학과, 경제학과, 교육학과 등 5개 학과가 공동으로 교육과정을 협력하여 운영했던 것이다. 1981년에는 사범대학 내에 '국민윤리교육과'를 신설하고 학부 신입생을 선발하기 시작하였고, 1981년에 <대통령령 제10223호>를 근거로 '박사과정'을 신설하였다. 이후, 2007년에는 학과 명칭을 '국민윤리교육과'에서 '윤리교육과'로 변경하였다.

이러한 정책 변화에 대한 학생들의 반응은 한 언론의 기사에서도 잘 드러나 있다.

> 내년부터 사범대학 교육학과 졸업생들은 취업길이 막힐 수 있다. 그동안 이들에게 부여되었던 국민윤리 교사자격증이 1986년 졸업생부터 교육학 교사자격증으로 바뀌게 되기 때문이다. 사범대학 교육학과 졸업생들은 이제 고등학교에서 교육학만을 가르쳐야 한다. 하지만 교육학은 현재 고등학교 교과과정에서 0~8단위의 자유선택과목으로 되어 있고, 실제로 어떤 학교에서도 교육학을 개설하지 않고 있는 상황이다. 이에 전국의 사범대학 교육학과 학생들이 졸업 후 설자리를 잃게 되었다며 대책 호소하고 있다. 전국 국립사범대학은 '교육학과 진로대책협의회'를 조직하여 문교부에 청원서를 제출하는 등 대책 마련을 요구하였다. 청원내용을 보면, 첫째, 고등학교 교육과정에서 교육학을 포함한 자유선택 과목을 2~8단위로 필수화 할 것, 둘째, 일정 규모 이상의 학교에 상담전담 교사 배치를 제도화하고 교육학 전공자를 임용할 것 등이다.
>
> (경향신문, 1985. 6. 6)

3) 고등학교 교양교과로서 교육학은 적합한가?

그렇다면, 고등학교 교양교과로서 교육학은 적합한가? 여기에서는 교육학 교과의 변천과정을 다른 교과와 비교・분석하여, 고등학교 교과로 적절한지 판단하고, 바람직한 방향을 고민해 본다.

(1) 교육학 교과의 변천과정

우리나라에서 '교육학'을 가르치기 시작한 시기는 개화기 이후이다. 갑오개혁 이후 신학제 실시에 따라 사범학교 등에서 수신, 국문, 한문, 역사, 지리, 수학, 물리 등과 함께 교육을 교과목으로 개설하였다. 교육교과는 교육학, 심리학, 논리학을 주요 내용으로 하고, 교수법, 교육법령, 학교관리법 및 학교위생을 가르치고 교육실습을 하도록 되어 있다. 이때의 교육교과는 '교양'교과라기보다는 초등 교원을 양성하는 기관인 사범학교나 고등보통학교의 사범과에서 가르치는 '전문'교과에 가깝다. 그것은 현재, 교원양성기관에서 가르치는 '교육학'과 유사하다고 판단된다. 따라서 현행 고등학교 교양교과인 교육학과 비교하기에는 한계가 있다.

고등학교 교양교과의 연원은, 앞에서 언급한 것처럼, 1945년 해방 이후, 교수요목기(1945~54년)로 거슬러 올라가기도 한다(유봉호, 1992). 당시, 고급중학교 교과과정표를 보면, 선택과목 6학년 과정에 심리교과가 5시간 설정되어 있고, 지금의 교양선택과 유사한 과목들을 찾아볼 수 있다.

제1차교육과정기(1955~63년)는 철학−교육이란 선택교과를 교양교과의 형태로 2학년과 3학년을 합해 주당 6시간을 가르치게 되어 있었다. 하지만 이 교과도 주로 사범학교에서만 가르쳤고, 1962년 사범학교가 교육대학으로 개편되면서 제2차 교육과정기(1963~73년)에서는 이마저 사라졌다.

제3차교육과정기(1973~81년)는 <국민교육헌장>의 이념을 기본 방향으로 교육과정을 설정하였다. 즉 국민적 자질의 함양, 인간 교육의 강화, 지식과 기술 교육의 쇄신을 기본 방침으로 교육과정을 개정하였다. 여기서 특기할 사항은 교양과목으로 '자유선택 교과'가 설정되고, 0~6 단위 수를 부여하였다는 점이다. 이때 단위 수는 매주 50분을 기준으로 1학기(17주)에 이수할 수업량을 말한다.

교육학을 비롯한 교양교과의 필요성이 높이지게 된 시기는 제4차교육과정기(1981~88년)부터이다. 이 시기는 유신헌법이 폐지되고, 제5공화국이 출범함에 따라 새로운 이념에 의거한 교육과정의 개정이 필요하게 되었다. 특히, 지나친 실용주의에 따른 정신적 빈곤과 인간성 부재에 대한 반성이 일어나면서, 인간중심 교육의 필요성이 대두되었다.

제4차교육과정 개정은 이런 시대적 경향을 적극적으로 반영하였다. 교양과목의 단위 수를 0~6단위에서 0~8단위로 상향조정하고, 교육과정 편제표에 명목상으로 존재하는 교양교과의 현실을 인식하여 그것의 내실화를 위한 논의가 활발하게 전개되었다. 이러한 공감과 노력에도 불구하고 대부분의 학교에서는 입시 위주의 교육 현실 속에서, 그 필요성을 느끼지 못하고 교양과목의 설치를 기피하였다.

제5차교육과정기(1988~92년)에는 '자유선택'이란 교과가 '교양선택'으로 이름이 바뀌면서 2단위 이상(2~6단위)의 필수 선택과목이 되어 실질적인 교과로 등장하였다. 물론 교육적 필요에 의하여 선택 필수화하면서도 그 동안 시범 운영에서 문제점으로 지적된 학생의 수업 부담과 교양교육의 효율성 제고를 위하여 교양과목을 성적에는 반영하지 않도록 하였다. 또한 학생과 학교, 지역사회의 다양한 요구와 실정을 고려하여 철학, 논리학, 교육학, 심리학, 생활경제, 종교 중에서 한 과목을 학교장의 재량으로 선택하여 가르칠 수 있도록 개방하였다.

제6차교육과정기(1992~97년)에서는 교양과목을 종전 2단위에서 4단위로 단위 수를 상향 조정하였기 때문에 그 중요성은 한층 부각되었다고 볼 수 있다. 당시 교양과목의 단위 수를 상향 조정한 이유는, 교육과정 개정의 기본 방향을 민주시민 ―공동체 의식과 도덕성을 함양하는 국민 기본 교육의 강화에 역점을 두었고, 고등학교 교양교과의 목적을 학생의 적성, 능력, 진로를 중시하는데 초점을 두었기 때문이다. 우리 사회의 비인간화 구조가 갈수록 심화되어 가고 있으며 더 이상 학교가 이를 방치해서는 안 되겠다는 의지의 표명인 것이다.

제7차교육과정기(1997~2009년)에서는 한문, 교련 교과와 함께 교양과목군으로 묶었다. 그리고 모든 학생이 교육과목군에서 2개 과목 이상을 이수하도록 하였다. 그리고 '2007개정교육과정'에서는 기존의 교양교과인 철학, 논리학, 심리학, 교육학, 종교학을 생활과 철학, 생활과 논리, 생활과 심리, 생활과 교육, 생활과 종교 등으로 명칭을 바꾸어 학문적 접근보다 실제 생활의 관점에서 교과에 접근했다.

〈표 4-2〉 교육과정기별로 살펴 본 교양교과의 변천과정

구 분	시 기	주요 개정사항	단위수
교수요목기	1945 ~ 54	지금의 교양 교과와 유사한 과목 등장	
제1차교육과정	1954 ~ 63	'철학-교육' 교과 신설(주 6시간)	
제2차교육과정	1963 ~ 73	'철학-교육' 교과 폐지	
제3차교육과정	1973 ~ 81	자유선택 교과	0~6단위
제4차교육과정	1981 ~ 88	〃	0~8단위, 5과목
제5차교육과정	1988 ~ 92	교양선택 교과 (필수화)	2~6단위, 6과목
제6차교육과정	1992 ~ 97	〃	4단위, 7과목
제7차교육과정	1997 ~ 2009	〃	4단위, 8과목
2007개정교육과정	2009 ~ 11	〃	4단위, 10과목
2009개정교육과정	2011 ~ 현재	〃	4단위, 9과목
추가·폐지 과목들	4차교육과정 : 철학, 논리학, 교육학, 심리학, 종교학 5차교육과정 : 생활 경제 추가 6차교육과정 : 환경과학 추가 7차교육과정 : 환경과학이 생태와 환경으로 변경, 진로와 직업 추가 2007개정교육과정 : 생활과 철학, 생활과 논리, 생활과 심리, 생활과 교육, 생활과 종교, 생활 경제, 안전과 건강, 진로와 직업, 보건, 환경과 녹색성장 2009개정교육과정 : 철학, 논리학, 심리학, 교육학, 종교학, 실용 경제, 진로와 직업, 보건, 환경과 녹색성장(안전과 건강 폐지)		

하지만 '2009개정교육과정'에서는 통합적인 방향으로 성격을 설정하기 위해, 다시 철학, 논리학, 심리학, 교육학, 종교학 등으로 명칭을 바꾸게 된다. 예를 들어, '생활 교육학'과 '학문적 교육학'을 이분법적으로 대립시키기 보다는, 교양으로서 교육학의 성격을 통합적으로 제시하고자 원래 명칭으로 바꾼 것이다. 이와 관련하여 고등학교 입학년도를 기준으로 생활·교양 영역의 경우, 7차 교육과정은 2010년까지, 2007개정교육과정은 2011~13년, 2009개정교육과정은 2014년부터 적용된다.

(2) 유사 교과의 변천과정과 교육학 교과와의 내용 중복

① 철학 및 윤리·도덕

가. 교과의 변천과정

해방 이후 철학과 교육과정은 제1차교육과정기(1954~1962)에 고등학교 선택 교과 보통 과정에 등장했으나 제2차교육과정기에서 제5차교육과정기에는 정규 교육과정에서 제외되어 왔다. 이후 철학과 교육 과정은 제6차교육과정기에 다시 고등학교 교양 선택으로 도입되었고, 제7차교육과정기에는 일반 선택 과목으로 존속하고 있기 때문에 철학과 교육과정의 변천은 제6차와 7차교육과정기에 나타난 교육과정을 중심으로 살펴 볼 필요가 있다.

윤리·도덕은 1973년 8월에 공포된 제3차 중학교 교육과정에서 반공·도덕 교육을 교과활동에 포함시켜 그 명칭을 '도덕'으로 바꾸었다. 교육과정도 제1차 때처럼 교과활동과 특별활동의 두 영역으로만 구성하였다. 처음으로 정식 교과가 된 도덕수업은 주당 2시간씩 배정하고, 지도 내용을 평가하도록 하였다. 제4차 도덕과 교육과정에서는 예절 생활 영역을 삭제하고 다른 영역에 흡수시켰다. 그리고 지도 및 평가상의 유의점으로는 도덕과의 지도 방향을 구체적으로 제시하였다. 제5차교육과정은 제4차교육과정의 기본 정신을 계승하면서 그 동안에 부분적으로 제기되었던 몇 가지 문제점들을 수정, 보완하였기 때문에 큰 변화는 없었다.

㉠ 제6차교육과정 이후의 철학 및 윤리·도덕 교육

제6차교육과정 해설서에서는 철학과 설정의 배경을 설명하는 가운데 고등학교는 이제까지 배운 일반교육으로부터 전문교육으로 넘어가는 가교와 같은 역할을 맡고 있다고 전제하고, 고등학교 철학교육의 역할에 대해 두 가지를 제시한다. 그 중 한 가지는 '철학교육은 이제까지 공부해온 여러 교과에서 공통된 요소를 확인하고 개별 교과를 통해 배운 지적, 이론적 탐구 결과를 통합적으로 이해할 수 있게 한다'이다. 다른 한 가지는, '철학교육은 인간과 자신에 대한 사색이나 성찰을 절실하게 바라는 학생들에게 매우 중요한 지식과 방향을 제공해준다'는 것이다. 또한 제6차 도덕과 교육과정에서는 사회적 요구에 따라 모든 교과에서 도덕 교육을 강화하고, 도덕과에서는 그러한 교육의 결과를 통합하고 보완하도록 하였다.

제7차 철학과 교육과정은 제6차교육과정과 비교하여 성격이나 목표에서 큰 차이가 없지만, 내용체계에서는 큰 차이를 보이고 있다. 우선 제7차교육과정은 제6차 교육과정의 10단원을 6단원으로 줄임으로써 학생들의 눈높이에 맞추어 내용을 조정하였다. 또 다른 특징은 제6차교육과정이 동서 철학을 이원화했다면, 제7차교육과정에서는 일정한 주제 아래 동서 철학으로 구분하지 않고 종합적인 철학적 사유를 유도하고 있다는 점이다. 교수방법이나 평가방식에서는 토론 수업과 논술 시험 등을 이용한다는 점에서 대동소이하다.

㉡ 철학 및 도덕·윤리와 교육학

고등학교 교양교과의 연원을 보면 교수요목기까지 거슬러 올라가고, 교육학과 철학은 그 교육과정의 변천과정에서부터 함께 했다. 그리고 제1차교육과정에는 철학-교육이란 선택교과를 교양교과의 형태로 2학년과 3학년을 합해 주당 6시간에 해당되는 시간만큼 가르치게 되어 있었다. 또한 도덕은 1954년 1차교육과정 시간 배당 기준령이 나올 때까지 학교교육 활동 전반을 통하여 도덕 교육이 실시되었다. 그러나 교수요목만으로는 도덕 교육과 반공교육 내용을 수업 현장과 연결시킬 수 있는 근거가 부족하였기 때문에, 문교부의 장학 방침에 이를 반영함으로써 학교 교육 활동에서 도덕 교육이 본격적으로 추진되었다.

제6차교육과정에 제시된 철학교과의 공통 목표는 다음과 같다.

"철학과목은 삶의 의미를 알기, 사람답게 사는 길 찾기, 사물과 현상을 똑바로 인식할 수 있는 비판 능력 기르기, 세계를 전체적으로 이해할 수 있는 안목 가지기 등 바람직하고 합리적으로 살아가는 데 필요한 여러 문제들을 탐구하게 함으로써 학생들에게 올바른 가치관이나 의식을 정립하게 한다."

이 부분은 교육학 교과의 교육 목표와도 비슷하다. 교육학은 제6차교육과정에서 기본 방향을 민주시민·공동체 의식과 도덕성을 함양하는 국민 기본 교육의 강화에 역점을 두었고 고등학교는 학생의 적성, 능력, 진로를 중시하는데 초점을 두었다.

나. 교육학과 철학 및 윤리·도덕의 내용 중첩

다시, 2007개정교육과정에 따른 교육학 교과의 단원 및 내용구성을 살펴보면, 교과서에 따라 편제의 차이는 있으나 대략적으로 아래와 같다.

〈표 4-3〉 교육학 교과의 단원 및 내용

단원	주요내용
1. 행복한 삶과 교육	행복한 삶과 교육의 관계
	교육의 과정
	우리의 삶에서 교육이 가지는 의미
2. 가르치고 배우는 일	학습의 원리와 방법
	가르침의 의미
	다양한 교육 문제와 교육관
3. 생애 개발과 진로선택	자기 이해와 자아실현
	올바른 진로선택
	인생 설계
4. 미래사회와 교육	사회 속의 다양한 교육
	미래사회의 교육
	미래 학습사회의 특성

이 중에서 1단원 '행복한 삶과 교육'은 철학과 윤리, 그리고 도덕 교과의 내용과 상당부분 중복된다. 1단원의 소단원에는 '행복한 삶이란 무엇인가', '우리 삶에서의 교육의 의미', '교육은 어떻게 이루어지는가?'라는 내용이 수록되어 있다. 본 단원이 교육학 교과서에 편성되어 있는 이유는 다음과 같은 단원 소개를 통해 알 수 있다.

> 인간은 누구나 행복한 삶을 원하며, 우리가 교육받고 교육하는 궁극적 지향점은 인간의 행복이기 때문에, 인간의 행복을 도모하는 교육이란 과연 어떠한 모습일지를 살펴본다.

그러나 이 내용은 다른 교양교과 중 하나인 철학 교과에서도 중점적으로 가르치는 내용이다. 첫 번째 소단원인 '행복한 삶'에 드러난 내용을 검토하면, 그것을 확인할 수 있다. 이 단원의 학습 목표는 '여러 학자들이 말한 행복한 삶의 의미를 이해하는 것'으로 명시되어 있다. 이를 위해 고대 그리스 철학자인 아리스토텔레스에서부터 시작하여 에피쿠로스, 스토아학파, 로마의 정치가 키케로, 프랑스의 철학자 루소, 스위스 사상가 힐티, 미국 철학자 제임스에 이르기까지 다양한 철학자들에 대해 배운다.

아울러 고대 동양의 사상가들에 대해서도 배우게 되는데, 공자, 맹자, 노자, 장자, 석가모니가 대표적이다. '철학자나 사상가 누구누구는 이렇게 말했다'라는 식의 짧은 서술이 주류이다. 이런 내용의 제시만으로는 결코 어떤 철학자나 사상가가 말하려는 바를 이해할 수 없다. 그럼에도 불구하고, 교육학 교과서에서는 이처럼 간략한 서술만으로 학생들에게 행복의 의미에 대해 스스로 찾아보기를 권하고 있다. 이런 점에서 철학 교과에서 가르쳐야 할 내용을 교육학 교과에서도 학생들에게 전달하려다 보니, 내용 중첩은 물론, 수박 겉핥기식의 공부를 하게 되는 한계를 스스로 드러내게 되었다.

뿐만 아니라, 본 내용은 보통 교과에 편성되어 있는 윤리·도덕 교과 중 윤리와 사상에서 배우는 것과도 중첩된다. 윤리와 사상에서는 1단원 '윤리와 사회사상의 의의', 2단원 '윤리의 흐름과 특징'에서 동서양의 여러 철학자들에 대해 가르친다. 이 역시 앞서 말한 철학과 마찬가지로 교육학에서 어중간하고 모호하게 가르치고 있는 부분과 중첩된다.

② 진로와 직업

가. 교과의 변천과정

㉠ 6차교육과정 이전의 진로 · 직업 교육

제6차교육과정 개정 이전의 진로 · 직업 교육은 주로 실업 · 가정과에서 이루어졌다. 실업 · 가정과에서 이루어진 진로 · 직업 교육은 주로 직능(職能) 교육이나 기술 교육 위주로 이루어졌다. 교수요목기에는 상업 경제 · 부기 회계 · 주산 · 상업 수학 · 무역론 · 경영 경제학 · 상품학 · 통계학 · 법규학으로 과목이 나누어 교육하였는데, 이 시기에는 뚜렷하게 직업 교육의 양상을 띠지 않았다. 이후 1차 교육과정 시기에 실업과정과를 두고 농업과정 · 공업과정 · 수산과정 · 상업과정에서 해당 직업군에서 행하는 기술 교육 등이 이루어졌는데, 이는 이 당시 중요한 직업군에 대한 교육으로, 사회 상황에 따라 교육과정을 편성하기 시작했다고 볼 수 있다. 이후 교육과정 개편이 진행되면서 실업과와 가정과가 분리되었다가 통합되는 약간의 변화가 있긴 하였지만 5차교육과정인 1990년대 초반까지 기본 직업군으로 농업 · 공업 · 상업 · 수산업을 가르쳤다.

㉡ 6차교육과정 이후의 진로 · 직업 교육

6차교육과정부터는 진로 · 직업 교육이 명시적으로 교육과정 상에 포함된다. 6차 교육과정에는 진로 · 직업 과목 이외에도 정보 산업 과목이 함께 포함되는데, 이는 1990년대 들어서 정보화가 빠르게 진행되고 동시에 직업군이 다양해지면서 기존의 농업 · 공업 · 상업 · 수산업 교육 이외에 진로 · 직업 교육이 별도로 이루어져야 한다는 공감대가 형성되었기 때문으로 해석할 수 있다.

또한 진로 · 직업을 결정할 때, 그 결정권이 학생에게 있다는 인식이 퍼지면서,

학생이 스스로 자신을 이해하고 직업세계를 충분히 이해할 필요성을 느끼게 하는 계기가 되기도 하였다.

이후 7차교육과정에서 진로·직업교육은 기술·가정 과목에서 분리되어 진로와 직업이라는 명칭으로 교양과목 군에 포함되었다. 현재는 교양교과 가운데 한문, 생태와 환경 이외에 가장 많은 학교에서 선택하고 있는 과목이다.

㉢ 진로와 직업과 교육학

진로·직업 교육 역시 교수요목기부터 현재까지 꾸준히 교육과정의 변천 과정에서 함께 한 과목이다. 진로·직업 교육이 교육과정상에 분리되어 정식 과목으로 인정받은 것은 6차교육과정 이후부터지만, 이전에도 농업·공업·상업·수산업의 직능·기술 교육으로 그 명맥을 유지하였다. 그럼에도 교육학 교과에서 다시 '진로·직업' 교육을 다루는 것은 내용의 중복일 뿐만 아니라, 교육학 교과가 갖는 고유한 학문 범주를 흐리게 만들 수도 있다.

나. 교육학과 진로와 직업의 내용 중첩

앞에서 살펴본 것처럼, 현재 교육학 교과서 3단원 '생애 개발과 진로 선택'에서는 청소년의 진로 문제를 다루고 있다. 청소년에게 진로와 직업에 대해 교육하는 것은 대단히 중요한 사안이다. 내가 어떤 방향으로 나아가고 싶은 지, 왜 공부를 하는 지, 내가 하고 싶은 것을 하기 위해서는 어떤 공부가 필요한지, 앞으로 어떻게 해야 원하는 방향으로 나아갈 수 있을지와 같은 의문을 해소하고 학습에서 능동적이고 주체적인 위치에 서기 위해 '진로와 직업'에 대한 고민이 필요하다.

그러나 교육학 교과에서 다루는 진로와 직업은 현재 편제되어 있는 타 교과와 상당 부분 중복되는 부분이 있어, 교육학 교과의 독립성과 정체성을 명확히 하는 데 어려움을 겪는다. 우리나라 교육과정의 변천과정을 살펴 보았을 때 진로와 직업 교육은 기술·가정이나 실과 등을 통해 꾸준히 이루어졌고, 6차교육과정 이후에는 '진로·직업'이라는 교과목이 명시적으로 편성되면서 그것과 분리되었다.

③ 교육학과 유사 교과와의 중복 내용이 갖는 한계점

철학과 윤리·도덕, 그리고 진로와 직업 교과는 그 내용상 교육학 교과와 중첩되는 부분이 상당히 많다. 그것은 철학과 윤리·도덕, 진로와 직업 등의 교과가 교육학과 그 맥락을 함께 한다는 점에서 이해할 수도 있다. 그러다 보니 교육과정의 변천을 겪으면서도 그 내용의 측면에서 중복이 불가피한 것으로 보인다.

하지만, 교과는 그 나름의 독립적인 성격을 지닐 때, 특성을 가진 교과로 존립할 수 있다. 이런 점에서 다른 분과 학문들과의 통섭이라는 교육학 본래적 성격은 장점도 있지만, 고등학교 교양교과로서의 교육학 교과라는 정체성을 모호하게 만드는 요인이 되기도 한다. 다시 말하면, 교육학 교과내용의 체계와 구조가 탄탄하거나 유기적이지 못하다는 한계를 노정하였다. 때문에 교육학이 고등학교 교양교과로서 자리매김되고 독립성을 확보하는데 어려움을 줄 수도 있다.

제5부

교육학 교과내용의 비판적 검토

1. 교육과정 개정에 따른 교육학 교과의 변화방향

교육학 교과는 6차교육과정에서 '교양 선택교과'로 개발된 후 몇 번의 개정을 경험하였다. 그 과정에서 교육학 교과가 추구하는 노선이 바뀌기도 하고, 세부사항만 약간 수정되는 경우도 있었다. 물론 교육과정이 개정될 때마다 이를 적용한 새 교과서가 집필되는 것은 아니다. 그러나 교육과정이 교과의 목표나 내용구성의 방향을 제시해주는 것은 분명하다. 따라서 교과내용을 분석하면, 교과가 어떠한 목적을 가지고 무엇을 중시하며 변화해 왔는지 알 수 있다. 그런 의미에서 교육학 교과서의 내용 적합성을 분석·평가하기에 앞서, 교육과정의 변화를 살펴볼 필요가 있다.

1) 제6차교육과정에서 교육학 교과

6차교육과정에 포함된 교육학 교과의 교육과정은 '목표－내용－유의점'으로 구성된다. 이는 '성격－목표－내용－교수방법－평가' 등 비교적 세부적인 항목으로 나뉜다. 이러한 구성은 교육학 과목뿐만 아니라 모든 교양 선택교과에 해당된다.

6차교육과정에서 제시된 교육학 교과의 목표는 다음과 같다.

> 교육, 사회, 인간에 대한 기본적인 이해를 바탕으로 효율적인 학습 방법을 익히고 자율적인 학습 태도를 가지게 하여, 인격 형성의 기초를 마련하고 교육의 기본자세를 확립하게 한다.

이러한 교과 목표 실현을 위한 교과의 내용은 아래와 같다.

〈표 5-1〉 6차교육과정의 교육학 내용

단원	내용구성
1. 교육의 본질	교육의 의미
	교육과 가치
2. 학교와 교육	학교
	학교교육과 문화
3. 학습의 과정	가르치고 배우는 일
	학습에 관련된 요소
	영역별 학습방법
4. 인간 발달과 청소년기	인간발달의 이해
	청소년에 대한 이해
5. 교육과 사회	교육의 사회적 기능과 사회의 교육적 기능
	한국 사회와 교육
6. 교육의 발전 방향	전인교육의 지향
	평생교육의 지향
	교육력의 증대

단원 구성을 보면, 교육학 이론 가운데, 1단원과 6단원은 교육철학, 2단원과 5단원은 교육사회학, 3단원은 교수학습이론 등과 연관 지을 수 있다. 이는 6차교육과정에서 교육학 교과가 학문적 내용을 강조하는 것으로 풀이할 수 있다. 특기할 사항은 제6차교육과정에서 '평생교육의 지향'이라는 내용을 통해, 평생 교육의 필요성을 학생들에게 가르치려고 시도했다는 점이다.

그리고 6차교육과정에서는 5가지 유의점을 기초로, 간단한 교수방법, 평가방법 등을 제시하고 있다. 하지만 이는 하나의 교과에 대한 참고사항으로 보기에는 부실한 측면이 있고, 타 교과에서 부여한 유의점과 차별화되는 특징도 없다. 6차교육과정의 논리학 과목과 비교했을 때, 첫째 사항은 동일하며, 둘째 사항은 '교육적' 물음과 '논리적' 물음의 차이만이 있을 뿐이다. 셋째, 넷째 사항 및 다섯째 사항인 '평가' 또한 유사한 방식으로 진행된다. 논리학뿐만 아니라, 종교나 생활 경제와도 큰 차이가 없다는 점에서 교육과정의 미흡함과 부실함을 실감할 수 있다.

이처럼, 6차교육과정에서 교육학은 교과 내용적 측면에서는 학문적 내용이 주를 이루고 있어 그 정체성이 드러나고는 있으나, 교육과정의 부실한 구성으로 인해 그 특색을 살리지 못했다고 판단된다.

2) 제7차교육과정에서 교육학 교과

앞에서도 언급했지만, 7차교육과정에서 교육학은 한문, 교련, 진로와 직업 등 10개의 교과목과 함께 교양교과목에 속해 있다. 교육과정에서는 이러한 교양교과로서의 교육학의 성격을 학문적 이론보다는 학생들 자신의 일상생활과 관련된 교육 문제를 다루어 생애 개발과 교육에 직접적이며 실제적인 도움을 주는 '생활 교육학'으로 정하고 있다.

〈표 5-2〉 7차교육과정의 교육학 내용

단원	내용구성
1. 행복한 삶과 교육	행복한 삶이란 어떤 것인가
	우리의 삶에서 교육이 가지는 의미는
	교육은 어떻게 이루어지는가
2. 가르치고 배우는 일	학습은 어떻게 이루어지는가
	훌륭한 가르침이란 어떤 것인가
	나는 교육의 여러 문제와 현상을 어떻게 이해할 것이며, 어떤 교육관을 형성할 것인가
3. 생애 개발과 진로선택	나는 누구인가, 나의 적성은 무엇인가
	생애 개발과 진로 선택을 올바르게 하려면
	나의 인생 설계는
4. 청소년기의 특성과 과제	청소년기의 특성은 무엇인가
	청소년기의 관심과 고민은 무엇인가
	청소년기의 문제를 잘 극복하고 성숙한 자아실현인이 되려면

교육의 목표 또한 단순히 교육학과 관련된 학문적 지식을 쌓는 것이라기보다는

행복한 삶과 교육에 대한 올바른 지식과 이해를 바탕으로 자신의 교육과 생애를 주체적으로 설계·개발하여 인격적 성숙을 이루고 나아가 후세대를 바람직한 방향으로 인도할 수 있는 역량을 기르는 것을 지향하고 있다. 이러한 목표 실현을 위한 교과의 내용은 앞의 <표 5-2>와 같다.

7차교육과정의 교육학 내용은 6차교육과정과 비교했을 때 상당한 변화가 있다. 6차교육과정의 '학교와 교육', '교육과 사회', '교육의 발전 방향' 단원이 생략되고, '3. 생애 개발과 진로 선택'이라는 새로운 단원이 추가되었다. 이는 교양 교과목으로서 교육학을 생활 교육학으로 자리매김하고, 실생활과 관련된 부분을 늘린 것으로 이해할 수 있다.

특히, 7차교육과정은 이러한 내용들을 단편적 지식이나 지엽적 내용의 주입이 아닌 활동 중심의 다양한 형태의 교수방법이 이루어지도록 고시하고 있다. 평가 역시 교양과목의 특성상 절대 평가를 원칙으로 하되, 다양한 방법을 동원하여 지식 평가보다는 활동중심 프로그램의 참가와 성과를 중심으로 평가할 것을 지향하고 있다.

다시 강조하면, 6차교육과정에서 교육학은 학문적 성격을 띠는 반면, 7차교육과정에서는 이를 비판하고, 학생들 스스로 자신의 생애와 교육에 직접적이고 실제적 도움을 줄 수 있는 교과목이 되도록 실생활 측면을 강조하였다. 그러나 실제 교육 내용이 학생들의 실생활과 연결되어 있다고 보기에 어려운 부분도 많았다. 이처럼 7차교육과정에서는 6차교육과정과 비교하여 생활 교육학적 측면을 강조하려 하였으나 내용구성 면에서 미흡함이 있었다고 판단된다.

3) 2007개정교육과정에서 교육학 교과

2007개정교육과정에서 교육학은 생활과 교육으로 명칭을 변경하였다. 그리고 과목의 성격을 "현재의 학습자로서 뿐만 아니라, 나아가 장차 교육자로서 요구되는 자질과 태도를 기르려는 과목"으로 정의하였다.

이에 대한 교육의 목표는 다음과 같다.

삶과 교육의 의미와 관계에 대한 올바른 지식과 이해를 바탕으로 교육학적 사고 능력을 함양하고 자신의 교육과 생애를 주체적으로 설계·개발하여 인격적 성숙을 기하는 동시에 나아가 장차 후세대를 바람직한 방향으로 인도할 수 있는 역량을 길러 홍익인간 이념의 실현을 지향한다.

이러한 목표 실현을 위한 교과의 내용은 아래와 같다.

〈표 5-3〉 2007개정교육과정의 생활과 교육 내용

단원	내용구성
1. 행복한 삶괴 교육	행복한 삶과 교육의 관계
	교육의 과정
	우리의 삶에서 교육이 가지는 의미
2. 가르치고 배우는 일	학습의 원리와 방법
	가르침의 의미
	다양한 교육 문제와 교육관
3. 생애 개발과 진로선택	자기 이해와 자아실현
	올바른 진로선택
	인생 설계
4. 미래사회와 교육	사회 속의 다양한 교육
	미래사회의 교육
	미래 학습사회의 특성

2007개정교육과정과 7차교육과정과 가장 큰 차이점은 기존의 4단원인 '청소년기의 특성과 과제'를 대신하여 '미래사회와 교육'이라는 단원이 새롭게 추가되었다는 점이다. '청소년기의 특성과 과제'의 경우, 도덕이나 기술가정과 같은 교과목과 겹치는 내용이기 때문에 삭제된 것은 타당하다. 그러나 새롭게 추가된 단원의 경우, 그 적합성에 대해서는 의문이 있다.

2007개정교육과정에서는 7차교육과정과는 다르게 명칭도 교육학에서 생활과 교육으로 바꾸어 학습자의 삶과 밀접한 교육학을 담아내고자 하였다. 또한 단원명을 명사화하거나 축소시켜 간결한 목차를 구성하여 학습자의 이해를 돕도록 하였다. 그러나 전체적으로 보았을 때, 7차교육과정과 2007개정교육과정에서 교육학이 추구하려는 내용은 크게 달라지지 않았다.

4) 2012개정교육과정에서 교육학 교과

2007개정교육과정에서의 생활과 교육은 다른 선택과목들과 마찬가지로 교양 선택 과목의 성격에 대한 새로운 규정으로 인해, 학문적 이론보다 학생들의 일상생활과 관련된 교육 문제에 보다 높은 비중을 두는 교과로 규정되어 있었다. 그러나 2012개정교육과정에서는 생활의 측면과 학문 구조의 측면을 통합하려고 하였으며, 교과 명칭 또한 생활과 교육에서 다시 교육학으로 회귀하였다.

2012개정교육과정에서 교육학의 총괄 목표는 다음과 같다.

> 올바른 삶과 교육의 의미와 그 관계를 올바르게 이해하고 그 속에서 교육학적 사고 능력을 함양하는 것, 그리고 학습 주체로서 자신의 교육과 생애를 능동적이고 주체적으로 설계하고 인격적 성숙을 기함은 물론 미래 후세대의 교육을 올바른 방향으로 이끌어 갈 수 있는 역량을 기르는 것이다.

이러한 목표 실현을 위한 교과의 내용은 아래와 같다.

〈표 5-4〉 2012개정교육과정의 교육학 내용

단원	내용구성
1. 바른 삶과 교육	바른 삶과 교육의 가치 교육이 이루어지는 과정 삶 속에서의 교육과 자아실현

2. 공부와 자기 개발	나를 성장시키는 창의적 사고와 학습 가르침의 의미와 교육적 체험 나만의 학습 전략과 학습 기술
3. 생애 설계와 진로 신택	인간 발달과 역량 개발 올바른 진로를 선택하기 (직업군예시로서)교육학과 진로 · 직업 찾기
4. 미래 사회와 교육	미래의 교육관과 내 자녀 올바르게 키우기 미래 사회의 교육과 자기주도적 학습 평생 학습 사회와 행복한 삶

2012개정교육과정과 2007개정교육과정의 교육학교과를 비교해보면, 단원 구성적인 측면에서는 큰 차이가 없다. 그러나 세부내용의 구성은 2012개정교육과정이 2007개정교육과정에 비해 교육과 일상생활적 측면이 결합되어 있다는 느낌이 강하다.

3단원의 경우, '생애 개발과 진로 선택'이라는 단원명은 동일하지만, 내용 측면에서 교육학을 신로와 연결시키고 있다. 물론 2012개정교육과정의 경우, 2013년 현재 교과서가 제작되지 않아 실제 내용이 학문적 성격의 교육학과 진로를 얼마나 효과적으로 결합할 지는 미지수이다. 그러나 2007개정교육과정의 생활과 교육에 비해 학문적 특성과 일상생활이 보다 연관되는 느낌이 드는 것은 사실이다.

그러나 단원 구성이 이전과 크게 달라진 점이 없다는 점에서, 현재의 교과서가 겪고 있는 흥미도 문제, 학생의 생활과 동떨어진 내용 선정, 교육학 교과로서의 정체성 문제가 얼마나 해결될 수 있을지 의문이다.

2. 교육학과 생활과 교육의 교과서 내용 비교

이러한 교육과정의 변화는 교과서에 제대로 반영되었는가? 그렇다면 교과서는 어떠한 성격을 가지고 있는가? 앞서 언급한 바와 같이, 교육과정이 개정된다고 해서 반드시 새로운 교과서가 집필되는 것은 아니다. 여기에서는 6차교육과정에서 개발한 교과서와 2012개정교육과정에서 개발할 교과서는 제외하고, 7차교육과정을 반영하고 있는 교육학 교과서와 2007개정교육과정의 내용을 반영하고 있는 생활과 교육 교과서의 내용을 비교해 본다.

1) 1단원 내용 비교

〈표 5-5〉 교육학과 생활과 교육 단원 1의 내용 비교

교육학 단원 1. 행복한 삶과 교육	생활과 교육 단원 1. 행복한 삶과 교육
1. 행복한 삶이란 무엇인가 1-1. 행복한 삶 ① 다양한 행복관 ② 행복한 삶 ③ 행복관과 교육	1. 행복한 삶과 교육의 관계 1. 교육의 의미 2. 일깨움의 교육 3. 행복을 바라보는 관점과 행복한 삶 4. 행복한 삶을 위한 교육
2. 우리 삶에서의 교육의 의미 2-1. 교육, 행복한 삶의 조건 ① 교육의 의미 ② 일깨움의 교육 2-2. 참다운 교양인의 모습	2. 교육의 과정 1. 평생교육 2. 교육의 장 (1) 가정교육 (2) 학교교육 (3) 사회교육 (4) 직장교육 (5) 사회기관교육 (6) 인터넷 사이버 교육 3. 교육제도 (1) 학교의 출현과 발달 과정 (2) 공교육과 의무교육 4. 우리나라의 교육제도 5. 세계 여러 나라의 교육
3. 교육은 어떻게 이루어지는가 3-1. 평생교육 3-2. 교육의 세 마당	3. 삶에서 교육이 지니는 의미 1. 교육의 필요성 (1) 장기간의 준비와 성숙

① 가정교육 ② 학교교육 ③ 사회교육 3－3. 교육제도 ① 학교의 출현과 역사적 발달 과정 ② 공교육과 의무교육 ③ 우리나라의 교육제도 3－4. 세계 여러 나라의 교육 3－5. 새로운 학교교육과 미래교육 ① 프랑스의 프레네 학교 ② 독일의 발도르프 학교와 헬레네 랑에 학교 ③ 러시아의 톨스토이 학교 ④ 우리나라의 풀무농업고등기술학교 ⑤ 미래교육의 학습	(2) 가치지향성 (3) 문화와 경험의 전달과 재획득 (4) 삶에 필요한 능력의 함양 2. 교육받은 인간의 모습과 그 변화 3. 교육받은 인간으로서 참교양인

위의 <표 5-5> 에서 나타나듯이, 두 교과서의 차이는, 소단원 2. '교육의 과정'과 단원 3. '삶에서 교육이 지니는 의미'의 순서가 바뀐 것을 확인할 수 있다. 세부적으로는 생활과 교육의 소단원 1. '행복한 삶과 교육의 관계'에서 교육학의 소단원 2. '1. 교육의 의미'와 '2. 일깨움의 교육'이 자리를 옮기게 되었다. 또한 '2. 교육의 과정'에서는 소단원 2. '교육의 장'에 (4) 직장교육, (5) 사회기관교육, (6) 인터넷 사이버 교육이 새롭게 추가 되었다. 그리고 교육학의 소단원 3. '교육제도'에서 '③ 우리나라의 교육제도'가 생활과 교육의 소단원 4. '우리나라의 교육제도'로 분리되어 수록되었다.

소단원 3. '삶에서 교육이 지니는 의미'에서는 '1. 교육의 필요성'과 '2. 교육받은 인간의 모습과 그 변화'가 새롭게 추가되었다. 교육학 교과서에 있던 '3－5. 새로운 학교교육과 미래교육'은 생활과 교육의 단원 1에서는 완전히 삭제되고 단원 4로 옮겨졌다. 종합적으로 살펴볼 때, 소단원의 단원 내, 단원 간 이동이 있기는 하지만, 눈에 띄는 변화는 없다.

2) 2단원 내용 비교

교육학과 생활과 교육의 단원 2의 목차를 세부적으로 살펴보면, 크게 달라진 점은 없다. 하지만 두 가지 정도가 변한 사실을 알 수 있다. 하나는 소단원명이 변경되었다는 점이고, 다른 하나는 내용에 새롭게 추가되었다는 점이다.

우선, '~하는가' 형태의 문장으로 풀어져있던 소단원명이 명사 형태로 간결하게 바뀌었다.

〈표 5-6〉 교육학과 생활과 교육 단원 2의 내용 비교

교육학 단원 2. 가르치고 배우는 일	생활과 교육 단원 2. 가르치고 배우는 일
1. 학습은 어떻게 이루어지는가 1-1. 학습이론 1-2. 영역별 학습방법	1. 학습의 원리와 방법 1-1. 사제 관계와 학습 1-2. 학습이론 1-3. 다양한 학습 매체와 효과적인 학습 1-4. 영역별 학 방법
2. 훌륭한 가르침이란 무엇인가 2-1. 교수의 원리와 방법 2-2. 훌륭한 가르침 ① 영혼의 전향을 외친 플라톤 ② 자연주의 교육을 제창한 루소 ③ 민중의 역사의식을 각성시킨 페스탈로치 ④ 아동 해방을 실천한 닐 ⑤ 아동 중심 교육을 역설한 듀이 ⑥ 인격 완성과 민중 교화에 힘쓴 원효 ⑦ 평등사상과 민족의식을 고취한 실학자 정약용 ⑧ 민족의 독립과 건전한 시민 형성을 위해 헌신한 도산 안창호 ⑨ 비폭력 운동을 실천한 간디	2. 가르침의 의미 2-1. 교수의 원리와 방법 2-2. 훌륭한 가르침 ① 영혼의 전향을 외친 플라톤 ② 자연주의 교육을 제창한 루소 ③ 민중의 역사의식을 각성시킨 페스탈로치 ④ 아동 해방을 실천한 닐 ⑤ 아동 중심 교육을 역설한 듀이 ⑥ 인격 완성과 민중 교화에 힘쓴 원효 ⑦ 평등사상과 민족의식을 고취한 실학자 정약용 ⑧ 민족의 독립과 건전한 시민 형성을 위해 헌신한 도산 안창호 ⑨ 비폭력 운동을 실천한 간디
3. 나의 교육관 3-1. 교육 문제에 대한 이해 ① 학벌 ② 체벌 3-2. 나, 미래의 부모	3. 다양한 교육 문제와 교육관 3-1. 교육 문제에 대한 이해 ① 학벌 ② 체벌 3-2. 나, 미래의 부모

특히, 소단원 3의 명칭이 '3－1. 교육 문제에 대한 이해'와 '3－2. 나, 미래의 부모'의 내용을 둘 다 포괄할 수 있는 '다양한 교육 문제와 교육관'으로 변경되었다.

그리고 '1－1. 사제 관계와 학습'이라는 내용과 '1－3. 다양한 학습 매체와 효과적인 학습'이라는 내용이 각각 한두 장 정도씩 추가되었다. '1－1. 사제 관계와 학습'은 교육학 교과서와 마찬가지로 발달과 성숙, 학습의 의미를 간단히 설명하고, 이를 바탕으로 올바른 스승과 제자의 관계를 제시한다. 이는 "학습이 스승과 제자의 만남을 통하여 이루어짐을 깨닫고 올바른 사제 관계를 확립한다."라는 새로운 학습 목표에 맞게 추가된 내용으로 보인다.

반면 '1－3. 다양한 학습매체와 효과적인 학습'은 "다양한 학습 매체를 이해하고 효율적으로 활용하는 능력을 기른다."라는, 이전에도 존재하던 학습목표에 맞추어 새롭게 추가된 내용으로 보인다. 이전 교육학에서는 이와 관련한 학습목표는 있었지만, 그 내용은 다루지 않았다.

3) 3단원 내용 비교

3단원의 경우, 단원명이 '개인의 발달과 진로선택'에서 '생애 개발과 진로선택'으로 바뀌었다. 하지만 이 단원 역시 명칭의 변화, 읽기 자료 삭제 등 작은 변화만 있을 뿐, 내용 체계나 실질적인 내용, 학습 활동 등은 거의 동일하다.

교육학의 '1－1. 자기 탐색'의 하위 항목인 '① 내가 갈 길'은 생활과 교육에서는 '1－3. 나의 갈 길과 자아실현'이라는 새로운 항목으로 분리되었고, 순서도 단원의 마지막으로 바뀌었다. 또한 생활과 교육 '1－1. 인간의 본성과 나의 자질'의 하위 항목에 '① 인간의 본성'이 새롭게 추가되었다. 그리고 생활과 교육의 소단원 2에서 '2－1. 생애 개발과 교육'의 내용이 추가되었으며, 이외의 내용들은 특별히 다른 부분이 없다. 소단원 3의 내용 또한 두 교과서가 동일하다.

〈표 5-7〉 교육학과 생활과 교육 단원 3의 내용 비교

교육학 단원 3. 개인의 발달과 진로선택	생활과 교육 단원 3. 생애개발과 진로선택
1. 진로선택의 바탕 1-1. 자기 탐색 ① 내가 갈 길 ② 나의 자질 1-2. 나를 발견하기 위한 노력	1. 자기 이해와 자아실현 1-1. 인간의 본성과 나의 자질 ① 인간의 본성 ② 나의 자질 1-2. 나를 발견하기 위한 노력 1-3. 나의 갈 길과 자아실현
2. 직업 세계에 대한 이해와 준비 2-1. 직업의 의미 2-2. 직업의 유형 2-3. 직업 탐색 ① 교과목과 직업 선택의 관계 ② 대학 전공 학과와 직업 선택의 관계 ③ 직업 탐색에 있어 유의할 사항	2. 올바른 진로선택 2-1. 생애 개발과 교육 2-2. 진로 탐색과 직업의 뜻 2-3. 직업의 유형 2-4. 직업 탐색 ① 교과목과 진로 및 직업 선택의 관계 ② 대학 전공 학과와 직업 선택의 관계 2-5. 진로 및 직업 탐색에서 유의할 사항
3. 나의 꿈과 인생 설계 3-1. 나의 인생 설계	3. 인생 설계 3-1. 나의 인생 설계

4) 4단원 내용 비교

앞서 제시된 내용을 통해서 알 수 있듯이, 단원 1~3은 두 교과서의 내용구성에서 뚜렷한 차이 및 변화가 없었다. 그러나 단원 4의 경우, 단원명뿐만 아니라 내용구성 자체가 완전히 새롭게 바뀌었다.

교육학 교과서의 경우, '청소년기의 특성과 과제'라는 단원명을 바탕으로 청소년들이 가지는 특성, 청소년이 가지고 있는 관심 및 고민, 그리고 문제 극복과 성숙한 자아실현의 방법에 관한 내용을 제시하고 있다. 교육학 교과를 배우는 것은 고등학생, 즉 청소년이다. 이런 점에서 교육학 교과서의 단원 4는 교수자와 더불어 교육의 주체인 '학습자'에 관한 내용을 고등학교 수준에 맞춰 구성하였다고 볼 수 있다.

〈표 5-8〉 교육학과 생활과 교육 단원 4의 내용 비교

교육학 청소년기의 자아발견과 인생 설계	생활과 교육 미래사회와 교육
1. 청소년기의 특성 1-1. 청소년기의 특성 ① 성적·생리적 특성 ② 심리적·사회적 특성 1-2. 정체감의 혼미성과 형성 1-3. 청소년의 사회성 발달	1. 사회 속의 다양한 교육 1-1. 사회에서 이루어지는 교육의 의미 ① 사회교육에서 평생교육으로 전환 ② 평생학습을 위한 학교교육과 사회교육의 차이점 ③ 성인교육과 평생학습 이론의 흐름 1-2. 다양한 교육의 내용과 삶의 문제
2. 청소년기의 관심과 고민 2-1. 이성에 대한 궁금증 2-2. 가족과 친구 관계 2-3. 성적·진로 고민 2-4. 사회 문제에 대한 관심 ① 인권 ② 장애인 ③ 환경 ④ 양성평등 ⑤ 전쟁과 평화	2. 미래사회의 교육 2-1. 미래사회의 특성과 교육 2-2. 새로운 학교교육과 교육의 방향 ① 프랑스 프레네 학교 ② 독일의 발도로프 학교와 헬레네랑에 학교 ③ 러시아의 톨스토이 학교 ④ 우리나라의 풀무농업고등기술학교
3. 청소년기의 문제 극복과 성숙한 자아실현법 3-1. 문제 극복과 자아실현	3. 미래 학습사회의 특징 3-1. 학습사회의 개념과 목표 3-2. 학습사회에 필요한 학습 3-3. 미래 학습사회의 교육목적과 자아실현

고등학생들의 경우, 과도한 입시위주의 학습으로 인해 자신이 무엇을 하고 싶은지, 어떤 상황에 놓여 있는지, 무엇을 목표로 나아가야하는지에 대해 소홀한 경우가 많다. 이런 학교 생활이 지속되면, 교육의 주체가 교육받는 목표를 상실할 가능성이 매우 높다. 이러한 상황을 조기에 예방하고, 개선하기 위해 교육학 교과서는 마지막 단원 4에서 학습자인 청소년이 자기 자신을 바르게 인식하고, 자신이 가진 관심과 문제를 직시하며, 이를 어떻게 극복하고 스스로를 발전시켜 나갈 것인지에 대해 언급하고 있다고 볼 수 있다.

생활과 교육 교과서의 경우, '미래사회와 교육'이라는 단원명을 바탕으로 사회 속에서 이루어지는 다양한 교육, 미래사회의 교육, 그리고 다가올 미래 학습사회의 특징에 관한 내용을 제시하고 있다. 교육학이 학습자를 대상으로 한 미시적 내용을 주로 다루었다면, 생활과 교육은 학습자의 자아실현뿐만 아니라, 미래사회에서 더욱 강조될 평생교육, 그리고 다가올 미래사회 전체에 대한 거시적인 내용을 동시에 담고 있다.

청소년들의 경우, 교육을 초·중·고등학교 중심의 학교교육으로만 생각하는 경우가 많다. 그러나 교육은 요람에서 무덤에 이르는 평생교육이다. 대학이나 대학원에 진학하여 학문적 수렴을 쌓는 고등교육, 취업 이후의 직무교육, 퇴직 이후의 재교육이나 각종 여가활동을 위한 교육 등, 인간은 일생동안 교육과 학습을 멈출 수 없다. 이러한 관점에서 생활과 교육의 단원 4는 청소년들의 잘못된 인식 개선과 분명한 목표를 세워 미래사회에 대비할 것을 촉구하는 내용이라고 볼 수 있다.

특히, 소단원 2. '미래사회와 교육'에서는 우리나라와 세계 각국에서 성공적으로 이루어진 교육개혁운동의 사례를 바탕으로, 지식 정보화 사회에 적용할 수 있는 교육철학과 실천방향을 소개함으로써, 학습자가 미래사회의 교육에 대해 청사진을 그려보도록 유도하고 있다.

3. 생활과 교육 교과서의 내용 분석 및 평가

지금까지 교육학과 생활과 교육 교과서의 목차 및 세부내용을 간략하게 비교해 보았다. 여기서는 이를 바탕으로 2007개정교육과정에 의거하여 현재 쓰이고 있는 생활과 교육 교과서의 내용을 분석·평가하려 한다. 그 기준으로 '세부목차의 구성', '학습 목표의 적절성', '단원내용의 난이도', '단원내용의 논리성', '생각 넓히기', '대단원평가' 등 활동의 적절성을 참조하였다.

1) 1단원 내용 분석 및 평가

(1) 세부목차의 구성

소단원 '1. 행복한 삶과 교육의 관계'에서 '1. 교육의 의미'와 '2. 일깨움의 교육'이 새롭게 추가되었다. 행복한 삶을 논하기 전에 교육이 무엇인지 알아보는 것이 선행된다는 점에서 이런 구성은 긍정적이고, 행복한 삶과 교육을 단계적으로 연결시켜 목차를 구성했다는 점에서 논리적이다.

소단원 '2. 교육의 과정'에서 '2-2. 교육의 장'에 여러 형태의 교육이 새롭게 추가된 것 또한 변화하는 현실을 잘 반영한 것으로 판단된다.

소단원 '3. 삶에서 교육이 지니는 의미'에서는 '1. 교육의 필요성'과 '2. 교육받은 인간의 모습과 변화'가 추가 되었는데, 교육학에 비해 그 구성이 보다 간결해졌다는 느낌을 준다. 기존 교과서에서는 삶에서 교육이 지니는 의미를 알아보기 위해 교육의 '어원적' 의미와 '일깨움의 교육'만을 제시하고, 곧 바로 교육받은 인간으로서의 참교양인을 제시하였다. 그러나 삶에서 교육이 지니는 의미를 알기 위해서는 단순히 교육의 의미를 아는 것뿐만 아니라 깊은 사고와 통찰이 필요하다. 따라서 그 배경이 될 수 있는 '교육의 필요성'을 추가한 것은 상당한 의미가 있다. 또한 교육받은 인간의 이상적 모습이 시대와 상황에 따라 변할 수 있다는 '2. 교육받은 인간의 모습과 그 변화'가 새롭게 추가되었다. 이는 '3. 교육받은 인간으로서 참교양인'과 연결되어, 교양인의 모습 또한 다양할 수 있음을 보여준다는 점에서 의미가 있다.

(2) 학습목표의 적절성

학습목표는 대체로 적절하다. 주어진 교과 내용으로 학습목표를 달성하는 데에 적합하다. 다만 '3. 삶에서 교육이 지는 의미'에서 "참교양인의 모습이 자신의 삶에 어떤 영향을 미치는지 확인한다"라는 학습목표의 설정은 그 의미가 모호하다. 교과의 내용은 교육받은 인간으로서 참교양인을 소개하고, 교양인이 지니고 있어야 할 여러 가지 조건들을 제시하고 있다. 참교양인의 모습을 학습자가 갖추기를 바라는 마음에서 교과의 내용을 구성하였는데, "참교양인의 모습이 자신의 삶에 미치는 영향을 확인한다"라는 목표는 부자연스럽다. 대신, "참교양인으로서 갖추어야 할 덕목을 확인한다"와 같은 방식으로 수정하는 것이 적절하다고 본다.

(3) 단원내용의 난이도

'1. 행복한 삶과 교육의 관계'는 '행복'과 '교육'의 정의와 같이 내용이 약간 추상적이어서 학생들이 어렵게 느낄 수 있는 부분이 있다. 그러나 비교적 이해하기 쉽게 서술하였다는 점에서 긍정적이다. 문제는 너무나 알려진 이야기를 제시하여 학생들의 흥미를 유발하기는 어려워 보인다. 난이도는 중하이다.

'2. 교육의 과정'은 정보전달적인 성격이 강한 내용으로 구성되어 있다. 다양한 교육의 장을 소개하고, 학교의 출현과 발달, 세계 교육의 특징 비교 등은 읽기 쉽게 정리되어 있다. 그러나 많은 내용을 전달하려고 하다 보니 가독성이 떨어질 수 있다. 난이도는 중이다.

'3. 삶에서 교육이 지니는 의미'는 '1. 행복한 삶과 교육의 관계'와 비슷하게 약간 추상적인 내용으로 이루어져 있다. 교육의 필요성과 교육받은 인간의 모습을 쉽게 풀어썼다는 점에서는 긍정적이나 이 또한 원론적 서술에 그치고 있어 학생들의 재미를 반감시킨다. 난이도는 중이다.

(4) 단원내용의 논리성

교육학은 단원 구성이 '행복한 삶이란 무엇인가 - 우리 삶에서의 교육의 의미 - 교육은 어떻게 이루어지는가'의 순서로 되어 있다. 이에 비해 생활과 교육은 두 번째 목차와 세 번째 목차가 바뀌었다. 이런 점에서 교육학 교과서의 구성이 보다 논리적일 수 있다. 행복한 삶과 교육의 관계가 먼저 제시되고 나서, 삶에서 교육이 지니는 의미, 그리고 교육의 과정으로 마무리하는 것이 논리 전개상 적절하다고 판단된다.

'2. 교육의 과정'에서는 다양한 교육의 장을 소개하고, 학교의 출현과 발달, 세계 교육의 특징을 설명하고 있다. 그러나 실제 내용은 '공교육의 과정'이 대부분을 차지한다. 여기에서 '과정'이라는 말이 교육이 이루어지는 심리적·인지적 작용인지, 교육이 이루어지는 제도로서의 과정인지 모호하다. 따라서 소단원명을 '교육의 과정'이라고 하기보다는 '교육의 유형과 제도'라고 하는 것이 더 적합할 수 있다.

(5) '생각 넓히기', '대단원평가' 등 활동의 적절성

1단원은 '내용의 전달'보다는 교수자와 학습자가 함께 고민해보는 시간을 갖는 것이 더 중요하다. 그러나 정답처럼 내용을 제시하고 이에 대한 자신의 생각을 서술하도록 하는 것은 학습자에게 자유로운 생각을 펼칠 수 있는 기회를 제한할 수 있다. 따라서 '1. 행복한 삶과 교육의 관계'에 있는 '나의 행복지수 가늠해보기, 각자가 생각하는 행복한 삶, 주변에서 보는 행복한 삶을 사는 인물들, 행복한 삶이 미치는 영향' 등의 활동은 교과 내용 이전에 배치하는 것이 적합하다.

또한 제시된 내용에 비하여 활동의 난이도가 어려운 점도 문제이다. '2. 교육의 과정'의 두 번째 '생각 넓히기' 활동에서 '세계 각국의 교육제도가 우리나라 교육제도에 던져주는 시사점', '이상적인 교육제도' 등은 학생들이 수행하기에는 어려운 활동이다. 활동 자체가 추상적이고 학생들과 직접적인 관련이 없는데다, 제시된 내용마저 불충분하기 때문에 학습자 입장에서 부담을 느낄 수밖에 없다.

반면 '대단원 정리'에서 '2. 교육의 과정'의 토론거리인 미래에 자신이 희망하는 직업과 연관하여 어떤 교육이 필요할지 예측해보는 활동은 상당히 의미가 있다고 판단된다. 구체적이면서도 학습자의 삶에 직접적으로 연관되어 있기 때문에, 학습자가 흥미를 가지고 수행할 수 있는 활동이다.

2) 2단원 내용 분석 및 평가

(1) 세부목차의 구성

교육학과 생활과 교육의 2단원 내용은 거의 유사하다. 그러나 그 중 가장 크게 바뀐 부분은 '1. 학습의 원리와 방법'에 '1-1. 사제 관계와 학습'이라는 내용과 '1-3. 다양한 학습 매체와 효과적인 학습'이라는 내용이 새롭게 추가되었다는 점이다.

우선 '1-1. 사제 관계와 학습'에, "학습이 스승과 제자의 만남을 통하여 이루어짐을 깨닫고 올바른 사제 관계를 확립한다."라는 학습목표 하에 사제 관계에 관한 내용이 추가된 점은 매우 긍정적이다. 최근 교권의 추락으로 인하여 제자가 스승을 폭행하였다는 소식이 심심치 않게 들리며, 예전과 달리 교사와 학생의 관계가 매우 형식적으로 변화하였다. 교사가 단순히 지식전달자로서의 역할만을 수행하는 경우도 쉽게 볼 수 있다. 이러한 교육현실을 반영하여 스승과 제자와의 관계에 대해 고민해보는 단원을 설정한 것은 긍정적으로 생각된다. 그러나 이 단원이 '1. 학습의 원리와 방법'에 포함되기보다는 '3. 다양한 교육 문제와 교육관'에서 다루는 것이 보다 적절하다고 생각한다.

(2) 학습목표의 적절성

학습목표는 대체적으로 적절한 수준이다. 그러나 '1. 학습의 원리와 방법'의 학습목표 중 하나인 "다양한 학습 매체를 이해하고 효율적으로 활용하는 능력을 기른다."라고 설정한 것은 재고할 필요가 있다. 교과서 본문 내용을 살펴보면, 다양한 학습 매체에 대해 충분히 설명하기보다는 어떠한 매체가 있는지 나열하는 것에 그친다. 예를 들면, "시청각 매체(AVT)는 오디오테이프, 비디오, 슬라이드, OHP, 텔레비전 및 컴퓨터 프레젠테이션(PPT) 등이 포함된다."라고만 서술되어 있다. 이러한 내용만으로는 학습에 효율적으로 활용하는 능력을 기를 수 있다는 판단이 서지 않고, 학습매체를 이해하기 쉽지 않은 것으로 생각된다.

(3) 단원내용의 난이도

'1. 학습의 원리와 방법' 중 '학습 이론'에 대한 설명 부분은 고등학생 수준에서 이해하기에 어려울 것으로 판단된다. 학습 이론 부분에서는 학습에 대한 행동주의적 관점, 인지주의적 관점, 구성주의적 관점에 관한 내용을 제시한다. 이러한 내용은 사실 대학에서 교육학을 전공하는 사람들도 꽤 오랜 시간에 걸쳐 배우는 부분이다. 그런데 이를 고등학생들에게 짧은 시간 안에 많은 내용을 압축적으로 가르치려다 보니 그 수준이 너무 높아졌다. 실제로 고등학생 수준에서 스키너의 '조작적 조건 형성'이나 쾰러의 '통찰이론' 등을 제시하는 것은 지나친 감이 없지 않다.

'2. 가르침의 의미' 중 '훌륭한 가르침'에 대한 설명 또한 고등학생 수준에서 이해하기에 어려운 내용이다. 플라톤, 루소, 페스탈로치, 듀이 등의 교육 사상과 철학을 축약하여 설명하다보니 오히려 내용을 이해하는데 어려울 수 있으며, 이들의 사상은 윤리와 사상에서 일정부분을 다루기 때문에 다른 교과와 중복되기도 한다.

(4) 단원내용의 논리성

'2. 가르침의 의미' 중 '교수 매체'에 관련된 부분은 학교에서 활용할 수 있는 매체들을 설명하고 있다. 그러나 단원에서 제시하고 있는 OHP나 TP, 실물 환등기 등은 최근 잘 사용하지 않는 교수 매체이며, 현재의 교과서에서 다루기에는 부적절한 내용이다. 오히려 요즘 각광받고 있는 컴퓨터 기반 수업이나 E-learning을 위해 필요한 컴퓨터 및 인터넷, 스마트폰과 같은 교수 매체에 대한 내용으로 대체하는 것이 교과 구성에 보다 적절하다고 본다.

(5) '생각 넓히기', '대단원평가' 등 활동의 적절성

'1. 학습의 원리와 방법' 중 '1-4. 영역별 학습방법'의 생각 넓히기 문제는 자신의 학습법에 대해 고민해보고 다른 사람의 학습법과 비교함으로써 보다 나은 학습법을 습득하는데 도움이 될 것이다. 그러나 실생활을 고려한 '생각 넓히기'에 비해 교과서의 본문 내용은 이론적이고 누구나 할 수 있는 내용만 담고 있어 아쉽다.

'3. 다양한 교육 문제와 교육관' 중 '3-1. 교육 문제에 대한 이해'의 '생각 넓히기' 활동은 매우 긍정적이다. 단순히 교육학적 이론들에 대해 배우는 것이 아니라 실제 교육 현장에서 이슈가 되고 있는 다양한 교육 문제들을 알아보고, 이에 대한 자신의 생각을 정리하고 다른 사람과 공유하는 일은 학생들에게 큰 도움이 될 수 있다. 마지막으로 '대단원 평가하기'에서 단답식 문제인 4번의 경우, 빈칸에 들어갈 말이 학생들이 생각해내기에는 너무 막연한 내용으로 구성되어 있다는 점이 아쉽다.

3) 3단원 내용 분석 및 평가

(1) 세부목차의 구성

교육학의 '개인의 발달과 진로선택'과 생활과 교육의 '생애 개발과 진로선택'의 세부목차는 거의 동일하다. 차이가 있다면 교육학의 '1-1. 자기 탐색'의 하위 항목인 '① 내가 갈 길'이 생활과 교육에서는 '1-3. 나의 갈 길과 자아실현' 이라는 새로운 항목으로 분리되어 나온 점이다. 실제로 자아실현이나 진로 결정에 앞서 자신의 자질을 판단하는 것이 기초적인 단계이기 때문에 이러한 내용 제시 순서의 변화는 바람직하다.

(2) 학습목표의 적절성

3단원의 학습목표는 대체로 적절하다. 오히려 내용구성 측면에서 학습목표를 달성하기에 부족한 부분이 눈에 띈다. 생활과 교육의 소단원 '1. 자기 이해와 자아실현'에서는 "다양한 활동과 검사 프로그램을 통하여 자신의 적성을 발견한다."를 학습목표 중 하나로 제시하고 있다. 하지만 실제로 교과서 내용을 살펴보면 적성을 발견할 수 있는 활동이나 검사 프로그램이 제시되고 있지 않아 실제로 학습목표가 수행되는데 어려움이 있을 것으로 예상된다.

(3) 단원내용의 난이도

3단원의 내용은 학문적 교육학 내용이라기보다는 실생활 측면에 가까운 내용들이다. '1. 진로선택의 바탕과 자기 이해와 자아실현'에서 다루고 있는 인간의 본성, 나의 자질, 자아실현 등은 고등학생들이 충분이 이해할 수 있는 내용들이다. '2. 직업 세계에 대한 이해와 준비와 올바른 진로선택'에서 다루고 있는 직업의 의미, 직업의 유형, 직업의 탐색 또한 고등학생들에게 익숙한 내용이다. '3. 인생 설계' 또한 학생들이 어렸을 때부터 미래의 나의 모습 그리기, 생각해보기 등의 다양한 활동들을 통해 경험했던 내용들이다. 따라서 고등학생들이 3단원의 내용을 이해하기에는 무리가 없다고 판단된다.

(4) 단원내용의 논리성

생활과 교육의 '1. 자기 이해와 자아실현'에서는 '1－1. 인간의 본성과 나의 자질'을 제시하고, 그 하위 항목으로 '① 인간의 본성'이라는 내용을 제시하고 있다. 이것은 "인간의 본성을 이해하고 자신의 참모습과 잠재 능력이 무한함을 깨닫는다."라는 학습목표와 관련한 것이다. 하지만 실제 교과서에서 인간의 본성과 관련해 제시한 내용은 '성선설'과 '성악설' 뿐이다. 따라서 교과서에 제시된 내용으로는 인간의 본성을 제대로 알 수 없으며, 나아가 학생들이 자신의 참모습과 잠재 능력에 대해 깨달을 수 있는 기회를 제공하기 어려울 수 있다.

(5) '생각 넓히기', '대단원평가' 등 활동의 적절성

생활과 교육의 3단원에서 제시된 '생각 넓히기', '대단원평가' 등의 활동은 대체로 적절하다. 다만 '3. 인생 설계'의 '생각 넓히기' 활동의 경우, 문제 3번 '5년 후, 10년 후, 20년 후, 30년 후, 노년기의 세부 인생 목표를 표로 만들어보자'와 문제 4번 '나는 과연 어떤 사람일까? 20년 후 나의 명함을 만들어보자', 문제 5번 '나의 과거, 현재, 미래의 자화상을 그려 보자' 등은 내용상 서로 중복되는 면이 있다.

따라서 '인생 설계'라는 목표에 부합하면서, 문제가 요구하는 범위가 가장 넓은 문제 3번을 제시하는 것도 고려할 필요가 있다.

4) 4단원 내용 분석 및 평가

(1) 교육학의 4단원이 폐지된 이유

기존의 틀 안에서 세부적인 변화만이 이루어졌던 1~3단원과는 달리, 4단원의 경우, 단원명에서 세부 내용 전반에 걸쳐 새롭게 구성되었다. 이러한 4단원의 변화는 현재 교육학 교과가 고등학생에게 적합한지의 여부를 판단할 수 있는 중요한 기준이 될 수도 있다. 따라서 새로운 교과서인 생활과 교육의 4단원인 '미래사회와 교육'을 분석·평가하기 전에, 교육학 교과서의 4단원 '청소년기의 특성과 과제'가 왜 폐지되었는지에 대해서 논의할 필요가 있다.

교육학 교과서의 4단원 '청소년기의 특성과 과제'의 경우, 소단원 '1. 청소년기의 특성'에서 다루는 청소년의 신체적·정신적 성장 및 정체성 문제, 소단원 '3. 청소년기의 문제 극복과 성숙'에서 다루는 자아실현 등은 전반적으로 도덕이나 기술·가정에서 다루는 내용과 겹치는 부분이 많다.

또한 서술방식에도 문제가 있었다. 소단원 '2. 청소년기의 관심과 고민'을 구성하고 있는 '성', '가족', '친구관계', '사회문제' 등은 교육학과 큰 상관이 없는 방식으로 서술되고 있다. 예를 들어, '사회문제'의 경우, 세부내용이 '인권', '장애인', '환경', '양성평등', '전쟁과 평화' 등으로 구성되어 있다. 이러한 내용은 시사·상식적인 부분에 청소년이 관심을 가져야 한다는 점에서 간단히 다룰 수는 있다. 그러나 그 내용이 "인권에 관심을 가져야 한다", "장애인을 과도하게 동정해서는 안 된다"라는 당위적인 형식으로, 또 교육학과는 연결고리가 적은 방식으로 서술되어 있다. 이를 굳이 교육학 교과에서 다룬다면, 교과의 특성을 살려 "인권보장, 장애인을 위한 교육이 어떠한 형식으로 이루어지고 있다"라고 전개되는 것이 더 바람직하다.

이 밖에도, '성적', '진로', '고민' 등 청소년에게 적용되는 내용이 교육학 교과서 3단원에서 다루어지고 있다. 1~3단원 역시 학습자인 청소년을 고려하여 구성된 내용인 만큼, 4단원에서 청소년에 대한 내용을 또 다룬다는 것은 내용의 반복에 불과하다.

이처럼 기존 교육학의 4단원 '청소년기의 특성과 과제'의 내용은 여러 측면에서 부적절하다고 생각한다. 이러한 점에서 생활과 교육의 4단원 '미래사회와 교육'의 내용을 분석·평가하고, 왜 새로운 교과서에서 이 단원을 제시하는지에 대해 생각해 본다.

(2) 세부목차의 구성

논리적인 흐름상, 소단원 2. '미래사회와 교육'과 소단원 3. '미래 학습사회의 특징'의 순서가 바뀌는 것이 좋을 것 같다. 미래 학습사회의 특징이 무엇인지 먼저 제시되어야, 이를 바탕으로 미래 사회의 교육에 대해 보다 쉽게 이해할 수 있기 때문이다.

소단원 2. '미래사회와 교육'에서 '새로운 학교 교육과 교육의 방향'이라는 넓은 범위를 다루는 동시에, '미래의 교실'과 같은 쉽게 상상해볼 수 있는 범위의 내용을 추가하여 구성하면, 보다 효과적일 수 있다.

(3) 학습목표의 적절성

4단원 내의 다른 소단원의 경우, 학습목표가 미래사회 교육의 목적을 이해하고, 자아실현의 길을 모색하는 등, 학생이 생각해 보는 것에 그친다. 학습목표로 보기에 '성취'의 측면이 결여되기는 하지만, 생활과 교육 교과서의 내용 구성을 고려하면 긍정적인 목표로 볼 수 있다.

이러한 측면에서, 소단원 3. '미래 학습사회의 특징'에서 제시하는, "학습사회에서 자신의 존재 가치를 높일 수 있는 능력을 함양한다"라는 목표는 적절하지 않다. 얼핏 보면, "어떠한 능력을 기른다"라는 말이 긍정적일 수도 있으나, 이 소단원은 학생들이 이를 배움으로써 어떠한 능력을 기르기 위한 내용은 아니라는 점을 고려해야 한다.

(4) 단원내용의 난이도

내용 구성 측면에서 난이도는 학생들이 배우기에 큰 무리가 없다고 생각한다. 세계 각국의 학교가 시행하고 있는 교육의 특징을 자세히 소개하고, "유네스코 21세기 세계교육위원회가 제시한 4가지 근본적 학습 유형"을 이해하기 쉽게 설명하고 있는 것이 그 예이다.

소단원 1. '사회 속의 다양한 교육'에서, 허친스(R. M Hutchins)는 단원구성에서 비중이 큰 인물이기에 자세히 서술할 필요가 있지만 랭그란드, 데이브, 크로페리의 경우는 평생교육의 이념을 이해하는 데 도움을 주는 보충자료임에도 본문의 문장으로 서술되고 있다. 이러한 구조가 반복되면 이해하기 쉬운 내용도 학생이 체감하기에는 어렵게 느껴질 수 있다. 따라서 표나 인물 사진 및 말풍선 등, 보충자료로 정리하는 것이 학생의 흥미유발과 이해를 돕는데 유효하다고 생각된다.

(5) 단원내용의 논리성

소단원 2. '미래사회와 교육'의 경우, 미래 사회의 특성과 교육에서 정보와 기술을 강조하고 있음에도 이러한 것을 중점적으로 가르치는 학교에 대한 언급이 없다는 점이 아쉽다. 물론 미래사회가 정보와 기술뿐 아니라 창의성이나 협동성, 다양성 등의 가치 또한 강조한다는 점에서, 이를 주로 함양하는 세계의 학교를 소개한 것은 바람직하다. 그러나 미래사회를 강조하는 단원이라면, 미래사회를 전문적으로 준비하는 학교에 대한 정보도 함께 제시되는 것이 정당하다.

특히, 아쉬웠던 점은 미래사회에서 더욱 부각될 대안교육에 관한 내용이 본문이 아니라 그냥 지나쳐버리기 쉬운 읽을거리 부분에서 제시했다는 점이다. 아직까지도 대안학교와 대안교육에 대한 잘못된 인식이 남아 있다. 따라서 학교교육과 더불어 대안교육에 대한 올바른 지식을 본문에서 명확하게 제시할 필요가 있다.

(6) '생각 넓히기', '대단원평가' 등 활동의 적절성

소단원 1과 소단원 3의 경우, 학습목표와 활동이 비교적 잘 연결되어 있으며, 학생 스스로 내용정리 및 사고할 기회를 제시하고 있다. 소단원 2의 경우, 학습목표와 활동 간의 연관성이 떨어진다. 본문에서는 세계와 우리나라의 교육 개혁 운동의 사례와 그에 대한 철학 등을 제시하는 반면, '생각 넓히기'에서는 "학교의 외관을 따뜻함과 포근함이 느껴보도록 설계해보자"라는 본문과 동떨어진 과제를 제시한다. 이러한 활동 대신에 "학교에서 어떠한 과목을 배우고 싶은가, 어떠한 방식으로 수업이 진행되었으면 좋겠는가" 등의 활동으로 대체하여도 의미가 있다고 판단된다.

마지막으로 '대단원평가'의 경우, 객관식 문항은 소단원에서 1문제씩 고르게 출제되어 균형을 고려했으며, 또 단원내용을 회상할 수 있는 계기가 되어 적절했다. 그러나 이전 단원과 마찬가지로 단답형 문제는 단순한 것일지라도 학생들에게 이론적 내용을 암기하게 만든다는 차원에서 재고할 필요가 있다.

앞에서 검토한 것처럼, 내용분석 및 평가를 통해, 왜 새롭게 4단원이 채택되었는지에 대해 생각해보려던 취지와는 달리, 현재의 생활과 교육 교과서 역시 개선되어야 할 부분이 많았다. 그 대표적인 예가 1~4단원 모두에 해당되는 '읽기자료'와 '활동 및 평가' 부분이었다.

'읽기자료'의 경우, 기존의 교육학에서는 한 단원이 끝날 때마다 단원내용과 영화를 연결지어 학습자의 흥미를 유발했던 '페다고지 시네마'가 제시되었다. 그러나 생활과 교육의 경우, 이를 대신하여 보다 이론적이고 지루한 내용으로 구성된 '읽을거리'를 제시한다. 물론 내용은 유익하다. 하지만 '페다고지 시네마'에 비해 학습자의 흥미 유발이 어렵다.

'활동 및 평가'의 경우, 대부분의 활동이 일방적으로 지식을 먼저 전달하고 나서 이를 바탕으로 활동을 제시한다, 그러나 교육학이라는 교과의 특성상, 먼저 단원에 대해 학생 스스로 생각해보고, 본문 내용을 통해 새로운 지식을 습득하며, 이를 점검하여 자신의 것으로 소화하는 과정, 즉 '진단활동–형성활동–총괄평가'와 같은 체계가 필요하다.

제6부

교육학 교과서의 대안 모색

앞에서 검토한 것처럼, 현재의 생활과 교육 교과서도 개선되어야 할 부분이 많다고 생각된다. 따라서 지금까지의 내용분석·평가를 바탕으로 보다 새롭고 적절한 대안적 성격의 교육학교과서가 요청된다. 여기에서는 현재 교육학 교과서 체제를 존중하여 그것을 유지한 교과서와 반대로 그것을 해체한 교과서로 나눈 후, 5가지 유형으로 구분하여, 대안 교과서를 모색해 본다.

1. 현재의 교과서 체제를 고려한 대안 교과서

1) 성격: 내용을 압축하고 활동을 강조한 교과서

현재 교육학 교과서에서는 학습 내용이 먼저 제시되고 그 후에 활동이 제시된다. 이런 구조는 활동을 할 때 학생들이 자신의 생각을 펼치기보다는 미리 제시된 내용이나 기준에 따라서 생각하게 만드는 단점이 있다. 따라서 활동을 먼저 제시하여 학생들 스스로 생각할 수 있는 기회를 제공하고, 이러한 과정에서 학습 내용은 보조적 역할을 하는 것이 바람직하다고 생각한다. 또한 학습 내용을 압축하여 제시하고 학생들이 흥미를 가지고 실제적으로 참여할 수 있는 활동 위주로 교과서를 만들 필요가 있다.

현재 교육학 교과서의 내용을 살펴보면 내용상 학생들이 잘 알지 못하는 인물, 또는 학생들이 한꺼번에 수용하기 힘든 너무 다양한 인물들이 제시되고 있다. 이러한 인물 제시는 학생들의 흥미를 떨어뜨리고 내용 이해의 수준도 낮아질 수 있기 때문에 학생들에게 익숙한 '거장'들을 언급하는 것이 바람직하다고 생각한다.

교육학 교과서에서 읽기 자료로 제시되었던 '페다고지 시네마'는 생활과 교육 교과서에서 삭제되었는데, 학생들이 흥미를 가질 수 있는 자료이기 때문에 페다고지 시네마를 되살려야 한다고 생각한다. 대신 제시된 영화가 너무 오래된 영화여서 학생들의 공감을 이끌어 내지 못할 우려가 있기 때문에, 교사가 학생들과 의논

하거나 직접 영화를 준비할 필요가 있다.

2) 교육학 교과서의 재편성

여기에서는 하나의 대단원을 설정하여 논의한다. 대단원은 Ⅲ단원으로 설정하고 대단원명은 '교사와 학생의 소통'이다. 'Ⅲ. 교사와 학생의 소통'은 세 개의 중단원으로 구성된다.

첫 번째 중단원인 '교사와 학생'은 교사와 학생의 이해, 역할기대, 의사소통 내용을 담고 있다. 두 번째 중단원은 '교권보호조례안'과 '학생인권조례안'이다. 여기에서는 학생인권과 교권에 대한 구체적인 내용을 알아보고 조항에 대해 토론하는 활동을 한다. 학생인권조례와 교권조례를 함께 살피면서 학생인권과 교권의 대립 상황을 해소하기 위한 방법에 대해 생각해 본다. 세 번째 중단원은 '나의 교우생활'이다. 여기에서는 학생이 자신의 교우 관계를 생각해보고, 학교폭력을 중심으로 학교 내 학생 간의 갈등 상황에 대해 생각해본다.

〈표 6-1〉 교육학 대안교과서의 체제

<table>
<tr><th>대단원명</th><th>중단원명</th><th>소단원명</th></tr>
<tr><td rowspan="8">Ⅲ. 교사와
학생의 소통</td><td rowspan="3">1.교사와 학생</td><td>(1) 교사와 학생의 이해</td></tr>
<tr><td>(2) 교사와 학생의 역할기대</td></tr>
<tr><td>(3) 교사와 학생의 인간관계</td></tr>
<tr><td rowspan="2">2. 교권보호조례안과
학생인권조례안</td><td>(1) 교권보호조례안의 비판적 이해</td></tr>
<tr><td>(2) 학생인권조례안의 비판적 이해</td></tr>
<tr><td rowspan="3">3. 나의 교우생활</td><td>(1) 학교폭력의 이론적 접근</td></tr>
<tr><td>(2) 학교폭력의 실태</td></tr>
<tr><td>(3) 학교폭력 사례</td></tr>
</table>

Ⅲ. 교사와 학생의 소통

1. 교사와 학생

고등학교 교과 교육과정(교육과학기술부 고시 제 2012-3호 별책 19)에 따르면, '교육학'은 현재 공부를 하는 고등학생으로서의 교양을 함양하는 데 필요할 뿐만 아니라 고등학생들이 자라서 건전한 민주시민으로서 역할 수행과 바람직한 교육관을 지닌 부모이자 교육자로서의 자질과 태도를 기르는 데 중요한 기여를 하는 과목이다. 한편으로 교육은 일상생활과 제도라는 맥락에서 이루어지며 이 과정에서 우리는 교육을 제대로 이해하고 그 속에서 자신의 삶을 기획하고 교육학적 사고의 흐름 속에서 자신의 삶을 구성해나갈 수 있어야 한다. '교육학' 교과에 교육현장에 관한 내용을 제시하는 것은 오랜 시간 학교에서 공부하는 고등학생의 학교와 교육에 대한 이해를 도울 것으로 생각된다.

이는 현재 상황과 밀접한 지식이라는 특성으로 학생의 관심과 필요성을 충족시키는 내용이 될 것이다. 교육학을 통해 학생들은 현재 고등학교에 관해서 뿐 아니라 초등학교, 중학교 시절을 보냈기 때문에 학교현장에 대해 성찰적인 이해를 할 수 있을 것으로 기대된다.

첫 번째 중단원인 '교사와 학생'은 학교의 인적 구성원인 교사와 학생 각각에 대한 이해와 그들이 형성하는 관계에 관한 내용이다. 교사-학생 사이의 관계는 교육의 성패를 결정할 수 있으며 특히, 학생의 인간성, 사람됨은 인간적인 교사의 인간적인 교육방법에 의해 계발될 수 있다(강선보 · 신창호, 2009). 고등학생들에게 교사와 학생 중단원을 가르침으로써 이에 대한 이해를 통해 상호 인격적 관계 형성을 격려할 목적으로 교과 내용을 구성하게 되었다.

첫 번째 중단원의 구성은 다음과 같다. 첫째, 교사에게 맡겨진 다양한 역할을 알아보고 청소년기에 있는 학생의 특성을 배운다. 이는 많은 시간을 학교에서 보내지만 생각해볼 기회가 없었기 때문에 학생들이 잘 알지 못하는 부분이다. 학생들에게 학교 구성원에 대한 이해를 제공할 수 있다. 둘째, 학생들이 선호하는 교사의 모습인 교사상과 교사가 가지고 있는 바람직한 학생상에 대해서 알아본다. 이를 통해서 학교구성원인 학생과 교사가 서로에게 기대하는 모습이 어떠한지에 대해 학생들이 생각해보고 학생 자신의 모습을 되돌아 볼 수 있다. 셋째, 실존철학자 부버의 '만남' 철학을 통해 교사와 학생의 관계에 관해서 알아본다. 인격적 친교, 구도적 동반자, 포용적 관계, 개방적 믿음, 개성의 조화, 대화적 관계에 대해 배워보고 교사와 학생의 관계에 대해서 생각해본다.

(1) 교사와 학생 이해

① 교사의 역할

교사에게는 다양한 역할이 맡겨져 있다. 학생들에게 필요한 지식을 가르친다는 입장에서 지식의 보고이자 자원이 되어야 한다. 학생들이 어떤 문제를 해결하려고 노력하고 있을 때, 학습의 조력자로서 참여해야 한다. 또한 학교나 학급 내에서 발생하는 다양한 현상에 대해 심판자 또는 훈육자 역할도 해야 한다. 때로는 부모의 대행자가 되어야 하고, 학생들의 다정한 친구로서 대화해야 한다. 이러한 교사의 역할을 임무 차원에서 이해하면 다음과 같다(신창호, 2012).

첫째, 어린이의 유연한 삶에 감화를 주면서 그들을 완전하고 성숙한 하나의 이상적 인간상으로 키워내는 '인격형성'

둘째, 인류의 귀한 경험과 유산을 지식으로 다듬어 다음 세대에 계승시키는 '지식의 계승'

셋째, 자기의 삶을 통하여 바람직한 삶의 모범을 보여주는 '사표'

넷째, 학생의 학습의욕을 북돋아 주며, 학습을 효과적으로 진행하도록 환경을 마련하는 '환경의 정비'

다섯째, 학생의 소질이나 능력을 발견하여 키워주며, 성취해야 할 목표에 비추어 그 성취도를 평가하는 '평가'

여섯째, 사회나 학교 안의 여러 교육적 활동에 학생과 더불어 관여하고 귀한 시사를 주는 '참여'

일곱째, 진리와 학생 사이의 중개자가 되어 학생과 더불어 진리에의 길을 걷는 '사제동행'

② 학생의 특성

첫째, 수업을 듣는 학생들은 대체로 보고 듣는 내용이 너무 많아 무엇을 해야 할지 찾지 못하고 헤매기 쉽다.

둘째, 어떤 학생들은 보고 듣는 내용이 너무 적어 다른 학생들이 도달한 일반적 수준에 이르지 못하기도 한다.

셋째, 가끔씩은 학생들은 수업내용이 너무 쉽다고 속단하고, 이를 얕보고 그것보다 좀 더 높은 단계의 어려운 것을 배우려고 우기기도 한다.

넷째, 때로는 자신의 능력이나 자질을 낮추어보고, 어려워서 못 배우겠다고 스스로 포기하고 노력하지 않는 경우도 있다.

중등학교 정도의 청소년 시기에 이르면 학생의 모습은 사뭇 달라진다. 첫째, 신체적으로 급격한 성장을 한다. 대부분의 경우, 생리적 기능이 거의 완성되어 성인 수준에 이르고 에너지도 왕성하다. 그리고 성적 성숙기에 도달하여 이성에 대한 강한 관심이 생긴다. 둘째, 자아의식이 성숙하여 삶의 바탕을 이룬다. 즉 새로운 자아의식이 싹트고 제2의 탄생을 맞는다. 이른바, 정신적 이유기나 질풍노도의 시기를 겪는다. 특히, 자아의식이 강해지면서 모든 행동의 기준을 자기의 척도에 맞추려고 한다. 이상이나 친구, 기호, 취미 등 자기감정에 도취된 주관적 선택이 뚜렷해지고, 추상적 관념적 사고나 비판적 사고에 이끌리기 쉽다. 따라서 자존심이나 독립심이 강해지고, 권위에 반항하며, 갈등이 생기면 심각하게 고민한다. 셋째, 자아의식의 발달과 함께 사회적 부적응이 발생하기도 한다. 심한 경우, 비행을 저지르기도 하고, 자기감정에 도취되어 이성을 상실하기도 하며, 개인의 특이한 성향을 거침없이 드러내어 타인과 어울리지 못하는 경우도 있다.

(2) 교사와 학생의 역할기대

활동 |
자신은 어떤 학생인지 체크리스트를 통해 확인해 보자.

학생이 선호하는 교사상은 다음과 같다.

첫째, 교과지도와 관련하여 학생들은 수업을 재미있게 하는 교사, 교과에 대하여 지식과 실력을 갖춘 교사, 요령 있게 수업을 지도하는 교사를 선호한다.

둘째, 교사의 품성과 관련하여 학생들은 자상하고 너그러운(친절, 친근, 미소) 교사, 학생을 사랑하는 교사, 솔선수범하는 교사, 공정한 교사, 개성을 발견하고 용기를 심어주는 교사를 좋아한다.

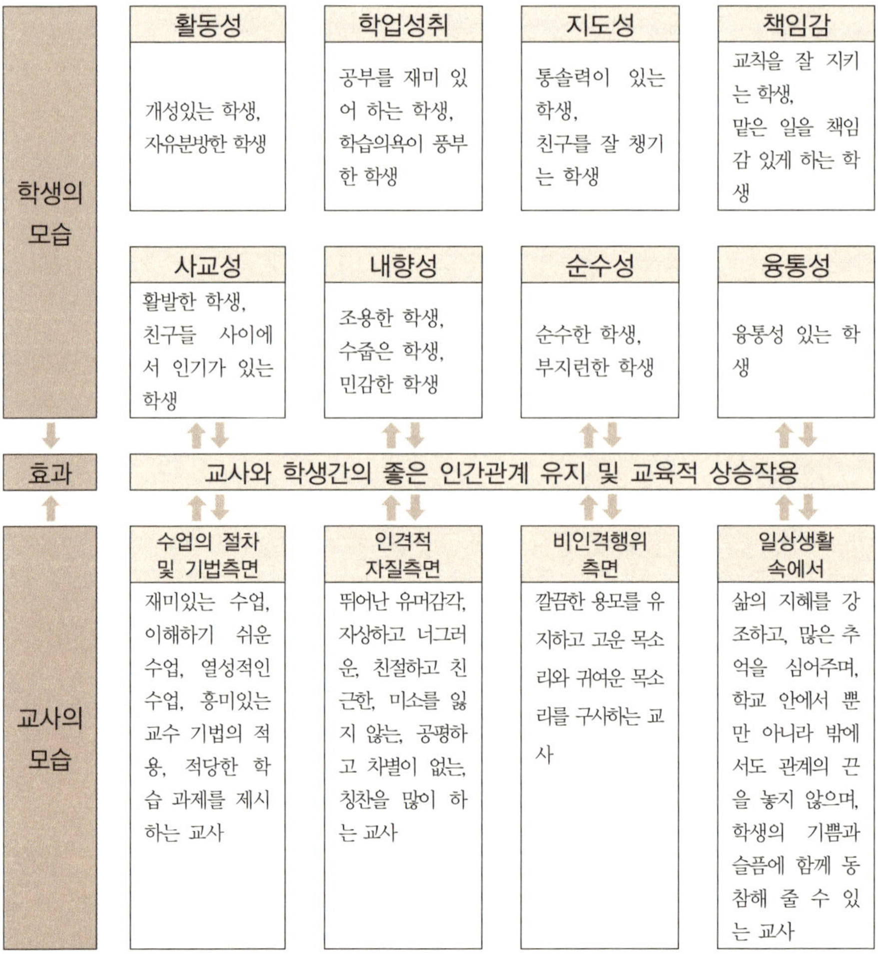

[그림 6－1] 학생 '선호 · 교사상'의 교육적 위계

셋째, 수업 외적으로 학생들은 일상생활 속에서, 삶의 지혜를 강조하고, 많은 추억을 심어주며, 학교 안에서 뿐만 아니라 밖에서도 관계의 끈을 놓지 않는, 더불어 학생의 기쁨과 슬픔에 함께 동참해 줄 수 있는 교사를 선호한다.

교사가 느끼는 바람직한 학생상은 다음과 같다. 매사에 적극적으로 맡은 일을 책임감 있게 하고 항상 최선을 다하는 성실한 학생과, 학습의욕이 풍부하여 공부를 재미있어 하거나 과제를 잘 해오며, 교사의 말을 빠짐없이 경청하고 선생님의 지도에 잘 따르는 등 학업성취도가 높은 학생. 교사가 학생들의 학교생활에서 성실성과 학습태도를 가장 우선으로 보고 있으며 학생이라면 기본적으로 학업에 충실하고 학교생활에 성실해야 한다고 생각한다.

기발한 생각을 하거나 호기심이 많은 학생 즉, 상상력과 자신에 대한 표현이 풍부한 창의적인 학생, 신체적으로 건강한 학생, 조용하고 순수하며 순진한 학생, 부지런하고 끈기 있는 학생, 부모와 대화를 많이 하는 학생을 교사는 긍정적으로 생각한다. 자유분방하고 능청스러운 학생, 또는 감상적이고 민감한 내성적인 학생은 교사들이 바람직한 학생으로 생각하지 않는다.

(3) 교사와 학생의 인간관계

교육이란 근본적으로는 살아있는 인간이 또 하나의 자유로운 인간을 만나는 일이다. 근원적 차원에서 교육은 기계적 테크닉이 아닌 인간과 인간 사이의 삶의 소통이다. 그러기에 교사와 학생간의 참된 관계는 교육내용과 방법에 선행한다. 이런 맥락에서 실존철학자인 부버의 만남의 철학은 교사–학생 간의 관계 확립에 시사하는 바가 크다. 여기에서는 부버의 대화적 관계와 실존적 사고에 근거하여 바람직한 교사–학생 관계를 모색해 본다(강선보 · 신창호, 2009).

① 인격적 친교

인격적 친교는 교사와 학생 둘 다 자유로이 활동하는 인격체로서 각각의 인격이 '상호 만나는 것'을 의미한다.

어떤 사람이 노래를 부르는 데 목소리를 더 이상 높일 수 없는 음이 있다. 바로 그때, 또 다른 사람이 다가와 그와 함께 노래를 부른다. 그 사람은 그 이상의 음을 낼 수 있었다. 이를 계기로 첫 번째 사람도 덩달아 그의 목소리를 높일 수 있게 되었다. 바로 이것이 영혼과 영혼 사이의 결합의 신비이다.

교사와 학생 간의 관계는 이와 같아야 한다. 인격에 눈뜬 교사는 학생의 잠든 영혼, 인격을 일깨워줄 수 있다. 그러기에 교육의 본질은 영혼과 영혼의 접합이며, 인격과 인격의 만남이다.

② 구도적 동반자

부버가 '우정'의 관계라고 표현한 구도적 동반자의 정황에서는, 때로는 교사가 학생이 되기도 하고, 학생이 교사가 되기도 한다. 삶과 진리 앞에 교사와 학생이 동등한 구도자의 자세로 마주설 때 진정한 만남이 가능하다. 교사는 진리와 삶의 문제로 청소년기에 방황하고 고뇌하는 학생들을 지나쳐버려서는 안 된다. 학생 역시 교사를 단순하게 그냥 지나쳐버려서는 안 된다. 구도자적 자세로 그들의 삶에 동참하여 동반자로서 고뇌할 때 교사와 학생의 삶 모두가 보장된다. 교사-학생은 서로 일깨움을 주고받음으로써 진리의 공동생산이 가능해진다.

③ 포용적 관계

포용적 관계는 교사와 학생이 정체성을 지니면서도 상대편의 삶에 동참함으로써 자기 생의 실현을 맛보는 일이다. 즉 어떠한 선입견이나 편견 없이 상대방을 있는 그대로 받아들이면서 상호 존중하고 이타적 삶을 영위하는 것이다.

④ 개방적 믿음

교사는 학생에게 그들의 관계에서 믿음의 가치를 깨우쳐 주어야 한다. 개방적 믿음은 교사와 학생이 신뢰의 분위기 속에서 서로의 삶 앞에 자기 자신을 드러내는 것을 의미한다.

여우와 늑대가 같은 방향으로 걸어가고 있었다. 앞에서는 늑대가 걸었고 뒤에서는 여우가 걸었다. 늑대와 여우의 거리는 어느 정도 일정하게 유지되고 있었다. 앞에서 걷는 늑대가 깊은 생각에 잠겼다(지금 여우는 내 뒷모습을 보며 걷겠지. 내가 고개를 뒤로 살짝 돌리면 여우의 얼굴을 보겠구나). 늑대는 더 밝은 곳을 기다렸다. 다행히 저 앞에 아주 밝은 곳이 펼쳐져 있었다. 그 곳에 이르자 늑대는 고개를 살짝 돌려 여우의 얼굴을 훔쳐보았다. 다시 앞을 바라보며 늑대가 큰소리로 외쳤다. "너는 내 뒷모습을 보며 걷지만 나는 너의 얼굴을 봤다." 여우가 빙그레 웃으며 입을 열었다. "나도 방금 전에 네 얼굴을 봤다. 상대방의 얼굴을 보려면 먼저 자신의 얼굴을 보여줘야 한다고!"

⑤ 개성의 조화

개성의 조화는 교사와 학생이 각각 자유로운 개성적 존재로서 상호 만나는 관계를 의미한다. 부버는 이 세상의 모든 참된 관계가 개별화에 근거해 있다고 하였다. 우리는 개별화를 통해 상대가 서로 다름을 안다. 교사는 학생들의 독자적 타자성을 인정하며, 진리에 대한 자신의 관계를 그들에게 강요해서는 곤란하다. 학생 역시 교사가 가진 개성을 인정해 주어야 한다. 뚜렷하고 특색 있는 독립적 인격을 서로가 보장할 때 대화적 관계가 성립된 수 있기 때문이다.

인격과 인격의 관계는 결코 주관과 객관의 관계가 아니다. 주체와 주체 간의 관계이다. 오케스트라 연주에서 보듯이, 여러 악기들은 제각기 독특한 음을 내면서 한데 어우러져 아름답고 웅장한 선율을 이룬다. 즉 개개 악기의 개성을 유지하면서 조화를 통해 새로운 예술세계를 창출한다. 이처럼 교사-학생의 관계도 제각기 다른 개성을 인정하면서, 하나의 화음을 이룰 때 더욱 아름답다.

⑥ 대화적 관계

대화적 관계는 교사와 학생이 대화를 통하여 서로의 인격을 함양해 주는 관계다. 부버는 인간이 단독자로서는 불완전하다는 점, 고립된 존재는 인간이 아니라는 점을 역설하였다. 그래서 그는 참된 삶이라 서로 만나는 일, 사람과 사람과의 관계 속에서 사는 데 있다고 보았다. 여기에서 만난다는 것은 대화의 삶을 말한다. 대화 속에서 한 사람은 다른 사람에게 말을 건네고, 삶이 자기에게 무엇을 의미한다는 것을 상대방에게 제시한다. 대화적 관계는 인격적 만남의 관계이다.

대화란 너를 향하여 말하려는 나의 의지만이 아니라 네가 나에게 말하려는 바를 듣고자 하는 의지 사이의 민감성이다. 대화적 관계는 자신의 입장을 상대방에게 강요하지 않는다. 대화는 상호관계이며, 각자가 상대방의 처지를 체험하면서 참된 말을 주고받는 것이다. 진실한 대화 속에서 참된 인격적 친교가 이루어질 수 있기 때문이다.

생각해 볼 문제 |
바람직한 교사-학생의 관계를 고민한 후, 교사와 학생의 인간관계를 고양하기 위해 각각의 교육 주체가 취해야 할 구체적인 노력에는 어떤 것이 있을지 토론해 봅시다.

2. 교권보호조례안과 학생인권조례안

현재 각 시와 지방자치단체에서는 학생인권조례를 발표하기 위해 준비 중이고, 지난 2010년 경기도 학생인권조례가 제정되어 공표되었다. 학생인권조례 발표 후 교권의 침해와 추락을 걱정한 교사 측에서는 교권보호조례안이라는 교권을 보호하기 위한 방책을 만들었고, 이는 현재 공표를 위하여 심사 중이다. 하지만 학생들에게 이러한 조례안의 발의 의의는 충분히 와 닿지 않고 있다. 학생인권조례의 인권 부분을 호도하여 방종할 수 있는 자유로 착각하고 있는 학생들이 산재해 있고, 그로 인한 교사 폭력과 같은 문제들이 종종 발생하고 있다. 때문에 학생들은 학생인권조례와 교권보호조례안의 발의 의의를 충분히 이해하고, 그 조례안들의 문제점을 아는 동시에 그에 대해서 충분히 생각해 보아야 한다. 양자 간의 차이를 이해하고 그에 대하여 심화된 이해를 할 때 교실 현장에서 학생과 교사간의 소통이 원활해질 수 있을 것이다.

(1) 교권보호조례안의 비판적 이해

최근 교사의 인권을 보호해야 한다는 목소리가 높아지면 지방자치단체에서는 다양한 장치를 마련하고 있다. 서울특별시의 경우, 2012년 2월 13일, 교권보호조례안을 발의하였다. 발의의 의의는 다음과 같다.

이 교권보호조례안은 서울특별시 교원의 정당한 교육활동이 부당하게 침해되는 것을 방지하기 위한 제도적인 근거를 마련하고, 교원이 교육활동에 전념하도록 교원의 권리보장과 교육활동 지원에 필요한 제반 사항을 정함으로써 서울교육의 질적 향상을 도모하고자 함이다. 이의 주요 내용으로는 작게는 교원의 권리를 정하고, 그에 대한 권리를 보장하는 조항을 포함하는 것에서부터 출발하여 각 자치단체와 그 자치단체장의 교육활동 도움에 대한 내용을 담고 있으며 교육 분쟁과 민원을 전담하는 '교육활동보호전담변호인단'을 구성하는 내용 등도 포함하고 있다. 이 조례를 제작하기 위하여 대한민국헌법, 교육기본법, 초·중등교육법과 교육공무원인사관리규정 등 다양한 법률이 참조되었다.

이 조례에서는 교권침해란 교원의 올바른 교육활동 및 역할을 수행함에 교육행정기관, 동료 등에 의해 학교교육활동과 관련하여 교원의 교육할 권리와 사회윤리적·전문적 권위를 침해 또는 무시하는 행위라고 규정하고 있다. 이런 점에서 교사의 권위는 학생을 교육할 때 사용되는 힘이라고 할 수 있다. 이 권위는 단순히 교사가 학생에게 강요하거나 법률에 의해 규정되는 힘이 아니라 학생들에게서 우러나오는 자발적인 인정이어야 할 것이다. 아울러 여기에서 말하는 사회윤리적·전문적 권위라는 것은 그 의미가 너무나도 광범위하다. 뿐만 아니라 침해한다는 것에 대해서는 그 기준이 어떻게 되며, 이 침해를 누가 판별하는 것인지 그 소재가 명확하지 않다. 따라서, 이러한 기준과 그 침해의 판단 소재를 확실히 하는 것이 필요하다.

다음으로 제3조인 기본원칙을 살펴보면 1항에 교원은 학생의 바람직한 교육을 위해 지속적으로 자신을 연찬해야 한다고 규정하고 있다. 여기에서는 용어의 사용에 대하여 정비가 필요하다고 생각된다. '연찬'이라는 단어의 사전적 의미는 '학문 따위를 깊이 연구한다'이다. 교권보호조례안이 나름대로의 대표성을 지니고 더욱 널리 이해되기 위해서는 '연찬'이라는 난해한 단어보다 이해하기 쉬운 단어를 사용하는 편이 좋다.

또한 제3조 2항을 보면 교원은 국민에게 법으로 보장된 모든 사유와 권리를 누리며, 국가와 서울특별시장, 교육감, 자치구의 장은 교원이라는 이유로 이를 부당하게 제한하거나 침해할 수 없다고 규정하고 있다. 하지만 이미 교권보호조례안보다 상위법인 대한민국헌법에서는 특정 상황에 한하여 국민의 자유와 권리는 제한할 수 있다고 규정하고 있고, 이에 따라서 교원의 자유와 권리 역시도 제한이 가능하다. 이러한 이유로 이 조항 또한 상위법과 보조를 맞출 필요가 있다.

이외에도 제5조 3항에 보면 교원의 정당한 교육활동에 침해가 발생하였을 때 서울특별시장과 교육감은 해당 교원을 우선 보호하여야 한다고 규정하고 있다. 하지만 이 부분에서 현재 발생하고 있는 교권침해사례를 보면 학생에 의해 일어나는 경우가 많은데 학생에 의한 교권침해사례가 발생하였을 경우 학생을 보호하여야 하는지 교원을 먼저 보호하여야 하는지 그 선후관계가 불분명하며, 여기에서 말하는 보호라는 것이 어떠한 방식으로 교원을 보호한다는 것인지 그 설명이 구체적으로 나와 있지 않다. 이런 점에서 이 조항은 학생인권과 교권 사이에서 충돌을 빚을 수 있는 가능성을 내포하고 있으며 불분명한 설명이 있으므로 보충이 필요할 것이다.

다음으로 제7조를 살펴보면 4항에 학생이 교육활동을 심각하게 침해하거나 다른 학생의 학습권을 침해할 경우 학생을 별도의 공간에 격리시킬 수 있다고 규정하고 있다. 하지만 이를 살펴보면 학생을 격리한다는 것은 학생의 신체의 자유를 구속하는 행위로 학교나 교원은 학생을 구금할 수 있는 권한이 법적으로 없으며, 격리 자체 역시도 학생의 기본적인 인권과 학습권을 침해할 수 있기 때문에 이 부분에 대해서는 더 많은 검토가 필요하다고 생각된다.

생각해 볼 문제 |
교권보호조례안이 발의된 배경과 문제점들을 깊이 생각해 보자. 교권의 의미는 정확히 무엇인지, 그리고 현재 논란이 되고 있는 학생에 의한 교권침해가 무엇인지, 그리고 교권에 의하여 학생의 권리를 제한하는 절차는 어떠한지 등에 대하여 생각해 보자. (예: 조별토론, 각종 교권침해사례 수집, 나눔활동 등)

(2) 학생인권조례안의 비판적 이해

학생인권조례안은 교육현장에서 학생의 인권을 침해하는 것을 방지하기 위한 일련의 조치이다. 경기도의 경우, 학생인권조례를 다른 자치단체에 비해 먼저 발의하였는데, 그 목적을 헌법 제31조, 유엔 아동의 권리에 관한 협약, 교육기본법 제12조 및 제13조, 초·중등교육법 제18조의4에 근거하여 학생의 인권이 학교교육과정에서 실현될 수 있도록 함으로써 인간으로서의 존엄과 가치 및 자유와 권리를 보장하는 것이라고 천명하고 있다. 이는 학생의 인권을 가정이나 학교 어디에서든지 보장하려 하는 노력의 산물인 것이며, 단순히 학생과 교사 간에 벌어지는 학생인권 침해뿐만 아니라 학생과 학생 상호간에도 서로의 인권을 지키기 위해 노력했음을 알 수 있다.

경기도 학생인권조례가 가지는 대표적인 문제점으로는 6조 체벌금지 사항을 들 수 있다. 본문에서는 이를 제6조(폭력으로부터 자유로울 권리)라는 제목 아래에 학생을 따돌림으로부터 보호하여야 하며 학교 내에서 체벌은 금지되고 학교 내의 폭력을 근절하기 위해 모두가 노력해야 한다는 내용을 담고 있다. 실제 이 조항은 교사로부터 학생에 대한 무차별한 체벌과 같은 인권침해사례를 가시적으로 경감시켰다는 성과를 이루어 냈다고 평가를 받고 있다. 그러나 이러한 순기능에도 불구하고 이면에는 체벌금지를 포함한 조례의 시행으로 인하여 교사의 학생 통제권이 상당히 상실되었다는 역작용을 내포하고 있다.

실제로 경기도 내의 통계에 따르면 최근 2년 새 학생을 때린 교사보다 교사를 때린 학생이 더 많았다. 증가와 감소 추세를 살펴보면 2009년 이후로 2011년까지 교사의 학생 체벌은 2009년 46건에서 2010년 39건으로, 2011년에는 35건으로 감소한 것으로 보고되었지만 같은 기간 내에 학생에 의한 교사의 폭행 사건은 13건에서 45건, 49건으로 가파른 상승세를 보이고 있다. 단순히 폭력 사건뿐만이 아니라 규칙 위반 횟수도 증가하고 있는 추세로 중학교 규칙 위반은 2008년 2,117건에서 2011년 9월 3,420건으로 증가하였으며 고등학교의 경우 같은 기간 내에 3,795건에서 4,548건으로 증가세를 보이고 있다. 이는 학생을 보호하려고 제정한 학생인권조례가 오히려 학생들에게 악용되어 교사의 역할을 침해하고 학교 내의 혼란을 불러오는 잘못된 결과를 낳고 있다.

학생인권조례의 급격한 시행은 학교 현장 자체에도 혼란을 빚고 있다. 이는 학생인권 조례의 시행으로 인한 문제점을 충분히 예상하지 않은 채, 그 충격을 완화할 완충장치를 마련하지 않은 채, 학생인권조례를 시행했기 때문에 불거진 문제라고 할 수 있다. 실제로도 교총에서도 학생인권조례 제정을 반대한 여론이 많았으며, 전교조 내부에서도 학생인권조례의 문제점을 인정했다는 뉴스를 찾아볼 수 있다. 또한 교사 사이에서 뿐만 아니라 학부모 사이에서도 학생인권조례 제정에 대한 찬성과 반대 의견이 첨예하게 대립했다. 이렇듯 교사 내부와 학부모 내부에서도 의견이 분분한 상태에서 학생인권조례를 시행하는 것은 교사들 사이에 혼란을 불러올 수 있다. 또한 학생인권조례가 제정되어 시행되는 과정이 다소 급진적이라는 우려를 지울 수가 없다. 이 과정에서 교사는 학생인권조례를 준비하고 시행을 예비하는 주체적인 모습을 보여주지 못하고 학생인권조례에 맞닥뜨린 수동적인 존재가 되었으며, 충분한 이해 없이 조례의 시행을 지켜보는 대상이 되었다. 교사는 학생인권조례를 충분히 이해하고 그것을 교실에 가져와서 자주적으로 시행하여야 할 존재가 아니라 비난을 받고 있는 실정이다.

학생들에게 '인권'이라는 개념이 정확하게 정립되지 않았다는 점도 문제로 들 수 있다. 앞에서 지적한 것처럼 학생인권조례 시행 후에 학생에 의한 교사 폭행이 늘었다는 것을 보면, 학생들의 인권을 보장한다는 것이 인권이란 이름으로 학생 자신들이 방종할 수 있는 일종의 특권으로 받아들여지지 않았나 하는 의심이 든다. 또한 교사의 경우에도, 학생인권조례에서 말하는 인권침해가 어떠한 것인지, 진정한 학생의 인권이 무엇인지에 대하여 잘 알고 있지 못하는 실정이다. 실제로도 학교 내에서 인권교육이 제대로 이루어지지 않고 있으며, 인권교육을 1회라도 받아본 적이 있다고 답한 교사는 16%, 학생은 10.2%에 불과한 현실이다. 또 다른 설문 조사에 따르면 학생의 76.4%와 교사의 92%가 학교 내에서 제대로 된 인권교육의 시행이 필요하다고 답했다(심태진, 2011). 이를 바탕으로 살펴보았을 때 학생인권조례의 시행보다는 교사와 학생들에게 인권의 정확한 개념을 정립해 주는 것이 시급하다.

생각해 볼 문제 |
학생인권조례의 의미를 보고 학생의 인권이란 무엇인지 깊이 생각해 보자.
(예: 조별토론, 발표, 교권과 학생인권의 조화 방법, 학생인권침해사례 등)

3. 나의 교우생활

나의 교우생활에서는 교우들 간에 발생하는 학교폭력 문제를 집중적으로 다룬다. 학교폭력의 특징 중 하나는 특별한 이유 없이 충동적으로 일어나며 그저 한 번쯤 있을 수 있는 장난으로 여기거나 별다른 죄의식을 갖지 않는다는 것이다. 여기에서는 학교현장의 문제로 볼 수 있는 학교폭력과 집단 따돌림에 대해 학생 스스로가 생각해 보는 시간을 갖게 하고 이에 대해 토론함으로서 학생-학생 혹은 학생-교사 간 소통을 높이려 한다. 이런 활동은 학교교육의 주체상호 간의 유기적 소통을 통해 학교폭력 등의 학교문제를 줄이는 데에 도움이 될 수 있다.

우선, 학교폭력의 개념 및 특징을 간단히 살펴봄으로써 학생들에게 이론적인 배경 지식을 전달하려 한다. 이론적인 내용이라 하여 어려운 학술적 내용을 담은 것이 아닌, 학교폭력에 대해 객관적이고 정리된 시각을 길러주는 데에 도움을 주려는 의도이다. 특히, 학교폭력의 특징은 청소년기 학생들의 특징을 반영한 것으로서 자신의 상황과 정서에 비추어 볼 수 있을 것이다. 간단한 이론정리 후, 구체적인 통계자료 및 사례를 담은 교과를 구성할 것이다. 학교폭력은 먼 미래의 지역사회, 평생교육 등의 모호한 내용이 아닌 현재 학생들과 직접 연관된 내용이며 현상이기 때문에 학생들의 학습동기가 낮지는 않을 것이다. 구체적인 통계자료를 분석해 봄으로써 현재 생활하는 학교의 실태를 이해하고 분석적인 시각을 기르는 데에 도움이 될 것이다. 또한 하나의 사례를 갖고 학우들과 이에 대해 논의해봄으로써 타인의 의견을 수용하고 손중하는 자세를 배울 수 있을 것이다. 마지막으로 학교폭력을 예방하는 방안, 학교폭력의 가해자나 피해자가 되었을 때의 취해야 하는 행동 등을 제시함으로서 실천적인 방향을 모색할 것이다.

이하, 청소년 폭력문제와 관련한 자료는 청소년폭력예방재단에서 작성한 2011년 전국 학교폭력 실태조사 발표 및 경향을 참고하였다.

(1) 학교폭력의 이론적 접근

① 학교폭력의 개념

학교폭력은 가해자나 피해자 또는 발생장소에 따라서 개념 정의에 차이가 있으나, 이를 종합하면 학교와 관련하여 일어나는 폭력행위로 그 주체나 대상이 청소년이라는 특징을 공통적으로 포함하고 있다. 따라서 학교폭력 개념을 명확하게 정의하는 것은 쉬운 일이 아니다. 청소년폭력의 개념은 반복적이고 지속적인' 행위가 강조 된다. 또한, 청소년기라는 특정한 생득적·환경적 성장 과정에서 욕구를 충족하기 위한 목적으로 대인과 대물에 관계없이 힘의 불균형 상황에서 발생하는 언어적·심리적·물리적 폭력을 말한다.

일반적으로 사용되는 폭력에 대한 개념은 물리적·심리적·구조적 폭력이라는 3가지 형태로 나누어 볼 수 있다. 물리적 폭력은 폭력이 직접 신체적으로 행해지는 것과 이에 관련된 의도적 협박이나 신체적인 괴롭힘을 주는 행위를 말하고, 심리적 폭력은 언어적 상황에서의 협박과 강요, 모욕 또는 두려움을 주는 일 등을 말하며, 구조적 폭력은 주어진 주변의 사회 및 자연환경으로부터의 강압적인 사회관계, 위협, 상호 인간관계로부터 받는 심한 갈등을 말한다.

② 학교폭력의 특징

첫째, 학교폭력 가해행동은 같은 학교 학생이나 또래에 의해 가장 많이 발생한다. 이는 학교폭력의 다수가 교내에서 발생하고 교실에서 발생되며, 가해자는 피해자와 같은 학교 학생이거나 반 친구라는 것을 의미한다.

둘째, 학교폭력 가해행동은 집요하다는 점이다. 특정 학생을 집중적으로 지속적으로 괴롭히고 소외시키는 강한 집요함을 갖는다. 과거 학교폭력은 1회성이 많았지만, 피해기간이 1개월 이상 지속되는 장기적인 폭력이 점점 더 증가하고 있다.

셋째, 폭력이나 괴롭힘의 형태와 방법이 점점 더 은밀하게 이루어지거나 위협적인 분위기 속에서 자행되고 있어 주변에서 이를 알아내기 어렵다. 특히 심리적인 괴롭힘의 유형은 목격자 없는 장소나 시간대에 은밀하게 일어나기 쉽고 이런 경우 증거도 없이 피해 학생들이 괴롭힘을 당한 사실을 증명하기도 어렵고, 목격자가 있는 경우에도 피해에 대한 두려움으로 나서지 못하여 증명하기가 어렵다.

넷째, 학교폭력 가해행동이 발생되는 시점은 점차 낮아져 초등학생의 학교폭력 역시 방치할 수 없다는 점이다.

다섯째, 학교폭력의 가해행동은 전혀 저항할 힘이 없는 정신지체아 등 장애인을 대상으로 이루어지는 등 매우 잔인한 양상을 띠고 있다는 점이다.

여섯째, 학교폭력 가해행동은 특별한 이유 없이 충동적으로 일어나거나 남을 괴롭히는 행동에 동조하고 개입하는 것을 그저 한 번쯤 있을 수 있는 장난으로 여기거나 별다른 죄의식을 갖지 않는 경향까지 띠고 있다. 이것은 욕구나 충동을 억제하지 못하고 정서가 나타나는 대로 행동하기 때문이다. 청소년들은 욕구의 충족을 지연시키는 참을성이 매우 결여되어 있다.

일곱째, 우수학생의 증가이다. 이전에는 학업성적이 불량하고 학교에 잘 적응하지 못하는 소위 문제아 그룹에서 학교폭력 등 비행을 저지르는 경우가 많았지만 차츰 이런 경향들은 학교에서 모범생이고 공부도 잘하는 학생들이 학교폭력을 일으키는 경향으로 늘고 있으며, 지능이 높은 학생이 범죄를 저지르면 극악성이 더 나타난다.

(2) 학교폭력의 실태

① 피해 및 가해율 지속적 증가

2011년 전국 학교폭력 실태조사에서 최근 1년 간 학교폭력 피해율은 18.3%, 가해율은 15.7%로 조사되었다. 2010년의 피해율 11.8%와 비교해 볼 때 증가한 것으로 나타났으며, 가해율 역시 2010년의 11.4%에 비해 증가한 것으로 나타났다. 최근 발생하는 학교폭력은 저연령화, 집단화, 폭력에 대한 인식 부족, 폭력의 잔인화로 학교폭력의 유형이나 피해정도의 수준이 증가하고 있으며, 학생들 사이에서 심각한 문제로 대두되고 있다. 또한 가해학생들의 학교폭력에 대한 인식이 무감각하고, 일상화되어 죄책감을 느끼기 어렵고, 목격 학생 역시 학교폭력에 적절하게 대처하지 못하고 있어 날로 심각성이 더해지고 있다.

〈표 6-2〉 최근 1년간 학교폭력 피해 및 가해경험

항 목	학교폭력 피해		학교폭력 가해	
	빈도(명)	비율(%)	빈도(명)	비율(%)
1회 있다	763	8.3	688	7.5
2~3회 있다	478	5.2	490	5.4
4~5회 있다	179	2.0	98	1.1
셀 수 없이(6회 이상) 있다	257	2.8	152	1.7
당한 적 없다	7,474	81.7	7,688	84.3
전 체	9,151	100.0	9,116	100.0

*자료: 청소년폭력예방재단(2012)

② 학교폭력! 여전히 심각하다

청소년폭력예방재단에서 실시한 학교폭력 실태조사에 따르면, 피해율은 2006년 17.3%, 2007년 16.2%, 2008년 10.5%, 2009년 9.4%, 2010년 11.8%, 2011년 18.3%로 나타나 점차 감소하는 추세를 보이다가 2010년부터 다시 증가하고 있다. 가해율 또한 2006년 12.6%, 2007년 15.1%, 2008년 8.5%, 2009년 12.4%, 2010년 11.4%, 2011년 15.7%에 이르러 최근 6년 중 최고치를 나타내고 있다. 학교폭력 예방 및 대책에 관한 법률이 제정된 이후 감소하기 보다는 학교폭력이 날로 증가하고 있으며, 뿐만 아니라 학교폭력에 대한 심각성 인식을 살펴보면 2008년 28.6%, 2009년 32.8%, 2010년 38.1%, 2011년 41.7%로 나타나, 학생들이 학교폭력을 매년 더욱 심각하게 인식하고 있음을 나타낸다. 이는 학교폭력으로 인한 피해 후유증, 청소년 자살, 범죄 등으로 이어지고 있으며 피해자의 심리적 고통, 가해학생의 무감각, 목격 학생의 방관 등 폭력의 일상화 등의 문제로 단순히 학교 내의 학생만의 문제가 아닌 모두의 관심을 기울여야 할 사회적 책임이 요구되고 있다.

〈표 6-3〉 2006-2011년 학교폭력 피해율, 가해율

연 도	피해율(%)	가해율(%)
2006년	17.3 %	12.6 %
2007년	16.2 %	15.1 %
2008년	10.5 %	8.5 %
2009년	9.4 %	12.4 %
2010년	11.8 %	11.4 %
2011년	18.3 %	15.7 %

〈표 6-4〉 2006-2011년 학교폭력에 대한 심각성 인식

연도	심각성 인식률%)
2008년	28.6 %
2009년	32.8 %
2010년	38.1 %
2011년	41.7 %

*자료: 청소년폭력예방재단(2012)

③ 학교폭력 피해로 인한 자살 생각 증가

학교폭력으로 인한 피해자의 심리적 고통은 심각한 수준이다. 2011년 학교폭력으로 자살한 학생을 살펴보면, 가해학생의 지속적이고 반복적이며 의도적으로 계획된 교묘한 가해행위로 인해 극단적인 선택을 하여 사회적인 문제점으로 부각되었다. 2011년 실태조사에 따르면 9,174명 중, 최근 1년간 학교폭력 피해를 입은 학생 1,673명(18.3%) 중, 자살 생각 유무를 묻는 질문에 '전혀 없다(68.6%)'를 제외하고 '일 년에 1~2번(15.4%)', '한 달에 1~2번(5.8%)', '일주일에 1~2번(4.0%)', '지속적으로(10회 있다)(6.2%)'로 나타났다. 2010년 실태조사에서 자살생각을 '전혀 없다'를 제외하고 자살 생각을 1회 이상 해본 학생이 30.8%에 비해 2011년은 31.4%로 증가하였다.

〈표 6-5〉 학교폭력 피해로 인한 자살 생각 여부

항 목	2010년		2011년	
	빈도(명)	비율(%)	빈도(명)	비율(%)
전혀없다	287	69.2	1,148	68.6
일년에 1~2번	61	14.7	258	15.4
한달에 1~2번	19	4.6	97	5.8
일주일에 1~2번	16	3.9	66	4.0
지속적으로(10회있다)	32	7.6	104	6.2
전 체	415	100.0	1,673	100.0

*자료: 청소년폭력예방재단(2012)

④ 학교폭력 집단 가해 증가

최근 1년간 학교폭력 피해를 경험한 적이 있다고 응답한 학생 중 가해자의 수에 대해 질문하였다. '1명(32.1%)', '2~5명(52.0%)', '6명 이상(15.9%)' 으로 나타나 2인 이상의 학생에게 피해를 당한 학생은 전체의 67.9%로 나타났다.

〈표 6-6〉 학교폭력 가해학생 수

항 목	2010년		2011년	
	빈도(명)	비율(%)	빈도(명)	비율(%)
1명	141	33.8	512	32.1
2~5명	208	49.9	828	52.0
6명이상	68	16.3	253	15.9
전 체	417	100.0	1,593	100.0

*자료: 청소년폭력예방재단(2012)

2010년과 비교하여 살펴보면, '1명(33.8%)', '2~5명(49.9%)', '6명 이상(16.3%)'로 나타나, 2인 이상에게 학교폭력 피해를 당한 경우가 66.2%로 전년에 비해 증가하였다. 이는 학교폭력 가해학생이 2인 이상의 경우, 동조현상으로 인하여 본인의 가해행동에 대해 반성하기보다는 정당한 행동이라고 인식하며, 죄책감 또한 감소되어 가해행동에 대한 선도 및 치료가 더욱 어려움을 겪는다. 따라서 가해학생을 대상으로 하는 적절한 개입프로그램을 통해 가해행위에 가담하는 것을 막아야 한다.

⑤ 피해를 당했으니 가해도 쉽다. 학교폭력이 또 다른 학교폭력을 부른다

전체학생 9,174명에서 피해와 가해를 모두 경험한 학생은 785명(8.6%)으로 분석되었다. 학교폭력 피해경험과 가해경험이 '셀 수 없이(6회 이상) 있다'라고 응답한 학생은 전체의 48.9%로 나타났다. 이는 타인에게 피해를 받았기 때문에 피해를 줘도 된다라는 잘못된 생각을 하고 있는 청소년들이 많다는 것을 시사해, 향후 이들에 대한 다각적인 예방과 개입 방안이 마련되어야 할 것이며, 단순히 피해와 가해만을 나누는 것이 아니라, 학교폭력으로 인한 상처로 인해 또 다른 학교폭력이 일어나지 않도록 교육 및 심리치료가 필수적임을 나타냈다.

⑥ 나만 아니면 된다-학교폭력 방관자

학교폭력을 목격한 적이 있는지에 대한 질문에 2,913명(31.8%)이 목격한 적이 있다고 응답하였다. 하지만 이들 중, 56.3%은 학교폭력을 목격하고도 모른 척하였다고 응답하여 학교폭력 목격 이후 방관을 하는 학생들이 많은 것으로 나타났다. 모른 척

하는 이유에 대한 질문에 1순위는 '같이 피해를 입을까봐(29.9%)', 2순위는 '어떻게 해야 할지 몰라서(25.3%)'로 응답하였다. 이에 같은 교실, 같은 학교에서 생활하는 또래의 학교폭력을 보고도 모른척하고 있으며 괴롭힘의 대상자가 자신만 아니면 된다라는 생각으로 인한 개인화가 심각함을 알 수 있다. 또한 학교폭력을 보고도 무른 척 하는 것이 학교폭력인가라는 질문에 '학교폭력이 아니다(21.8%)', '모르겠다(34.6%)'로 방관하는 것에 대한 인지력이 부족하였다. 학교폭력을 모른 척 하는 것 또한 제2의 학교폭력임을 교육하고 목격 학생에 대해 보호할 수 있는 안전조치가 필요하다.

⑦ 가해자, 반성보다 행동의 정당화! 가해학생은 무감각하다

학교폭력 피해율와 가해율이 전년도에 비해 증가하는 추세로 나타나고 있다. 하지만 학교폭력 가해학생은 본인의 행동에 대해 반성하기 보다는 행동에 대한 정당화를 하고 있어 심각성을 나타냈다. 가해행동에 대하여 '피해학생에게 미안하다고 생각한다(50.7%)'는 생각하고 있었지만, '정당한 행동이었다고 생각한다(11.1%)', '아무런 생각도 들지 않는다(9.6%)'로 응답하여 타인에게 피해를 입혔지만 죄의식을 느끼지 않으며 정당하다는 생각을 하고 있어 올바른 인성교육이 필수적임을 시사했다. 이는 학교폭력 가해행동 이후, 발생한 일 유형을 살펴보면 '아무 일도 일어나지 않았다(33.8%)'로 나타나 가해행동 이후 적절한 제지가 이루어지지 않았으며 처벌 및 교육조치가 이루어지지 않아 행동에 대해 올바르게 바로잡는 기회가 부족한 것을 이유로 꼽을 수 있다.

(3) 학교폭력 사례

① 학교폭력 피해학생

최근 1년간 학교폭력 피해경험을 묻는 질문에 대해 1,677명(18.3%)이 학교폭력 피해경험이 있는 것으로 응답하여, 10명 중 약 2명은 학교폭력 피해경험이 있는 것으로 나타났으며, 피해기간에 대한 질문에서는 기타응답과 학교폭력 피해경험이 없는 학생을 제외한 1,529명 중 '하루~2주미만(53.9%)', '2주이상~3개월미만(15.7%)', '3개월이상 6개월미만(16.2%)', '6개월이상 1년미만(14.2%)'로 나타나 3개월 이상의 비율이 30.4%로 학교폭력이 지속·반복적이고 장기화되고 있어 피해자의 후유증은 더욱 클 것으로 예상된다.

〈표 6-7〉 최근 1년간 학교폭력 피해경험

항 목	빈도(명)	비율(%)
1회 있다	763	8.3
2~3회 있다	478	5.2
4~5회 있다	179	2.0
셀 수 없이(6회 이상)있다	257	2.8
당한 적 없다	7,474	81.7
전 체	9,151	100.0

무응답:23명

〈표 6-8〉 최근 1년간 학교폭력 피해기간

항 목	빈도(명)	비율(%)
2~3회 있다	824	53.9
4~5회 있다	240	15.7
셀 수 없이(6회 이상)있다	248	16.2
당한 적 없다	217	14.2
전 체	1,529	100.0

*자료: 청소년폭력예방재단(2012)

② 학교폭력 피해유형

학교폭력 피해유형을 살펴보면 '맞았다'(1위), '욕설이나 모욕적인 말을 들었다'(2위), '말로 협박이나 위협을 당했다'(3위)순으로 나타났다. 이러한 피해유형은 전년도 연구에서도 동일하게 나타났다. 덧붙여 2011년 분석결과, 성별 차이 분석에서 남학생의 경우 '맞았다'(51.5%)로 나타났으며 전년도 48.3%에 비해 증가하였다.

〈표 6-9〉 학교폭력 피해유형

항목	1순위		2순위		3순위		가중치 점수	순위
	빈도(명)	비율(%)	빈도(명)	비율(%)	빈도(명)	비율(%)		
맞았다	618	40.2	112	9.3	102	9.9	2,200	1순위
돈이나 물건 등을 빼앗겼다	215	14.0	144	11.1	69	6.7	1,002	-
말로 협박이나 위협을 당했다	140	9.2	336	25.6	171	16.7	1,263	3순위
욕실이나 모욕적인 말을 들었다	351	22.8	441	33.7	250	24.4	2,185	2순위
괴롭힘을 당했다	25	1.6	67	5.1	207	20.2	416	-
집단적으로 따돌림을 당했다	144	9.4	100	7.6	88	8.6	720	-
인터넷이나 휴대폰으로 욕, 안좋은 소문을 듣거나 동영상 촬영을 억지로 당하거나, 안티카페에서 욕설을 들었다	19	1.2	46	3.5	77	7.5	226	-
성적인 놀림과 접촉 피해를 당했다	25	1.6	54	4.1	62	6.0	245	-
전체	1,537	100.0%	1,310	100.0%	1,026	100.0%	-	-

*자료: 청소년폭력예방재단(2012)

반면, 여학생의 경우 '욕설이나 모욕적인 말을 들었다'(35.0%)로 나타났으며 전년도 33.6%에 비해 증가하였다. 특히 '집단적으로 따돌림을 당했다'의 경우 남학생은 4.4%인데 비해, 여학생은 19.5%로 4배 이상 차이를 보여 여학생의 집단적인 동조행동과 따돌림현상이 심각함을 알 수 있었다.

③ 학교폭력 이후, 자살 생각 정도

학교폭력으로 인해 고통 정도에 대해 '죽고 싶을 만큼 고통스러웠다'+'많이 고통스러웠다'+'고통스러웠다'의 비율이 63.4%로, 학교폭력을 당하고 난 뒤 고통을 호소했다. 또한 학교폭력으로 인한 자살 생각 경험에 대한 질문에서는 최근 1년간 학교폭력 피해를 당한 적이 있다고 응답한 1,677명 중, '전혀 없다(68.6%)'를 제외한 31.4%가 자살 생각을 1번 이상 해본 적이 있다고 응답하였다.

〈표 6-10〉 학교폭력 피해로 인한 고통 정도

항 목	빈도(명)	비율(%)
죽고 싶을 만큼 고통스러웠다	296	17.7
많이 고통스러웠다	264	15.8
고통스러웠다	501	29.9
별로 고통스럽지 않았다	441	26.4
전혀 고통스럽지 않았다	171	10.2
전 체	1,673	100.0

무응답:7,501명

〈표 6-11〉 학교폭력 피해로 인한 자살 생각 여부

항 목	빈도(명)	비율(%)
전혀없다	1,148	68.6
일년에 1~2번	258	15.4
한달에 1~2번	97	5.8
일주일에 1~2번	66	3.9
지속적으로(10회있다)	104	6.3
전 체	1,673	100.0

무응답:7,501명

*자료: 청소년폭력예방재단(2012)

특히 '지속적으로(10회 이상)' 자살 생각을 했다고 응답한 비율이 6.3%인 것으로 보아 학교폭력으로 인한 청소년들의 자살 위험률을 간과할 수 없음을 나타났다. 특히 정서적으로 예민한 여학생의 경우 학교폭력으로 인하여 자살 생각을 한 번 이상 하는 경우가 38.9%, 남학생의 경우 27.6%로 나타났다. 또한 학교폭력 피해기간에 따른 자살을 지속적으로(10회 이상) 생각한 적이 있다고 응답한 비율이 증가하여 학교폭력으로 인한 자살 생각에 대한 전문적인 개입이 필요함을 시사한다.

④ 학교폭력으로 인한 심리적 고통(복수 충동)

〈표 6-12〉 학교폭력 피해로 인한 복수 충동 여부

항 목	빈도(명)	비율(%)
전혀없다	441	26.4
일년에 1~2번	390	23.3
한달에 1~2번	223	13.3
일주일에 1~2번	217	13.0
지속적으로(10회있다)	401	24.0
전 체	1,672	100.0

무응답:7,502명

*자료: 청소년폭력예방재단(2012)

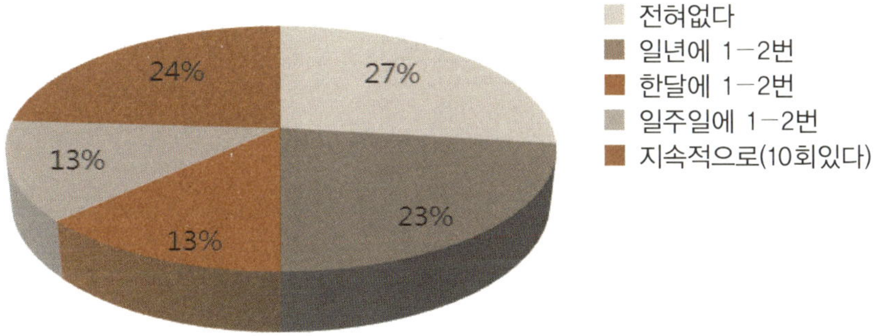

[그림 6-2] 최근 1년간 학교폭력 피해로 인한 복수 충동 여부

학교폭력 가해자에 대한 복수 충동 질문 결과, '전혀 없다'(26.4%)를 제외하고 '일년에 1~2번(23.3%)', '한달에 1~2번(13.3%)', '일주일에 1~2번(13.0%)', '지속적으로(10회이상) 있다(24.0%)'로 나타나 가해자에 대한 복수의 충동성이 심각한 수준을 보였다. 학교폭력에 대해 학교에서 피해학생에 대한 일차적 보호와 상담, 지원 및 개입이 필요하고 가정, 학교, 학교폭력 전문기관의 위기개입 및 유기적 지원체계를 더욱 강화해야 한다.

⑤ 학교폭력 가해학생

〈표 6－13〉 최근 1년간 학교폭력 가해경험

항 목	빈도(명)	비율(%)
1회 있다	688	7.5
2~3회 있다	490	5.4
4~5회 있다	98	1.1
셀 수 없이(6회 이상)있다	152	1.7
가한 적 없다	7,688	84.3
전 체	9,116	100.0

무응답:58명

*자료: 청소년폭력예방재단(2012)

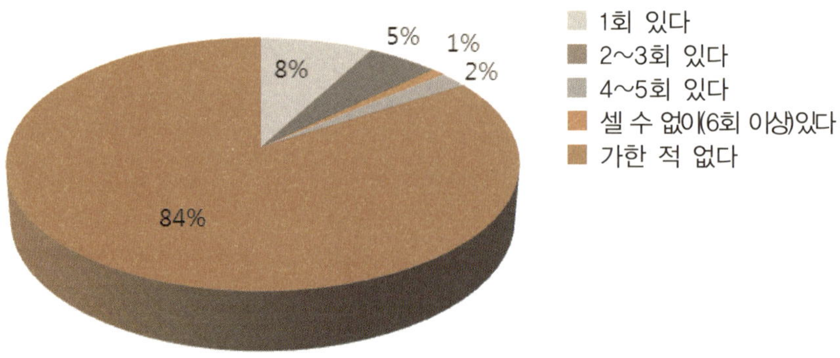

[그림 6－3] 최근 1년간 학교폭력 가해경험

최근 1년간 학교폭력 가해경험을 묻는 질문에 대해 15.7%가 가해경험이 있는 것으로 응답하였으며, 성별에 따른 가해경험을 살펴보면, '1회 이상' 학교폭력 가해경험이 있는 학생은 남학생의 경우는 19.7%, 여학생의 경우는 10.9%라고 응답하였다.

⑥ 가해학생의 폭력 무감각! 심각하다

〈표 6-14〉 학교폭력 가해 이유

항목	1순위		2순위		3순위		가중치 점수	순위
	빈도(명)	비율(%)	빈도(명)	비율(%)	빈도(명)	비율(%)		
이유 없음	237	17.7	60	5.7	70	8.2	901	3순위
장난	459	34.4	194	18.6	68	7.9	1,883	1순위
오해와 갈등	112	8.4	188	18.0	201	23.5	913	-
친구들이나 선배 등이 시켜서	66	4.9	63	6.1	23	2.7	347	-
보복	35	2.6	85	8.1	106	12.4	381	-
화가 나서	123	9.3	165	15.8	159	18.6	858	-
상대 학생이 잘못해서	265	19.8	225	21.5	148	17.3	1,393	2순위
스트레스 때문에	40	3.0	65	6.2	82	9.4	332	-
전체	1,337	100.0%	1,045	100.0%	857	100.0%	-	-

*자료: 청소년폭력예방재단(2012)

〈표 6-15〉 학교폭력 가해 행동에 대한 인식

항 목	빈도(명)	비율(%)
정당한 행동이었다고 생각한다	143	11.1
감정을 조절하지 못하고 과하게 반응했다고 생각한다	367	28.6
피해학생에게 미안하다고 생각한다	651	50.7
아무런 생각도 들지 않는다	123	9.6
전 체	1,284	100.0

무응답:7,890명

*자료: 청소년폭력예방재단(2012)

학교폭력 가해 이유를 살펴보면, '장난(1순위)', '상대학생이 잘못해서(2순위)', '이유없음(3순위)'으로 나타났다. 또한 가해 행동에 대한 인식을 살펴보면 '피해학생에게 미안하다고 생각한다(50.7%)', '감정을 조절하지 못하고 과하게 반응했다고 생각한다(28.6%)', '정당한 행동이었다고 생각한다(11.1%)', '아무런 생각도 들지 않는다(9.6%)'라고 응답하여 가해 행동에 대하여 죄의식을 느낄 수 있는 올바른 인성교육 및 학교폭력 예방교육이 절실함을 시사한다.

활동하기 |

① 학교폭력에 관한 통계자료를 갖고 3~4명씩 조를 만들어 이에 대해 토론해 보자.
② 각자가 자신이 최근에 접한 사례를 가져와 이야기해 보자.
③ 학교폭력의 피해자, 혹은 가해자의 상황을 이해하고 어떻게 하면 학교폭력을 학생 스스로 줄일 수 있을지 고민해 보자.
④ 학교폭력에 관한 UCC제작하기, 학교폭력 생활법령을 찾아 읽고 이에 대해 발표해보자.
⑤ 역할극 해보기

2. 현재의 교과서 체제를 해체하고 재구성한 교과서

지금까지 다양한 관점에서 각 단원의 '내용' 분석을 여러 문제점들을 고민하였다. 그렇다면 어떤 차원에서 교육학 교과를 개정하면 좋을까? 여기서는 교육학 교과서의 단원 '구성'을 해체하고 재조직해 본다.

1) 단원구성

「Ⅰ. 왜 배워야 하는가?」 단원은 1학기에 배울 내용으로, 학생들이 자신의 진로를 정하고 그에 알맞은 학습의 목표를 세우는 것을 목표로 한다. 이를 위해, 소단원으로는 교육철학, 교육의 역사 및 교육사회, 일생에 걸친 교육의 과정 등의 이론적 내용과 그와 관련된 활동들로 구성될 것이다.

「Ⅱ. 어떻게 배워야 하는가?」 단원은 2학기에 배울 내용으로, 학생들이 1학기에 탐색했던 자신의 삶의 목표와 진로방향을 바탕으로, 실제 진로계획 및 학습계획을 세워보는 것을 목표로 한다. 이를 위해, 소단원으로는 교육심리학, 교육공학 등의 이론적 내용과 그와 관련된 활동들로 구성할 것이다.

1학기	2학기
・목표: 자신의 행복한 삶을 살기 위한 꿈은 무엇이며 이에 알맞은 학습목표 세우기 ・바탕이론: 교육철학, 교육사회학, 교육사, 교육 과정 관련 ・학습활동	・목표: 정해진 학습목표를 성취하기 위한 학습계획 세우기 ・바탕이론: 교육심리, 교육공학, 학습 설계 및 개발 관련 ・학습활동
구성단원 Ⅰ. 왜 배워야 하는가? (가) 행복한 삶과 교육 (교육철학, 교육사회학) (나) 사회의 변화에 따른 교육의 모습 (교육사) (다) 교육이 이루어지는 과정 (교육과정)	구성단원 Ⅱ. 어떻게 배워야 하는가? (가) 학습의 원리 (교육심리) (나) 학습의 방법 (교육공학) (다) 나의 학습 전략 세우기 (학습계획 설계 및 개발)

2) 기존 교육학 교과내용 활용방안

기존 교육학 교과서에 나와 있는 대단원 Ⅰ, Ⅱ는 삭제하는 부분을 최소화하면서 새롭게 구성하여 대단원을 조직한다. 즉, 기존의 대단원Ⅰ은 새롭게 구성된 「Ⅰ. 왜 배워야 하는가?」 단원의 이론으로, 기존의 대단원 Ⅱ단원은 「Ⅱ. 어떻게 배워야 하는가?」 단원의 이론으로 자리할 것이다.

3) 재구성한 새로운 교육학 예시

1학기 |

Ⅰ. 왜 배워야 하는가?

(가) 행복한 삶과 교육

(나) 사회의 변화에 따른 교육의 모습

(다) 교육이 이루어지는 과정

(가) 행복한 삶과 교육

◉ 단원목표

1. 교육 받은 사람의 모습은 어떠한지 생각해본다.
2. 교육 받은 사람들의 사회는 어떠한지 생각해본다.
3. 스스로 추구해 나갈 교육적 이상을 정립한다.

◉ 단원내용

교육을 잘 받은 사람은 어떤 모습일까? 이에 대한 답은 시대나 사회에 따라 또는 교육의 의미를 보는 관점에 따라 다르다. 그러나 때로는 특정한 사회가 이상으로 삼았던 교육 받은 사람의 모습에서 시공을 초월한 공감을 얻을 수 있다. 동서양의 고전에서 이상으로 추구되었던 교육 받은 사람의 모습을 음미해 보고 스스로 지향할 교육 받은 사람의 모습을 생각해 본다.

• 고대 그리스의 자유인: 자연과 인간 세계에 관해 탐구하고, 유창하고 정확한 언변과 정연한 논리와 설득력 있는 표현으로 사회생활에 참여하는 사람

• 근대 영국의 신사: 풍부한 지식과 품위 있는 행동, 유능한 사회적 활동 능력으로 사회에서 중추적인 역할을 하는 사람. 고전에 정통하고 의견을 정확한 언어와 정연한 논리로 설득력 있게 표현할 수 있으며 격조 높은 교양과 합리적인 문제 해결

능력을 지님.

• 고대 중국의 군자: 인간이 따라야 할 최고의 덕인 '인(仁)'의 실천을 생활한 사람으로 보통의 사람이 수양과 공부를 통하여 도달할 수 있음.

• 조선 시대 우리나라의 선비: 학문에도 밝고 높은 도덕적 기품을 지니고 있으며 관직을 수행할 수 있는 능력을 소유한 사람

공통점

① 덕성과 지성과 실천력이 조화를 이룬 삶

② 개성 있는 자아실현의 삶

③ 공동체 생활에 적응하는 힘과 새로운 생애를 개척하는 힘을 균형 있게 소유

또 교육이 개인의 성장에 필수적이듯이, 사회의 유지와 발전에도 필수적임을 안다. 교육과 사회의 관계는 문화를 매개로 한다. 즉, 교육은 문화를 보존, 개조, 통합하는 기능을 통하여 사회를 유지, 발전, 재구성하게 된다. 교육 받은 사람이 통합된 인격으로 여러 난관을 잘 극복할 수 있듯이, 교육이 잘 이루어진 사회일수록 내적인 갈등과 외적인 위협을 잘 이겨낼 수 있다.

• 교육의 내용 = 사회적으로 축적되어 온 가치 있는 지식과 문화

• 교육의 기능 = 축적해온 지식과 문화를 후대에 전수 → 사회의 유지

▶ 기존의 지식과 문화를 바탕으로 새로운 지식과 문화 창조(재구성)
→ 사회의 발전

◉ 학습활동

1. 동서양 고전의 교육받은 사람의 모습을 표로 정리하고 이들의 공통점을 찾아 정리한다.

	고대 그리스 자유인	영국 신사	고대 중국 군자	조선시대 선비
교육받은 사람의 모습				
공통점				

2. 동서양 고전의 교육받은 사람의 모습을 바탕으로 자신이 생각하는 교육 받은 사람이란 무엇인지 친구들과 이야기해본다.

나는 교육 받은 사람은
( ) 해야 된다고 생각해.

3. 교육을 통해 문화가 전수되고 이를 기반으로 사회가 유지, 발전한다고 하였다. 지금까지 교육 받은 과목 중 사회의 유지 발전을 위해서 꼭 필요한 것을 적고 그 이유를 생각해보자.

	사회 유지, 발전을 위해 꼭 필요한 과목
과목	예시: 과학
이유	예시: 과학 기술 발전을 하기 위해서

(나) 사회의 변화에 따른 교육의 모습

◉ 단원목표

1. 사회의 변화에 따른 교육의 흐름을 이해한다.
2. 교육의 흐름을 이해하고, 앞으로의 변화 모습을 예측한다.

◉ 단원내용

1. 농경사회에서의 교육

농경사회는 인류가 수렵과 채집을 위주로 하던 초기 방랑시대로부터 목축과 농경을 통해 정착하여 농사를 짓게 된 시기이다. 사람들이 떠돌아다니면서 사냥과 고기잡이, 열매 채취로 살아가던 원시시대에는 교육을 위한 특별한 장소나 과정이 필요 없었다. 일상생활 속에서 장차 스스로 생존하는 데 필요한 일을 하나하나 습득하는 과정이 곧 교육이었다. 사람들이 정착하여 농경생활을 시작하고, 문자를 발명하면서부터 별도의 장소에서 특별한 내용을 가르치고 배울 필요가 있었다. 민족문화의 계승, 농경사회의 생산양식을 후대에게 전달하는 것이 교육목적이었으며, 농업혁명으로 축적된 경험과 문화가 주된 내용이었다. 비형식적 교육이 이루어졌으며, 교육대상은 공동체 집단 내 구성원들로 이루어졌다. 대표적인 교육방법으로는 두레와 품앗이, 성인식과 제천의식 등의 협동생활들이 있다.

2. 산업사회에서의 교육

산업사회는 증기기관의 발명을 바탕으로 농경사회를 근본적으로 변화시켰다. 사회경제체제가 요구하는 인력을 양성하고 선발하는 것이 교육의 주된 목적이었으며, 실용적인 문제의 해결을 위한 과학적 내용이 주된 교육내용이었다. 형식적이고 체계적인 교육형식을 지녔으며 국민 전체로 교육대상이 확대되었다. 그러나 교사 중심의 획일적인 교육이 이루어졌다.

3. 현대사회 이후의 교육

1) 현대사회와 교육의 변화

현대 21세기는 '정보화사회', '지식기반사회' 혹은 '지식기반정보화사회'로 불린다. 정보화는 테크놀로지의 측면을 강조하며, 지식기반사회는 지식의 가치를 강조한다.

2) 지식기반정보화사회와 교육

지식기반정보화사회는 경제적 측면에서 자원의 효율적 이용 및 생산성 향상과 연관된다. 전통 학교교육에서 말하는 지식은 현대적 관점에서 보면, 자료나 정보 수준의 낡은 지식으로 전락하기 쉽다.

3) 포스트모더니즘과 교육

포스트모더니즘의 대체적인 경향은 근대성에 기반을 둔 절대적 가치를 부정하고, 상대주의적 가치를 지향하며, 획일화를 거부하고 다원성을 지향한다. 포스트모던 시대의 교육은 교육에 대한 분산, 교육에서 학부모 및 시민들의 참여, 학교교육의 다양화 등을 추구한다.

4) 여성교육과 양성평등교육

지금까지 여성의 경험과 가치들은 평가 절하되어 온 측면이 있다. 이제는 이를 적극적으로 존중하고 여성에게 잠재된 능력을 펼쳐낼 필요가 있기에 양성평등교육이 필요하다.

5) 다문화교육

다문화가정이 증가하고, 글로벌시대 국제적 교류가 활발한 현재, 다문화교육은 매우 중요하며 단일민족이라는 이름하에, 단일성을 중시했던 한국의 전통교육은 새로운 시대 추세를 돌아보아야 한다.

6) 생태주의와 교육

생태적 교육의 과제는 교육의 대상 범주를 인간과 자연이 상호작용하는 장으로 만드는 것이다. 이로 인해 학생들이 환경 친화적 태도를 형성할 수 있으며, 생태윤리를 배양할 수 있다.

◉ 학습활동

1. 농경사회, 산업사회, 현대사회 이후의 교육의 특징을 아래 표에 정리한다.

농경사회	산업사회	현대사회 이후

2. 앞으로의 교육의 변화 모습을 예측해본다.

(다) 교육이 이루어지는 과정

◉ 단원목표

1. 평생 지속되는 교육의 윤곽을 파악한다.
2. 교육이 이루어지는 장의 종류와 개념, 특징, 기능 등을 이해한다.

◉ 단원내용

- 교육이 이루어지는 장: 가정, 학교, 사회
- 교육은 나름의 형식과 과정을 지니고 있다.

또한 교육은 시간과 공간적으로 다양한 모습을 띠기도 한다. 교육은 전 생애에 걸쳐서 평생 동안 진행된다. 교육은 학교에서만 진행되기보다는 다양한 장에서 일어나며 그 다양한 상황과 장면에서 일어나는 다양한 모습을 이해할 필요가 있다. 평생교육의 관점에 기초하여 가정, 학교, 사회가 제각기 지닌 교육적 기능과 중요성을 이해한다.

	가정교육	학교교육	사회교육
시기	유아기, 아동기	아동기, 청소년기	청년기 이후
장소	가정	학교	가정과 학교 밖
담당기관	가정	학교 (정부 및 지방자치단체)	기업, 각종 사회단체 등 다양
목적	인간의 살아가는 데 필요한 기초 형성	사회가 요구하는 지식, 태도, 가치관 습득	개개인의 능력을 발전시킬 수 있는 기회 제공
특징	1. 비형식/비정형적: 일정한 형식이나 절차가 없다. 2. 부모 중심적으로 이루어진다. 3. 학습자는 수동적이다. 4. 교육 비 전문가인 부모에 의해서 이루어진다. 5. 장기간에 걸쳐 이루어진다. 6. 수시교육이다. 7. 사적이다. 8. 대상은 분가 이전의 자녀이다.	1. 형식교육: 일정한 형식과 절차를 거쳐 이루어진다. 2. 사회가 요구하는 일반적 지식과 기술을 가르친다. 3. 개인뿐만 아니라 국가의 발전을 위해서도 효율적이다. 4. 준비교육: 미래의 생활을 위한 교육이다. 5. 장기간에 걸쳐 이루어진다. 6. 다른 행위나 활동과 병행되기 힘들다.	1. 성인교육: 대상이 성인이다. 2. 평생교육(계속교육): 끝이 정해져 있지 않다. 3. 비형식교육: 일정한 형식이 없다. 4. 현장교육: 현재의 생활을 위한 교육이다. 5. 짧은 기간에 걸쳐 이루어진다. 6. 부분적인 시간을 할애하는 교육으로, 다른 활동과의 병행도 가능하다.
기능	인간의 성격이나 인격의 기초 형성 인간의 지적 능력 형성 인간의 기초 학습능력 형성 인간의 도덕성 형성 인간의 초기 사회화 – 언어, 기본적인 생활 방식 습득	사회가 필요로 하는 인재의 양성 개인의 능력 가늠(선발) 개인의 능력에 따른 사회에의 배치 인간관계 훈련	1. 보조적 기능: 학교 교육의 기회를 놓치거나 추가적인 교육이 필요한 사람을 위한 학교 교육의 보조적 역할 2. 대안적 기능: 학교 교육과 다른 다양하고 새로운 교육 제시 3. 상호 보완적 기능

◉ 학습활동

1. 아래의 표에 가정교육, 학교교육, 사회교육의 교육내용과 방법을 정리해보자..

	가정교육	학교교육	사회교육
시기			
교육내용			
교육방법			
가장 기억에 남는 이유			

2. 가정교육, 학교교육 경험 중 가장 기억에 남는 것을 친구들과 이야기해보자.

3. 사회교육의 프로그램에는 무엇이 있는지 검색해보자.

교육프로그램 이름	
교육기관	
교육내용	
교육방법	
교육대상	
신청방법	
얻을 수 있는 효과	

2학기 |

Ⅱ. 어떻게 배워야 하는가?

(가) 학습의 원리

(나) 학습의 방법

(다) 나의 학습 전략 세우기

(가) 학습의 원리

◉ 단원목표

1. 학습이론과 원리를 알고, 이를 통해 자신에게 적합한 학습법을 찾는다.
2. 행동주의적, 인지주의적, 구성주의적 관점으로 '만능이'가 공부를 잘 하는 이유를 해석할 수 있다.

◉ 단원내용

1. 학습에 대한 행동주의적 관점

"만능이가 공부를 잘하는 이유는, 매일 세 시간 이상씩 예습과 복습을 충실히 하기 때문이야. 즉, 어렸을 때부터 공부하는 습관이 잘 형성되어 있기 때문이지. 그리고 가정환경이 좋아서 공부할 수 있는 환경도 풍족하고, 또 1등을 할 때마다 부모님이 선물을 잔뜩 사 주시니 공부를 더 잘할 수밖에 없지 않겠어? 머리만 좋다고 공부를 잘하는 것은 아닌 것 같아. 주변 환경이나 여건이 학습에 많은 영향을 끼치기 때문이지. 게다가 인색한 우리 선생님께서 만능이에게 칭찬을 자주해 주시는 것도 만능이가 공부를 계속 잘하는 중요한 요인이라고 생각해!"

· 고전적 조건 형성설에서는 파블로프의 '개의 침 분비 실험'을 통하여 자극과 반응으로 학습을 설명한다. 이 때, 학습자는 특정 자극에 의해 수동적으로 반응하는 존재이다.

· 조작적 조건 형성설에서는 스키너의 '스키너 상자'에서 '쥐'와 '비둘기' 실험을 통해 학습을 설명하고, 학습의 정도에 영향을 주는 요인으로 강화를 중시한다. 이 때, 학습자는 어떤 반응에 따르는 보상이나 벌과 같은 결과에 근거하여 의식적으로 행동하는 존재이다.

▶ 만능이가 공부를 잘하는 것은 평소에 반복적인 훈련과 연습을 충실히 했고, 계속적으로 공부할 수 있도록 하는 공부 여건, 부모로부터의 적절한 보상과 강화, 교사의 칭찬이 있었기 때문이라고 할 수 있다.

2. 기존 교육학 교과서 '(2) 학습에 대한 인지주의적 관점'에서도 위의 행동주의적 관점의 예와 마찬가지로 '만능이'의 예를 제시한 후, "전체란 단순히 부분 또는 요소들의 합이 아니라 그 이상을 뜻한다"는 ①형태주의의 입장과 인간은 외부의 자극을 인간 내부에서 지각하고 조직, 해석하여 기억하고 판단하는 내적 처리 과정을 거친다는 ②정보 처리 이론을 통해 '만능이'를 해석할 수 있게 한다. 인지주의적 관점에서 '만능이'가 공부를 잘하는 것은 교육 내용에 대한 주의 집중이 강하고, 컴퓨터의 정보 처리 과정처럼 주어진 정보를 잘 조직하여 저장하고, 필요할 때 적절하게 끌어내는 인지 능력이 뛰어나기 때문이다.

3. 기존 교육학 교과서'(3) 학습에 대한 구성주의적 관점'에서 역시 '만능이'의 예를 제시한다. 구성주의는 각 개인이 자신에 내재하고 있는 경험과 신념에 입각하여 의미를 해석하고 구성한다는 입장이다. 따라서 구성주의적 관점에서 '만능이'가 공부를 잘하는 것은 내용을 그대로 습득하는 것이 아니라 자신이 나름대로 해석하고 이를 여러 방식을 통하여 표현해냈기 때문이다.

◉ 학습활동

1. '만능이'와 같은 가상 인물을 통해 나의 학습은 어떤 관점인지 찾는다.

• 내가 공부를 잘 하기 위해서는 (　　　)의 관점에서 (　　　)가 필요하다.

(나) 학습의 방법

◉ 단원목표

1. 다양한 학습방법을 이해하고 효율적으로 활용하는 능력을 기른다.
2. 다양한 학습방법을 이해한 후 상황에 맞는 학습방법을 찾아낼 수 있다.
3. 상황에 맞는 학습방법에서 학습자로서의 내가 해야 할 일을 알 수 있다.

◉ 단원내용

1. 기존 교과서의 (1) 강의법, (2) 토의법, (3) 발견·탐구학습, (4) 협동학습을 정의한 뒤, 각 학습방법의 정의, 어떠한 상황에서 쓰이는지, 장점과 단점을 언급한 후 학습방법에 맞는 학습자와 교사의 역할을 제시한다.

◉ 학습활동

1. 주어진 그림을 통해 어떠한 학습방법을 사용하는 지 확인해 보자.
2. 주제와 상황을 주고 어떤 학습 방법을 사용해야 가장 효과적인지 토론해 보자.
3. 내가 경험한 학습방법을 친구들과 공유해보자
4. 내가 생각하기에, 나에게 맞는 학습 방법이란 무엇일까?

(다) 나의 학습전략 세우기

◉ 단원목표

1. 스스로 학습 전략을 세우는 것에 대한 필요성을 알고 능동적인 학습태도를 함양한다.
2. 학생들이 자신의 학습태도를 알고, 이에 따른 학습목표를 설정한다.
3. (가)학습의 원리, (나) 학습의 방법에서 학습한 내용을 바탕으로 하여 자신의 학습전략을 수립한다.
4. 자신의 학습전략에 대한 실행 여부를 평가해보고, 지속적으로 발전시켜 나간다.

◉ 단원내용

1. 자기 주도적 학습이 왜 중요한가?

자기 주도적 학습이란 개별 학습자가 스스로 행하는 학습활동이다. 즉 자신의 학습전략을 스스로 세우는 것이 곧 자기 주도적 학습이라고 할 수 있다. 본 소단원에서는 자기 주도적 학습이 교사 주도적 학습과 어떻게 구별되는지에 대해 알아본다. 그리고 학생들이 자기 주도적 학습이 왜 필요한가에 대해서 깨닫는데 학습목표가 있다.

2. 학습태도 분석하기

나의 학습전략을 세우기 위해서는 우선 자신의 학습태도를 파악하여야 할 것이다. 학습상황에 따라 학생들은 각자의 고유한 학습 스타일로 공부해 나가기 때문이다. 본 소단원에서는 학생들이 교과서에서 제시된 검사 등을 활용하여 자신의 학습태도를 살펴보는 학습활동을 할 것이다.

3. 학습목표 설정하기

우선, 학습목표를 설정하기 전에 학생들은 좋은 목표란 무엇인지, 목표는 어떻게 세워야 하는지에 대해 알아야 할 것이다. 바람직한 학습목표 설정의 사례를 교과서에 제시하고, 학생들이 목표설정을 어떻게 해야 할 것인지 방향을 제시한다. 그리고 학생들이 장기목표, 중간목표, 학기별 목표로 나누어 구체적인 학습목표를 세우도록 유도한다.

4. 효율적으로 수업 듣기

학생들은 하루의 대부분을 학교에서 수업을 들으면서 보낸다. 따라서 효율적인 학습전략은 효율적으로 수업을 듣는 것으로부터 시작된다. 학생들에게 전략적인 수업듣기 방법을 소개하고, 수업 전-중-후에 해야 할 일 등을 소개함으로써 학생들이 수업시간을 낭비하지 않도록 하는데 본 소단원의 목적이 있다.

5. 효율적으로 시간 쓰기

효율적으로 수업시간을 보냈다면 수업 이외의 시간을 어떻게 사용하느냐에 따라서도 학습효율이 달라진다. 특히 효율적으로 시간을 관리하는 습관은 중, 고등학생 시절뿐만 아니라 그 이후에도 학생들에게 많은 영향을 미칠 수 있다. 따라서 시간 관리의 중요성에 대해 학생들이 인식할 수 있게 하는데 중점을 둘 것이다.

◉ 학습활동

1. 자기 주도적 학습이 왜 중요한가?

타인 주도적 학습과 자기 주도적 학습의 차이점에 대해 생각해 보자.

예시)

타인 주도적 학습	자기 주도적 학습
비교적 의존적임	비교적 독립적임
타인지향적 가치	자기주도적 가치
제한된 자기효율성	긍정적인 자기효율성
제한된 메타인지적 인식	메타인지적 지식
외부적으로 동기화	내부적으로 동기화
학습과정에 표면적으로 관여	학습과정에 깊이 관여
지적 집중을 분산시킴	지적 집중을 우선시함

2. 학습태도 분석하기

다음에서 제시된 검사들을 활용하여 자신의 학습태도를 분석해보자.

Kolb의 학습스타일 검사
Baker & Siryk의 학업적응도 검사
Felder의 학업 스타일 분류 검사

3. 학습목표 설정하기

장기와 단기로 나누어 학습목표를 구체적으로 세워보자.

장기 목표	단기 목표
· 고등학교 졸업 후 어떤 학과 혹은 어떤 계열로 진학하기를 원하는가? · 내가 원하는 학과에 진학하기 위해 공부해야 할 것들은 무엇인가?	· 이번 학기 시험을 위해 투자해야 할 공부 시간은 얼마나 되는가? · 매주 독서할 책의 분량은? 그 분량을 읽기 위해 필요한 시간은 얼마나 되는가?

4. 효율적으로 수업듣기

수업 전후 쉬는 시간 및 수업시간에 자신이 하기로 결심한 일을 한 가지만 적어보자.

5. 효율적으로 시간쓰기

다음과 같이 고정시간과 자유시간으로 시간을 구분하여 자신의 생활시간 중 비효율적으로 사용되는 시간은 없는지 확인해보자.

고정시간	학교 수업시간, 학원 수업시간, 과외 학습시간, 종교 활동시간 등
자유시간	주말, 이동시간, 쉬는 시간, TV시청시간 등

6. 자신의 학습계획에 대해 평가해보자.

위의 학습활동을 통하여 수립한 학습목표, 수업듣기, 시간쓰기 등이 지켜졌는지 평가해보자. 만약, 실행한 학습계획보다 그렇지 못한 학습계획이 더 많았다면 그 원인은 어디에 있는지 살펴보고, 학습계획에 부족한 점이 있다면 자신의 학습계획을 수정해보자.

3. 교육학 교과서의 새로운 대안

1) 교육 이슈를 활용한 교과서

새로운 교육학 교과서는 '선 생각-자료 제시-후 토론'의 체제에 맞게 활동을 구성한다. 이러한 방식으로, 쉽게 접할 수 있는 교육 이슈들을 모아 교과서를 구성하는 것이 학생들이 보다 교육학에 흥미를 가지고, 교육적인 사고를 기를 수 있으며, 교육학교과가 추구하는 이상적인 인간상을 실질적으로 달성할 수 있는 방법이라고 보았기 때문이다. 그러나 교과서를 집필할 당시 부각된 문제라도, 그 이후에 해결되어버린 문제라면 굳이 학생들에게 다시 제시할 이유가 없다. 교육의 이슈라는 것이 다양하고, 또 부각되는 것이 매년 다르기 때문에 그 때마다 교과서를 새롭게 집필하는 것은 불가능하다. 따라서 교육과정상의 방침만 제시하고, 교사가 그에 따라 직접 이슈를 선발하여 준비하는 것이 좋다.

(1) 예시 1

읽고 생각해보기 |
생각해보기 : 배움과 행동의 괴리
- 우리는 지금 학교에서 배운 윤리, 도덕에 맞게 행동하고 있는가?

다음의 기사를 읽고 이 사건에 대하여 함께 토론해보자.

OO대생, 술 취해 쓰러진 여학우 집단 성추행+동영상 촬영

OO대 남학생들이 집단 성추행 혐의를 받고 있다.
OO경찰서는 학과 동아리 친구들과 MT를 갔다가 술에 취한 동기 여학생을 성추행한 혐의로 OO대 남학생 3명을 붙잡아 조사 중이다. 경찰에 따르면 OO대 4학년에 재학 중인 A, B, C씨는 0월0일 00지역으로 MT를 갔다가 여학생 D씨

가 술에 취해 잠들자 옷을 모두 벗기고 성추행했다고 알려졌다.

경찰 조사에서 이들은 범행 장면을 촬영까지 한 것이 확인됐지만 A씨 등은 이를 부인하고 있어 경찰은 D씨의 속옷 등을 국과수에 보내 정밀감식을 의뢰했다. 경찰 관계자는 "현재 A씨 등이 촬영한 사진과 동영상 등을 복구 중이다"라며 "계획적인 범행인지 우발적인 범행인지 조사 중"이라고 밝혔다.

이 소식을 들은 네티즌들은 "저런 인간들이 나중에 사회지도자가 된다고 생각하니 소름끼친다", "촬영까지 했다니 인간 쓰레기가 따로 없다", "D씨의 정신적 피해는 어떻게 보상할 것이냐" 등의 반응을 내보이며 분노를 감추지 못했다.

한편 D씨는 이 사실을 학교 상담소 등에 알렸으며 현재 심리치료를 받고 있는 것으로 알려졌다.

[김OO 인턴기자], OO닷컴

토론해보기 |

1. 이 사건이 사회적 이슈로 부각된 이유는 무엇일까?

2. '배운 사람'의 의미는 무엇일까? 그리고 '배운 사람'은 어떻게 행동해야 하는가?

3. 지금 학교에서 배우고 있는 내용은 이러한 문제를 해결하는데 어떠한 효과가 있는가? 지금 배우고 있는 내용이 효과가 적다면, 어떤 내용을 학교에서 가르쳐야 할까?

(2) 예시 2

읽고 생각해보기 |
생각해보기 : 나의 적성, 능력, 미래
– 내가 대학에 가고 싶어 하는 이유는 무엇인가?

다음의 글을 읽고 이 사건에 대하여 함께 토론해보자.

[교육 칼럼] 입학사정관제 특목고생 불리할 수도 … 열정 가진 일반고 학생에 도전 기회

2014학년도(고1응시) 수능은 수준별 시험을 도입해 수험생의 부담을 줄이자는 취지다. 난이도를 조절해 국·영·수·탐구를 A, B형으로 선택할 수 있도록 했다. 쉬운 수능에 수준별 수능시험을 보게 되면 결국 주요 대학은 전공적합성 심층면접과 논술로 학생을 선발하게 된다. 또한 입학사정관전형 비중도 늘리게 된다.

2013년(고2응시) OO대 입시에서 수능 점수는 영향력이 크게 줄고 학교생활 평가 비중이 올라갈 전망이다. OO대는 2013년 입시에서 수시 모집인원을 79.4%인 2,481명으로, 2012학년도에 비해 570명(18.6% 포인트) 더 늘렸다. 정시모집 인원은 643명(20.6%)으로 줄었다.

지금 고교생들은 분명히 알아야 한다. 입학사정관전형은 특목고 우대 전형이 아니고 잠재력이 좋은 일반고 학생들에게 도전 기회가 되는 전형이다. 비교과 활동에서 흥미와 적성을 보인 학생들은 더욱 꾸준하고 깊이 있게 활동해야 한다. -- (중략) --

2012학년도 입학사정관 선발의 경향은 분명한 전공적합활동의 설득성과 일관성이다. OO대 창의인재전형에서는 영화동아리활동을 한 학생이 철학과에 합격했다. 세종대왕과 외계인의 만남을 묘사하는 에세이를 영화시놉시스 형태로 재구성해 창의성을 인정받았다. OO대 호스피탈리티경영학부에 합격한 학생은 요리동아리 활동 때 입은 조리복 차림으로 면접장에 나타나 열정과 아이디어를 인

정받았다. -- (중략) --
학생이 활동 수행을 통해 스스로 기획하고 시행착오를 겪으며 잠재력을 키우고 진학목표를 분명히 세우는 과정이 입학사정관제에서 기대하는 모습이다. 그래서 입학사정관전형은 의무가 아닌 열정의 기록이 필요한 것이다.

[지OO OO학원 원장], [OO일보], 2012 .02. 14.

토론해보기 |

1. 학교에서 나는 무엇을 잘하고, 무엇을 배우고 싶고, 또 앞으로 무엇을 공부해야 하는가? 학교에서 원하는 것을 공부할 수 있다면, 무엇을 배우고 싶은가?

2. 수학능력시험이나 논술시험과 비교하여 입학사정관제가 대학입시에서 가지는 장점이 무엇인가?

3. 이러한 진정한 입학사정관제의 시행을 위해, 학교 교육이 앞으로 모색해야 할 방향은 무엇일까?

2) 교육학 분야를 나누고 실생활과 관련된 주제를 선정한 교과서

교육학의 이론적인 부분에서, 학생들이 흥미를 느낄 만한 내용을 제시하고, 이러한 내용을 바탕으로 학생들이 주도적으로 생각할 수 있는 활동을 제시한다. 예를들면, 사교육비는 학생들이 많은 관심을 가지고 있는 부분이기 때문에 학생들의 흥미를 끌 수 있다. 이와 같은 교과서 구성은 학문으로서의 교육학의 정체성도 잃지 않으면서 동시에 학교 현장에서 학생들이 흥미를 가지고 지식을 습득할 수 있다는 점에서 교양 교과로서의 역할 또한 충실히 수행할 수 있다.

(1) 예시 1

다음에 제시된 내용을 학습한 후 질문에 답해보자.

사교육에 대한 교육경제학적 접근

사교육비에는 필수 사교육비, 재능과외 사교육비, 입시과외 사교육비 등 다양한 형태가 존재한다. 필수 사교육비란 교과 및 교과 외 활동을 포함한 모든 학교교육 활동에 지출되는 비용을 의미한다. 다양한 형태의 사교육비 중 국가가 부담해야 한다고 요구되는 부분이 필수 사교육비이다. 재능과외 사교육비란 학교가 학부모와 학생의 교육 욕구에 맞는 재능교육 프로그램과 시설을 확충하지 못함으로써 발생하는 비용을 의미한다. 재능과외 사교육비는 단순한 소비성 사교육이 아니라 인적자본 축적의 효과를 발휘한다. 입시과외 사교육비는 우리나라와 같이 상급학교 진학 경쟁이 치열한 사회 구조에서 학부모 간에 경쟁적으로 지출하는 보습교육 비용을 의미한다. 재능과외 사교육비와 다르게 소비적 성격이 강하며, 학교교육 재정이 확충되어 교육의 질이 높아지더라도 제한된 교육기회와 입학경쟁 구조가 존재하는 한, 소멸되지 않는다는 특징을 가진다.

이러한 사교육 행위에 대한 교육경제학적 접근은 크게 2가지로 제시할 수 있다. 첫 번째 접근은 '인적자본론적 접근'이다. 인적자본론이란 기본적으로 인간이 교육이라는 투자 행위를 통해 인적자본을 축적하며, 그로 인해 노동시장에서 더 많은 임금을 받는다는 이론이다. 인적자본론의 입장에서는 사교육이 생산성을 높이고, 그로 인해 소득이 증가한다면 사교육도 생산적인 투자 행위로 간주할 수 있다. 하지만 이것은 재능개발을 목표로 하는 재능과외 사교육비의 경우만 적용이 되며, 입시과외 사교육비의 경우에는 적용되기 힘들다.

또 다른 접근방법은 '게임이론적 접근'이다. 게임이론은 상호 갈등 또는 경쟁이 존재하는 상황에서의 의사결정을 설명할 수 있는 이론이다. 게임이론의 입장에서 볼 때, 우리나라에서 학부모의 과외 여부에 대한 의사결정은 자녀에 대한 인적자본 축적을 위한 투자라기보다는, 상호 경쟁 상황에 대한 대응 행위로 이해하는 것이 보다 현실적이다. 즉, 다른 학부모의 과외 결정 여부가 그들 자녀의 성적에 영향을 미치고, 다시 그 학생들의 성적이 자기 자녀의 성적에 미칠 영향을 고려하여 과외를 선택한다고 해석하는 것이 현실적으로 타당하다.

게임이론에서는 각 경기자들이 모두 만족해서, 더 이상 자신의 전략을 바꿀 이유가 존재하지 않는 '균형상태'가 존재한다. 그러나 실제로 입시과외 사교육을 설명할 때는 '죄수의 딜레마' 모형이 적용된다.

		용의자B	
		B1(자백)	B2(부인)
용의자A	A1(자백)	20,20	3,25
	A2(부인)	25,3	5,5

위의 표에서 볼 때, 용의자 A와 B 모두 범행을 부인하는 것이 전략적인 균형의 최적상태이다.
하지만 A와 B간의 의사소통이 단절되어 정보 교류가 이루어질 수 없고 신뢰가 깨지는 상황이 발생할 수 있기 때문에, 더 좋은 상황이 있음에도 불구하고, A와 B는 모두 자백하는 전략을 택한다. 이러한 모형은 입시과외 게임에도 적용할 수 있다.

*입시과외 게임

		학부모B	
		B1(과외)	B2(비과외)
학부모A	A1(과외)	−10, −10	30, −30
	A2(비과외)	−30,30	0,0

토론해보기 |

1. 필수 사교육비의 예로는 어떤 것들이 있으며, 필수 사교육비를 국가가 부담해야 하는 이유는 무엇일까?

2. '죄수의 딜레마' 표를 바탕으로, 입시과외 게임에서 가장 최적의 상태와 실제로 균형이 이루어지는 지점을 찾고, 왜 이러한 차이가 일어나는지 설명해보자.

4. 바람직한 학생상의 정립과 '교수학습' 중심의 교과서

1) 바람직한 학생상: 능동적인 학습자

현재 학교교육의 교과내용은 각자의 독립된 틀 속에서 개별적 지식구조를 이루고 있다. 따라서 지식은 여러 교과목으로 나누어서 가르친다는 전제를 그 바탕에 둔다. 객관적이고 절대적인 지식을 가진 교과 전문가가 권위적인 위치에서 미숙한 존재의 학생들에게 효과적으로 전달하는 것이 일반적인 교수학습의 모습으로 여겨진다. 이처럼 경직된 고등학교 주지교과 교육의 현실 속에서 매몰된 학생의 주도성을 회복시키는 데 교육학 교과교육의 지향점이 있다. 이에 '교수학습 현장에서 학생의 능동적 참여'의 중요성을 학교별 교육목표 및 교과교육 목표에서 탐색하고, 그 구체적인 구인들은 고등학교 학생의 발달과업 및 학교교육의 사회문화적 의미를 통해 설정하고자 한다. 그 이후, 교육과정 고시에 기술된 교육학 교과교육의 내용구성과 성취기준을 비판적으로 검토한 후, 학생의 능동적 학습참여를 견인할 수 있는 방안을 검토하려고 한다.

2) 학습 능동성의 중요성

(1) 학습자의 특성과 사회 문화적 배경에서의 학습 능동성

학습과 연관하여 지향해야 할 바람직한 학생의 모습은 위로부터의 가르침에 수동적으로 대응하는 것이 아닌 교육과 학습의 적극적인 주체로서 능동적인 태도를 가지는 것이다. 이와 같은 능동적인 학습태도를 갖는 학생을 지향해야 하는 이유는 교육 대상이 되는 학생의 특성을 고려함으로써 그 타당성을 파악할 수 있다. 논의의 대상이 되는 고등학생은 아직 미성숙한 존재이기는 하나 스스로 주체성을 갖고 자신의 학습을 이끌어 나가기에 충분한 잠재력을 갖추고 있다. 따라서 학생의 능력과 사고를 과소평가할 것이 아니라 적극적으로 이러한 잠재력을 발휘할 수 있도록 도와주는 것이 중요하다.

또한 그들의 주요 사회 문화적 배경을 이루는 입시와 연관시켜 바람직한 학생상의 타당성을 이끌어낼 수 있다. 단순한 주입식 암기보다는 주체적으로 사고하고 학습을 스스로 이끌어가는 능력을 갖추는 것이 궁극적으로 수능 등의 입시취지와 잘 부합한다. 따라서 이러한 능동적 학습태도를 갖춘 학생은 보다 효율적으로 입시교육이 목표하는 바를 이룰 수 있을 것이다. 이상에서 살펴본 바와 같이 교육대상인 학생들의 특성과 배경을 고려하였을 때 주체적이고 능동적으로 학습에 임하는 태도를 갖추는 것이 지향해야 할 바람직한 학생의 모습이라고 할 수 있다.

(2) 교육목표에 구현된 학습 능동성

〈초 · 중등학교 교육과정 총론〉

1. 추구하는 인간상

나. 기초능력의 바탕 위에 새로운 발상과 도전으로 창의성을 발휘하는 사람

2. 학교급별 교육목표

나. 학습과 생활에서 새로운 이해와 가치를 창출할 수 있는 비판적, 창의적 사고력과 태도를 익힌다.

〈고등학교 교양교과 교육과정〉

하위목표3. 창의적 사고와 학습의 기본 개념, 원리와 훌륭한 가르침의 의미를 이해하고, 그 과정 속에서 교육적 체험을 하며, 자신에게 부합하는 학습전략과 학습기술을 익혀서 자기를 개발하고 자신의 교육을 주체적으로 설계, 개발할 수 있는 능력을 기른다.

교육학은 교양교과 교육과정에 속해 있다. 교양교과는 일반교과 교육을 보완하기 위해 만들어진 과정이다. 학생들이 합리적이고 논리적인 사고를 통해 학습과 생활에 관련된 문제들을 탐구하며 비판력을 기르고, 자기 이해와 자아 성찰을 이

뤄내어 국민으로서의 교양을 길러내는 것이 목적이다. 이에 따라 교육학은 "올바르고 가치 있는 삶을 구현하는 데에 필요한 기능, 태도, 가치 등을 함양"하는 것을 목표로 한다. 학습자로서 요구되는 자질과 태도, 교육학적 사고를 바탕으로 공부의 의미와 가치를 구현하는 자기 개발을 꾀하도록 하는 것이다. 이를 위해 "창의적 사고와 학습의 기본 개념, 원리와 훌륭한 가르침의 의미를 이해하고, 그 과정 속에서 교육적 체험을 하며, 자신에게 부합하는 학습전략과 학습기술을 익혀서 자기를 개발하고 자신의 교육을 주체적으로 설계, 개발할 수 있는 능력을 기른다"는 하위 목표를 구체적으로 설정하고 있다. 자기 자신에게 맞는 학습방법의 습득과 주체적인 자기 교육의 설계는 교수학습에서 수동적 태도가 아닌 능동적 자세로 참여하는 것이다.

(3) 교육 자체의 특성에 따른 학습 능동성

브루너 (J. S. Bruner)를 비롯한 여러 교육학자들은 교육의 본래적 기능 중 하나를 학생에게 교과의 논리적·근본적·학문적 구조를 탐구해서, 이를 실제 상황에 적용할 수 있도록 하는 데 있다고 보았다. 이러한 전이는 인지작용 중 가장 상위에 해당되는 기능으로서 수동적 학습으로는 달성될 수 없다. 따라서 바람직한 교육과 학습은 교사의 가르침만을 일방적으로 받아들이는 것이 아니라 학습내용을 스스로 발견, 조직, 적용하는 능동적 학습에서 제대로 이루어진다.

(4) 학습 효율성 측면에서의 학습 능동성

PISA 2009 결과에 따르면 한국은 OECD 회원국 가운데 읽기 1~2위, 수학 1~2위, 과학 2~4위로 모두 최상위권이었다. 특히 한국은 '디지털 읽기시험'과 '문제해결 영역'에서 1위를 하는 등 좋은 성적을 거두었다. 이런 점에서 한국의 교육 수준은 세계적으로 높은 편이라는 것이 증명되었다. 그러나 이러한 통계 결과를 자세히 분석하면 몇 가지 문제점을 발견할 수 있다.

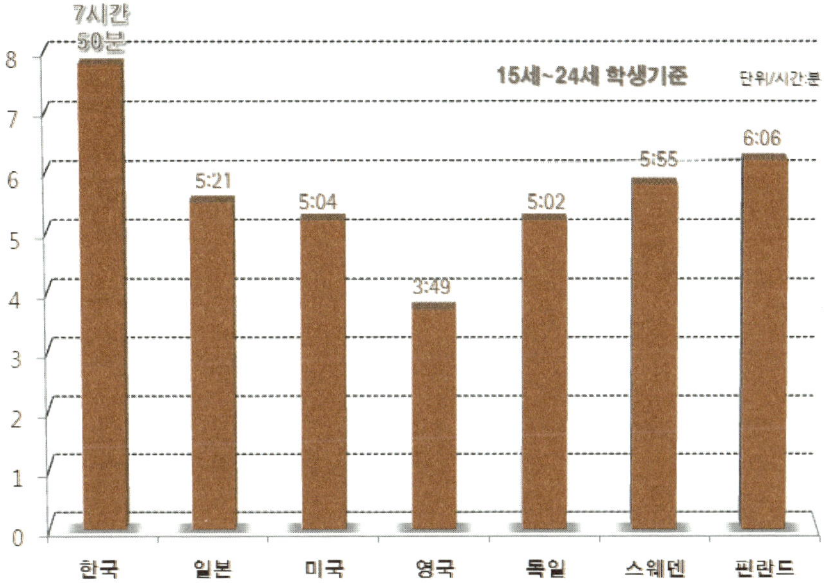

*자료 : 연합뉴스(2009.8.6)

[그림 6-4]OECD주요국 청소년 공부시간 비교

먼저 각국의 학습시간을 비교해 보았을 때, 한국 청소년들의 학습시간은 일주일에 49.43시간으로, OECD평균(33.92시간)에 비해 15시간이나 많은 것으로 나타났다. 다른 나라와 한국간의 학습시간 대비 학업성취도를 비교해 보았을 때, 한국 학생들이 비효율적인 학습을 하고 있다는 것을 알 수 있다. 특히 조사된 학습시간에는 보충수업 시간과 사교육 시간이 다수였고 스스로 학습하는 시간은 적었다. 즉 한국 학생들은 공부에 투자하는 시간은 많으나, 누군가에게 가르침을 받기만 하는 수동적인 학습에 익숙해져 있다.

3) 진정한 의미의 학습 능동성 정의

교수학습 과정에서 학생의 능동적 활동은 교육을 성패를 가르는 결정적인 요소이며, 교육목적 그 자체로 볼 수 있다. 예로부터 우리 조상들 또한 몸과 마음을 항상 바르게 유지하고 깨달음을 향한 자각적 태도를 확립하는 과정을 중요시하였다. 특히, 율곡 이이는 이치를 밝히고 내면의 덕성을 발현하는 데 순수한 내적동기를 바탕으로 한 부단한 자기수양의 실천을 강조하였다. 수행자의 능동적 학습을 강조한 이와 같은 선조들의 교육방침은 단순히 공부의 방향을 제시하는 것 이상으로, 자기를 완성하는 자발적이고 능동적인 과정이 곧 세상을 탐구하는 궁극적 목적이요 이상적인 인간으로 성장했다는 지표임을 가르치는 것이다.

교수학습 상황에 대한 학습자의 능동성은 심리학적으로 다차원적인 구조를 보인다. 능동성의 구인들은 행동적, 인지적, 정서적, 주체적 차원에서 살펴볼 수 있다. 행동적 차원에서의 능동성은 학습자의 과제집중력, 가시적 노력, 지속성 등을 들 수 있다. 인지적 차원에는 학습내용의 개념적 이해, 이를 위한 효과적 인지전략 활용, 그리고 자기조절능력이 포함된다. 정서적인 면에서는 흥미, 열정, 즐거움 등과 같은 긍정적인 감정이 학습 능동성과 깊은 상관을 보인다. 마지막으로 주체적 차원은 교수학습 상황에서 자신의 이해를 높이기 위한 건설적인 공헌이나 학습내용을 내면화하고 풍부하게 하는 시도들로 설명될 수 있다.

4) 교육학 교과의 학습 능동성 고취 현황과 사례

학습능동성과 연관있는 교육학 교과서의 소단원은 「II. 가르치고 배우는 일」－1. 학습의 원리와 방법－3) 구성주의적 관점, 4) 영역별 학습전략, 그리고 2. 가르침의 의미－1) 교수의 원리와 방법 등이다.

두 번째 대단원 「II. 가르치고 배우는 일」은 교육학 교과를 이수하는 고등학교 학생들에게 '교육학적 사고 능력 함양'을 통한 '학습 능동성'을 신장시키는데 매우 중요한 부분을 차지한다. 첫 번째 중단원 '1. 학습의 원리와 방법'은 특히 교육심리학의 학문적 기반을 간략하게 소개하면서, 학습을 정의하는 다양한 이론들에 대한 이해를 유도하고 있다. 이 중단원을 통해 창의적 사고와 학습의 기본원리를 파악함으로써 첫째, 자아실현을 위한 자기개발 과정을 주체적으로 설계할 뿐만 아니라 둘째, 나만의 학습 스타일을 이해하고 다양한 학습방법과 전략을 경험할 수 있는 계기를 얻을 수 있다.

또한, 고등학생들이 몸담고 있는 교수학습 현장에서 가르침의 원리를 인식하는 것이 학습 능동성 신장에 중요하다는 측면에서 두 번째 중단원 '2. 가르침의 의미' 역시 중요하다. 학생들은 교실의 수업 활동에 참여하면서 다양한 방식으로 학습을 경험하게 된다. 이러한 학습과정을 면밀히 포착하고 반영하는 것이 교과의 교육과정을 효과적으로 기획하기 위해 선행되는 일이다. 학교현장에서 교수와 학습활동의 긴밀한 관련성을 볼 때 교육의 경험이 가르침의 원리에 근거하고 있다는 점은 당연하다.

(1) Ⅱ-1-3) 학습에 대한 구성주의적 관점

본 소단원은 학습원리의 이해를 도모하고자 구성된 것이다. '삶의 형태인 학습의 형태와 행위를 이해하는 능력'을 개발하기 위해 본 소단원에서는 교육심리학의 기저가 되는 개념 일반적 원리, 사고방식이 강조된다. 특히 학습이 일어나는 원리를 행동주의, 인지주의, 구성주의의 관점에서 학생들의 이해를 도모할 수 있도록 쉽고 간략하게 소개할 필요가 있다.

이 소단원의 성취기준은 학생들의 학습 능동성 신장이란 교육학 교과교육의 역할과 매우 관련이 깊다. 이 부분의 학습목표는 '학습이론과 원리를 살펴봄으로써 올바른 학습방법'을 익히는 것이다. 이 부분의 학습내용 성취 기준은 '일반 학습이론의 원리와 영역별 학습방법의 특징을 이해하여 자신의 학습을 효율적으로 계획하고 실천하는 능력'을 기르는 것이다.

교과부 교육학 교과의 교육과정고시에 드러난 본 소단원의 성취 기준에 따르면 학습 이론의 특징들을 학생들이 이해하는 것뿐만 아니라 자신의 삶에 체화할 수 있도록 하는 것이 전제되어 있다. 이러한 성취기준을 달성하기 위해서는 무엇보다도 이론 중심의 교육내용에서 벗어나 실질적이고 유의미한 학습활동을 통해 교육학적 사고 능력을 배양하는 노력이 필요할 것으로 보인다.

본 소단원에서는 구성주의 학습이론만을 설명하는 것이 아니라 구성주의를 이해하는 데 도움을 주기 위해 객관주의 학습이론과 함께 비교하여 설명한다. 학생들이 보통 학습을 생각할 때 떠올리는 것이 객관주의 학습이론과 관련되어 있기 때문에 그것과는 대비되는 구성주의를 설명할 때 학생들의 이해를 도울 수 있다. 객관주의 학습이론과 구성주의 학습이론을 크게 지식의 개념, 학습목적, 학습자와 교수자의 역할을 기준으로 비교된다. 이렇게 객관주의와 구성주의 학습이론이 학습에서 서로 다른 가정을 하고 있기에 수업의 모습과 평가 또한 다르다.

객관주의와 구성주의에 대한 이론적 설명 이후 '생각 넓히기'라는 제목의 학습활동이 이어진다. 생각 넓히기 학습활동은 학생들에게 구성주의 학습내용과 관련된 주변에서 찾아볼 수 있는 교육적 경험들을 상기하여 서로를 연관시킬 수 있다.

교과서의 내용 구성을 바탕으로 보면, 교사의 강의식 이론 설명이 끝난 후에 학생들은 자신의 주위에서 찾아볼 수 있는 구성주의와 관련된 예들을 적어보고 각자가 적은 예를 조를 구성하여 함께 토의를 해보고 이를 바탕으로 발표를 하는 식의 수업이 진행될 수 있다고 예상할 수 있다. 교육학 교과교육을 이수한 학생들이 학습이론을 배우고 '일상생활과 제도라는 맥락에서 자신의 삶을 기획하고 구성해 나갈 수 있는' 교육학적 사고능력을 기르는 데 학습활동의 목표가 설정되어 있다고 할 수 있다. 하지만 이러한 활동을 위해 반드시 선행되어야 할 점은 구성주의 학습이론에 대한 정확한 이해와 스스로의 교육적 경험에 대한 자각이라는 것을 간과하여선 안 된다.

(2) Ⅱ-1-4) 영역별 학습방법

교육학 교과의 현황을 잘 보여주는 사례로 선정한 두 번째 부분은 Ⅱ. 가르치고 배우는 일- 1. 학습의 원리와 방법 중 '영역별 학습방법'이다. 이 부분을 교육학 교과의 실태를 파악하는 대표적 사례로 꼽은 이유는 영역별 학습방법의 제시를 통해 학생들에게 언어, 수리, 탐구 영역 등 학생들이 실질적으로 공부하는데 특정 방법을 제시함으로써 직접적으로 학습에 도움이 되고자 하는 부분이기 때문이다.

2012년도 교육과학기술부 고시를 살펴보면 해당 부분의 성취기준 및 목표에 대해 다음과 같이 기술하고 있다.

> -일반 학습이론의 원리와 영역별 학습방법의 특징을 이해하여 자신의 학습을 효율적으로 계획하고 실천하는 능력을 기르며, 학습매체의 다양함을 이해하고, 효과적인 학습을 위해 이를 활용하는 능력을 기른다.
> -자신에게 적합한 학습 스타일, 학습방법과 효율적인 학습전략이 무엇인지 파악한다.

학생들에게 언어, 수리, 탐구 학습 등 각 영역별 학습의 의미와 효과적인 학습방법의 특징을 이해하고 각자의 학습에 적용할 수 있도록 하는 것을 목표로 한다. 각 영역별로 필요한 학습의 의미를 제시하고 이를 효과적으로 성취하기 위한 효과적인 방법을 제시함으로써 학생에게 단순히 해당 교과의 교육을 수동적으로 받아들이는 것이 아닌 주체적이고 능동적인 자세로 해당 교과의 학습을 이해하고 수행할 수 있도록 돕는 것을 목표로 하고 있는 것이다.

'영역별 학습방법'은 학습내용에 따라 크게 (1)언어학습, (2)수리학습, (3)탐구학습으로 구성되어 있다. 먼저 (1)언어학습은 언어와 언어학습의 정의 및 기능분류, 그리고 언어학습의 궁극적 목적에 대한 설명으로 시작한다. 다음으로는 언어능력을 기르는데 효과적인 학습방법이 4가지 소개 된다. ① 폭넓고 풍부한 독서를 통하여 어휘력을 기른다. ② 분석적이고 비판적인 독서를 통하여 사고력을 길러야 한다. ③ 일상적인 언어생활에서 논리적 사고를 습관화해야 한다. ④ 다양한 상황이나 대상을 전제로 글을 쓰는 습관을 형성해야 한다. (2)수리학습 역시 수리학습이란 무엇인지, 수리학습의 목표는 무엇인지가 먼저 제시된다. 그리고 수리능력을 기르는데 효과적인 학습방법이 4가지 소개 된다. ① 규칙적인 예습 및 복습, 그리고 고도의 주의 집중을 해야 한다. ② 계산 능력을 기르기 위해서는 계산방법의 바탕이 되는 원리를 확실히 이해한 다음에 많은 연습을 해야 한다. ③ 원리나 법칙의 바탕이 되는 수학적 개념을 확실히 이해해야 한다. ④ 일상생활에서 일어날 수 있는 문제에 수학적 지식과 기능을 적용해 보는 노력이 필요하다. 마지막으로 (3)탐구학습은 탐구학습의 정의와 탐구학습 평가 5단계의 설명이 먼저 제시된다. 탐구능력을 기르는 효과적인 학습방법은 다음과 같다. ① 교재 내용의 요점을 단순히 암기하기보다는 기본적인 개념, 원리, 법칙을 관련된 자료나 현상 또는 문제 상황과 연관지어 이해하는 자세가 필요하다. ② 평소에 '왜'라는 질문을 자주 제기해 본다. ③ 자신이 선택한 문제 또는 학교에서 주어진 문제를 해결하기 위하여 어떤 방법으로 어떤 과정을 거칠 것인지를 스스로 머릿속으로 설계해 보는 탐구자세를 길러야 한다. ④ 실험·관찰·측정·조사 등의 탐구결과를 정확하게 기록하는 습관을 기르고, 그 자료를 표, 그래프, 그림, 지도 등의 여러 가지 형태로 다양하게 표현해 보는 연습이 필요하다. ⑤ 자연 현상이나 사회 현상을 원인과 결과의 관계라는 측면에서 파악해보려는 습관을 기르도록 한다.

정돈하면, 교육학 교과서의 '영역별 학습방법'은 언어, 수리, 탐구학습으로 구분되어 먼저 그 교과의 학습의 정의와 학습목적을 설명하고, 다음으로 각 영역별로 4가지 혹은 5가지 정도의 학습방법이 제시된다. 따라서 교실 상황 안에서 교수방법 역시 교과서의 각종 정의와 목표를 읽고 이해하는 방식으로 이루어지게 됨을 추측할 수 있다. 한편 이 단원의 마지막에는 '생각 넓히기'라는 코너를 이용해 학생 자신의 학습방법을 써보고, 친구들과 비교하는 부분이 추가되어 있다. 자신이 자신있는 영역을 설정하고 그 영역에 있어 자신만의 학습방법을 쓰는 것이다. 따라서 이 부분에서는 교사가 학생들에게 발표를 시킬 수도 있고, 학생들을 작은 소모임으로 나누어 그룹 활동을 진행할 수도 있다.

(3) Ⅱ-2-1) 교수의 원리와 방법

마지막으로 선정한 사례는 교재의 2단원 '가르치고 배우는 일'의 두 번째 소단원 '가르침의 의미' 중 '1. 교수의 원리와 방법'이다. 가르침은 교사가 학생에게 수

직적으로 지식을 전달하는 것이 아니라, 교사, 학생, 학습내용의 삼자가 어우러질 때 일어날 수 있다. 온전한 교수활동을 위하여 학습자의 능동성과 적극성은 반드시 수반되어야 하는 것이다. 따라서 학습자가 '가르침의 의미'에 대한 이해를 바탕으로 주체성을 함양할 수 있다고 보아 이 부분을 사례로 제시하였다.

2012년 교과부가 고시한 고등학교 교양교과 교육과정에 따르면 이 단원의 성취기준은 "효율적이고 체계적인 교수방법들을 이해하고 배움 속에서 가르치는 활동들을 통해 교육의 참된 의미와 가치를 이해하는 것"이다. 성취 기준에 따르면 교과 내용은 교수방법에 대한 이해를 바탕으로 진정한 가르침의 의미를 깨닫고 이를 자신의 학습에 적용할 수 있도록 구성되어야 한다.

이 단원의 교과 학습목표는 "교수법의 원리를 이해하고, 효과적인 교수법을 아는 것"이다. 교과서에서는 단원의 학습목표를 달성하기 위해 교수의 원리, 교수방법, 교수 매체를 항목별로 나누어 설명하고 있다.

(1) 교수의 원리	(2) 교수방법	(3) 교수 매체
① 자발성의 원리	① 강의	① 실물과 모형
② 개별화의 원리	② 토의	② OHP와 TP
③ 통합의 원리	③ 발견·탐구학습	③ 실물환등기
④ 직관의 원리	④ 협동학습	④ 녹음기와 녹음테이프/VTR과 비디오테이프
	⑤ 협동교수	⑤ TV 방송
		⑥ 컴퓨터 보조수업 / 멀티미디어

또한 읽을거리에서 수업의 계열화 개념과 이론에 관하여 설명함으로써 학생들이 체계적인 다양한 교수방법들을 이해하도록 하였다. 대단원 탐구하기에서는 객관식 질문과 주관식 서술을 통해 배운 내용을 바탕으로 자신의 생각을 구체화 할 수 있다. 이러한 교과서의 내용 구성으로 볼 때, 교사가 학생에게 교수의 원리와 방법에 대해 이론적으로 설명한 후, 학생이 이해를 확인하는 식으로 수업이 진행된다.

2. 다음 중 효과적인 학습의 방법으로 적절하지 않은 것은?
① 토의를 통해 상대방의 주장을 경청하고 의견을 조율해 간다.
② 스스로 원리를 터득하고 문제를 해결할 수 있도록 탐구한다.
③ 소집단별 협동 학습을 통해 팀워크 기반 학습을 한다.
④ 다양한 매체 활용보다는 단순 명료한 노트 정리를 한다.

5. 다음 내용에 대해 간략하게 설명하시오
(1) 효과적인 학습을 위해 스승과 제자는 제각기 어떤 역할을 해야 하는가?

(4) 교육학 교과의 문제점 및 비판

① Ⅱ-1-3) 학습에 대한 구성주의적 관점

본 소단원의 내용은 교육학 교과를 이수한 학생들이 학습의 일반 원리 중 구성주의를 이해하여 '교육학적 사고 능력'을 함양할 수 있도록 구성되었다. 구성주의 학습이론은 교육학 전반에 미친 학문적 영향력과 중요성에 비추어 볼 때 교육학 교과교육의 내용상 한 부분으로 마련된 것은 당연한 일이라고 할 수 있다. 교육학 교과교육에서 구성주의 학습이론은 그 학문적 필요성뿐만 아니라 고등학교 교육현장에서 교수 적합성까지 담보하고 있다. 고등학교 학교급 교육목표에서 명시된 바와 같이 교양교과를 배우는 고등학생에게 '지식과 경험의 창의적 구성'과 이를 적극적으로 활용하여 현실적 '삶의 문제를 주체적으로 해결하는' 능력이 요구된다. 이러한 교육목표는 교육의 지향점을 제시하는 것과 동시에 그 목표의 성취 가능성을 내포하고 있다. 즉, 자신의 현재 삶을 바탕으로 끊임없이 새로운 것을 경험적 검증과 탐구를 통해 구성해 나아가는 구성주의적 학습은 고등학교에서 구현할 수 있다고 밝히고 있다. 이러한 삶의 자세를 교육학적 사고 능력으로 이해하는 것은 본 소단원에서 이룰 수 있는 성취 목표이다.

하지만 내용의 필요성과 교수 적합성만으로 본 소단원이 개선되어야 할 점이 없는 것은 아니다. 가장 큰 문제는 본 소단원에서 교과 내용을 추상적으로 전달하고 있다는 점이다. 이해 가능한 범위를 넘는 어려운 용어의 사용과 서술 방식은 학생들의 유의미한 학습에 방해가 되고 있다.

> 구성주의는 절대적인 의미를 가지고 있는 실체나 현상은 존재하지 않으며 각 개인이 자신에 내재하고 있는 경험과 신념에 입각하여 의미를 해석하고 구성한다는 입장이다. (중략) 반면, 구성주의에서는 지식을 역사적, 사회·문화적 맥락 속에서 개인의 사전 경험이나 정신 구조 또는 신념에 의해 구성되는 주관적인 것으로 본다. 나아가 개인에 의해 구성되는 지식은 계속적으로 변화하고 재구성 된다고 본다.

교육과학기술부가 2012년 고시한 고등학교 교양교과 교육과정에 따르면 교육학 교과의 내용은 일반적이고 추상적인 수준이 아니라 교육학의 독특하고 구체적인 성격을 반영하여야 한다. 따라서 교육학 교과는 학생들이 교육과 학습의 의미와 가치를 이해하고 이를 바탕으로 능동적으로 자기 개발을 구현할 수 있도록 구성되어야 한다. 하지만 교과서에서 학생들이 새롭게 배우게 될 학습이론을 소개하고 설명하는 방식은 이론적이고 일반적인 설명에 치중되어 있어 교육학 교과교육의 목표 성취를 저해한다. 학습내용이 학습자의 선행지식구조를 중시하고 이를 바탕으로 새로운 앎을 조직해가는 구성주의 임에도 교과서의 교과내용이 구성주의 학습원리가 전혀 구현되지 않음을 알 수 있다.

> 학습자 스스로 계획하고 이끌어 가는 학습자 중심의 수업을 강조하고, 평가에서도 실제 과제 상황에서의 문제 해결 과정을 파악하여 학생 스스로에 대한 이해를 촉진시키는 질적 평가를 중시한다.

교과서에서는 학습자에게 구성주의 학습이론을 쉽게 이해하도록 돕기 위해서 구성주의를 객관주의 학습이론과 비교하며 설명하고 있다. 먼저 객관주의 학습이론을 지식의 개념, 학습목적, 학습자와 교수자의 역할, 수업 방식과 평가를 기준으로 서술하고 이와 대비되는 구성주의 학습이론을 제시하고 있다. 그러나 이러한 설명은 이론에만 치우쳐 있어 학생들이 학습한 내용을 실질적으로 적용하기가 어렵다. 뿐만 아니라, 구성주의적 관점을 통해 어떤 학습이 이루어지는지에 관한 부분은 구체적으로 서술되어야 함에도 불구하고, 추상적으로 제시되어 있다. 즉, 교과서의 내용이 학습이론에 대한 지식을 가지고 있는 교수자 중심으로 서술되어 있다.

학습자의 입장에서 교과 내용을 이해해야 한다는 교과부의 고시에 부합하도록 학습자를 고려하여 내용을 구성한 부분도 있다. 학습이론을 설명하기에 앞서 구성이라는 학생의 말을 제시하여 구성주의 학습이론을 쉽게 이해할 수 있도록 시도하고 있다. 그러나 이것 역시 학생들이 내용을 구체적이고 실질적으로 이해하는데 도움이 되기에는 어려워 보인다. 구성주의에서 '자신 나름대로의 표현을 잘 한다'는 것이 진정한 학습능력이라고 본다면, 그것이 구체적으로 무엇이며 어떻게 표현하는 것이 자기 자신을 고유한 방식으로 나타낸 것인지 제시하는 것이 바람직하다.

생각 넓히기와 같은 학습활동을 통하여 학습자의 능동적인 참여를 유도할 수도 있지만 '구성주의 학습이론으로 설명하기에 적합한 예'를 찾는 활동은 학생들에게 깊은 사고를 요구하기 보다는 단편적인 답을 찾아내도록 하고 있다. 교과서 내용이 일반적이고 추상적인 이론 설명에 치중되어 있다는 문제점으로 보았을 때, 실제 수업 또한 일반적이고 추상적인 설명 위주의 강의식 수업이 될 가능성이 높다. 이러한 수업은 학생들이 능동적으로 학습내용을 받아들이고 이해하는 것이 아니라, 일방적으로 지식을 전달받는데 그치도록 하고 학습의 효율과 흥미를 떨어뜨리는 결과를 낳는다.

② Ⅱ-1-4) 영역별 학습방법

일반 학습이론의 원리와 영역별 학습방법의 특징을 이해하여 자신의 학습을 효율적으로 계획하고 실천하는 능력을 기르며, 학습 매체의 다양함을 이해하고, 효과적인 학습을 위해 이를 활용하는 능력을 기른다.
-자신에게 적합한 학습 스타일, 학습방법과 효율적인 학습전략이 무엇인지 파악한다.

교육학 교과의 문제점을 보여주는 두 번째 예로는 Ⅱ. 가르치고 배우는 일- 1. 학습의 원리와 방법 중 '영역별 학습방법'을 선정하였다. '영역별 학습방법'의 내용이 '능동적인 학습의 주체' 양성에 기여할 수 있는지 비판적으로 고찰해보기 위해, 목표 및 성취기준을 살펴보았다.

위와 같은 목표와 성취기준은 무작정 언어, 수리, 탐구 등의 교과를 공부하게 하는 것이 아니라, 해당 교과 영역의 특징을 파악하게 하고 이에 따른 가장 효과적이고 효율적인 학습방법을 소개하며, 더 나아가 학생에게 각자 자신에게 가장 효과적인 학습을 계획하고 실천하는 능력을 길러주는 것을 목표로 하고 있다. 이는 학생에게 일방적으로 교수자에게 이끌려가는 학습의 수행이 아닌 자기 성장에 필요한 학습을 주도적으로 전개해나갈 수 있는 지식과 능력, 태도와 가치관을 형성하게 하는 것을 목표로 한다.

그러나 이러한 올바른 목표와 성취기준이 과연 교과 내용에 제대로 반영되어 있는지에 대해서는 비판적으로 고찰할 필요가 있다. 영역별 학습방법에 대한 내용은 영역별로 언어, 수리, 탐구로 구분하여 각 해당 교과의 학습의 정의와 학습목적을 설명하고, 다음으로 각 영역별로 4가지 혹은 5가지 정도의 학습방법을 제시하는 것으로 이루어져 있다. 그러나 과연 효과적이고 효율적인 학습방법을 글로써 서술하여 제시하는 것이 과연 학생에게 능동적이고 주체적인 학습 능력의 계획 및 실천으로까지 이어지도록 하는데 일조하는 지에 대해서는 의문이 든다. 즉, 교과서에 딱딱하게 글로 학습방법을 제시하는 것이 학생들에게 얼마나 현실감 있게 전달

될지, 또한 실질적으로 유용할지 의심스러운것이다.

이렇게 효율적인 학습방법에 대한 내용을 교과서 이론 전달식으로 딱딱하게 제시하는 것은 학생들의 흥미를 반감시킬 뿐 아니라, 내용을 잘 파악하였다 하더라도 자신들의 실제 학습에 적용시키는 것에는 미치지 못할 가능성이 크다. 종합하여 논하자면, '영역별 학습방법'의 부분은 능동적이고 주체적인 학습자를 양성하는데 적합한 목표와 성취기준을 바탕으로 구성되었으나, 이를 실질적으로 교과에 유의미하게 반영하는 데는 실패하였다.

① 폭넓고 풍부한 독서를 통하여 어휘력을 기른다.
② 분석적이고 비판적인 독서를 통하여 사고력을 길러야 한다

다음으로 내용적 측면에서도, 영역별 학습방법은 몇 가지 문제가 있다. 먼저 언어학습의 학습방법은 그 실제적 효용성이 떨어진다.

언어학습의 핵심 학습방법으로서 '독서'가 소개되고 있다. 독서가 어휘력과 비판적 사고력을 증진시킨다는 것은 학생들이 이미 알고 있는 일반적 사실이다. 문제는 많은 학생들이 알면서도 실제로 수행하는데 어려움을 보인다는 것이다. 학생들은 대부분 어디서 어떠한 책을 어떻게 읽어야 하는지에 대한 정보가 부족하다. 또한 자신에게 알맞은 책을 선정하는 방법도 알지 못한다. 따라서 교과서의 내용은 일반론보다는 차라리 독서에 관한 실질적 정보를 얻을 수 있는 방법에 대해 서술하여 학생들이 주체적으로 독서를 할 수 있도록 돕는 것이 적절하다.

또한 탐구학습의 경우, 탐구과목이 다양함에도 불구하고 지나치게 일반적으로 서술하였다는 문제점이 있다. 교과서에는 탐구능력을 기르는 방법을 5단계로 나누어 제시하고 있다.

① 교재 내용의 요점을 단순히 암기하기보다는 기본적인 개념, 원리, 법칙을 관련된 자료나 현상 또는 문제 상황과 연관 지어 이해하는 자세가 필요하다. ② 평소에 '왜'라는 질문을 자주 제기해 본다. ③ 자신이 선택한 문제 또는 학교

에서 주어진 문제를 해결하기 위하여 어떤 방법으로 어떤 과정을 거칠 것인지를 스스로 머릿속으로 설계해 보는 탐구 자세를 길러야 한다. ④ 실험·관찰·측정·조사 등의 탐구 결과를 정확하게 기록하는 습관을 기르고, 그 자료를 표, 그래프, 그림, 지도 등의 여러 가지 형태로 다양하게 표현해 보는 연습이 필요하다. ⑤ 자연 현상이나 사회 현상을 원인과 결과의 관계라는 측면에서 파악해 보려는 습관을 기르도록 한다.

그러나 실제로는 탐구과목은 사회, 과학을 어우르며 사회과목 안에서도 고등학교 수준에서는 한국지리, 세계지리, 경제지리, 근현대사, 세계사, 법과 사회, 정치, 경제, 사회문화로 나뉘고, 과학 역시 물리, 화학, 생물, 지구과학으로 나뉜다. 애초에 이렇게 다양한 과목들을 하나의 범주로 묶어 공통적인 학습방법을 제시할 경우 구체적이기 보다는 매우 추상적인 학습방법 밖에 제시할 수 없을 것이다. 따라서 적어도 사회탐구과목의 경우 역사과목(근현대사, 세계사), 사회과목(법과 사회, 정치, 사회문화), 지리과목(한국지리, 세계지리, 경제지리), 경제과목(경제)으로 상세분류를 하여 거기에 맞는 학습방법을 제공하는 것이 올바르다. 과목을 구분하여 학습방법을 제시하는 경우 더욱 상세하고 구체적인 학습자가 주체적으로 참여 가능한 교육활동이 될 것이다.

③ Ⅱ-2-1) 교수의 원리와 방법

(1) 교수의 원리

① 자발성의 원리

학습은 높은 동기 부여가 이루어졌을 때, 그리고 학습자의 흥미와 욕구가 만족되었을 때 효과적일 수 있다. 이와 같이 학습자에게 학습활동에 높은 동기를 가지고 적극적으로 참여하게 하는 원리가 자발성의 원리이다. 학습자가 자발적으로 내적 동기에 의해 학습하게 될 때는 학습의 지속력을 유지시키는 데도 효

> 과적이다.(중략) 말을 물가로 끌고 갈 수는 있어도 강제로 물을 먹일 수 없듯이 학습자가 자발적으로 내적 동기에 의해 학습을 할 수 있게 되면 학습자는 능동적인 자세로 학습에 임할 수 있게된다.

교과부가 2012년 고시한 고등학교 교양교과 교육과정에서 교육학 교과목의 하위 목표에 따르면 "창의적 사고와 학습의 기본 개념·원리와 훌륭한 가르침의 의미를 이해하고, 그 과정 속에서 교육적 체험을 하며, 자신에게 부합하는 학습전략과 학습기술을 익혀서 자기를 개발하고 자신의 교육을 주체적으로 설계·개발할 수 있는 능력을 기른다"라고 서술되어 있다. 이에 따르면 교과서는 학생들에게 가르침의 의미를 전달하고 이를 교육현장에서 구현하도록 하며, 학생이 능동적으로 자신의 학습전략을 적용시킬 수 있도록 구성되어야 한다. 그러나 교과서에서는 가르침의 뜻에 대한 설명이 제시되어 있지 않고 학생들에게 가르침의 의미에 대해 탐구할 기회를 제공하지 않고 있다. 또한 교수의 원리와 방법을 항목별로 간단한 이론을 제시하는데 그칠 뿐, 학생이 자신에게 부합하는 교수 원리, 방법, 매체를 모색하여 실질적으로 적용시킬 수 있는지에 대한 내용은 서술되지 않았다.

> (3) 교수 매체
> 학습목표를 결정하고 그에 적합한 수업 방법을 선정하며 이를 쉽게 할 수 있는 매체를 활용하는 것은 효과적인 학습을 위해 꼭 필요한 과정이다. 우리가 학교에서 활용할 수 있는 매체에는 다음과 같은 것들이 있다.
> ① 실물과 모형
> (중략)
> ② OHP와 TP
> (중략)

2012년 고등학교 교양교과 교육과정에 관한 고시에서는 "가르치는 교수자의 입장보다는 교과를 공부하는 학습자의 입장에서 교과의 성격을 이해하고자 하였다. 즉 교육학을 어떻게 가르칠 것인가라는 측면보다는 학생들이 교육학을 어떻게 이해하고 학습하는 것이 좋은지, 학생의 입장에서 교육학이 어떠한 의미를 지니는지를 고려하였다"라고 언급하고 있다. 그러나 언급된 바와는 달리 교과서는 교사의 입장에서 서술되어 있고, '가르침의 의미'라는 단원명과는 달리 효과적인 교수법의 구현방법에 관한 설명이 주를 이룬다. 이는 학생이 "나만의 학습전략과 학습기술을 파악하여 자기 성장에 필요한 학습을 주도적으로 전개해 나갈 수 있는 자질과 태도를 형성 한다"라는 단원목표를 구현하기 어렵다.

정리하면 '가르침의 의미'라는 단원명에 맞지 않는 학습목표와 학습내용으로 구성되어 있어 학생이 교수활동에 대한 이해를 바탕으로 능동성을 함양하기 어렵다. 또한 교수이론에 대한 전달에 그칠 뿐, 학습자가 원리를 바탕으로 자신의 학습에 적용시킬 수 있도록 돕는 실질적인 내용이 결여되어 있다. 교과서의 내용도 가르치는 교수자의 입장 위주로 서술되어 있어 학습자가 교과부의 성취기준과 단원의 학습목표를 달성하는 것을 더욱 어렵게 한다.

5) 교육학 교과에 관한 대안 제시

(1) 교과 내용이 적절하지 못한 경우

교과서의 내용은 학생들이 흥미를 가질 수 있고, 받아들이기 쉬운 형태여야 한다. 앞에서 살펴보았듯이 교과서의 많은 부분이 간략한 서술과 설명으로 이루어져 있다. 이러한 정리, 요약은 간략해서 보기에는 쉬우나, 학생들이 따분해 하거나, 배워 적용하기 어려워하기 쉽다는 단점이 있다. 따라서 학생들의 능동적 참여를 이끌어 내기 위해서는 교과서 내용 서술 방식의 변화가 필요하다.

먼저, 교과서에 글로 된 서술이나 설명 대신 영상매체에 대한 소개 부분을 넣는 방법을 생각해 볼 수 있다. 앞서 'Ⅱ-1-4) 영역별 학습방법'을 다루면서 대다수의 학생들이 학습방법에 대해서 대략적인 내용은 이해하나 그것을 실제로 시행하는데 많은 어려움이 있다는 문제점을 제기하였다. 이러한 문제점은 EBS <공부의 왕도>와 같은 프로그램을 소개함으로써 해결될 수 있다.

EBS <공부의 왕도>는 매회 한 명의 대학생 멘토(mentor)가 자신의 핵심적인 학습방법 한 가지를 중점적으로 소개하는 형식으로 이루어진다. 학습방법의 내용 자체는 거시적인 관점에서는 현재 교과서에 실린 방법과 크게 다른 것이 없다. 그러나 이 프로그램은 교과서와 같이 공부방법이 무엇인지 몇 줄로 서술하는 것이 아니라, 공부방법을 다양한 학생들에게 실험하고, 제 3자에게 적용해 보고, 전문가에게 상담을 받고, 교사를 통해 점검을 받는 등 다양한 구성 방법을 도입함으로써 학습방법을 좀 더 자세히 소개하고 있다.

예를 들어 한 방송 프로그램에서 ○○대 2학년 권○○ 씨가 멘토로 나와 사회탐구영역 학습방법을 소개하였다. 권○○씨가 추천한 학습방법은 물음표 노트를 만드는 것이었다. 방송에서는 그가 창안한 물음표 노트가 무엇인지, 그 방법을 만들게 된 계기와 효과는 어떠했는지가 먼저 소개된다. 그리고 EBS 사회탐구영역 강사인 최○○ 선생님이 나와서 권○○씨의 학습방법을 검토한다. 다음으로 ○○고등학교에 재학 중인 김○○ 군과 장○○ 군이 멘티가 되어 학습방법을 어떻게 자신만의 방법으로 만드는지, 그 과정에서 어떠한 어려움이 있고 멘티들이 멘토의 도움을 받아 어떻게 어려움을 극복할 수 있었는지가 나온다. 즉, 이 프로그램은 멘토가 찾아낸 학습방법을 분석하는 것에서 끝나는 것이 아니라, 그 학습방법의 효과, 활용방법을 제시하고, 방송에서 실험 대상 학생이 자신의 학습법으로 정착하기까지의 과정을 보여줌으로써 공부에 대한 의욕과 도전 정신을 고취한다. 따라서 현재의 교과서에 학습방법을 글로만 서술하는 것 대신 이러한 영상매체를 다양하게 소개하는 내용이 들어간다면, 영상매체 세대라고도 불리는 요즘 학생들에게 글보다 더 큰 관심을 불러일으킬 것이며, 학생들이 학습방법을 자신의 것으로 만드는데 더 많은 도움이 될 것이다.

이와 같은 대안은 고등학생을 대상으로 한 설문조사를 통해서도 그 의의를 찾이볼 수 있었다. 고등학교 학생 86명을 대상으로 한 학습방법에 대한 설문조사를 통해 학생들이 실제 현실적으로 효과적인 학습방법에 대해 얼마나 관심을 갖고 있으며 이를 학습에 적용시키고자 하는지, 또 이와 관련하여 어떤 어려움을 겪는지 알 수 있었으며, 나아가 교육학 교과에 대해 어떤 대안을 기대하는지 유추해볼 수 있었다.

먼저 고등학교 재학 중 학습방법에 대해 공부한 적이 있는가에 대한 질문에 86명의 학생 중 93%에 해당하는 80명의 학생들이 경험이 있다고 답하였다. 이는 학생들이 학습방법에 대해 높은 관심을 가지고 있음을 알 수 있는 대목이다. 반면에 학습방법에 대해 공부한 적이 있다고 대답한 80명의 학생 중 이러한 학습방법을 통해 효과를 봤는가에 대한 질문에는 효과를 봤다고 답한 학생이 35%(28명)에 그친 반면 효과를 보지 못했다는 학생이 65%(52명)에 달하는 것으로 나타났다. 이는 학생들이 많은 관심을 가지고 학습방법에 대해 공부하나 실질적인 효과는 미미한 것을 의미한다.

학습방법에 대한 공부를 통해 효과를 봤다고 대답한 28명의 학생들의 설문 결과는 다음과 같다.

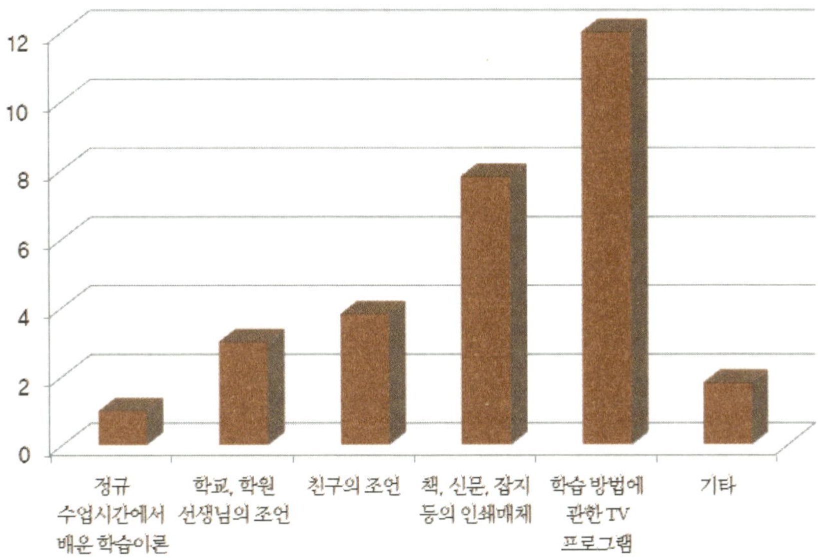

[그림 6-5] 학습방법 공부 성공이유

정규 학교 수업시간에서 배운 학습이론을 통해 학습효과를 보았다는 학생은 단 1명에 불과하였으며, 학교, 학원 선생님의 조언 3명(10.7%), 친구의 조언 4명(14.3%), 책, 신문, 잡에 등의 인쇄매체 8명(26.6%), 학습방법에 관한 TV 프로그램 12명(42.9%) 등으로 나타났다. 이를 통해 학생들은 대체로 인쇄매체나 영상매체 등 다양한 시청각적 매체를 통한 학습방법의 공부가 도움이 되었음을 알 수 있다. 이를 통해 EBS <공부의 왕도> 등의 영상 언론매체 등의 인쇄매체가 친숙하고도 쉽게 학생들이 접근할 수 있으며 실질적인 도움이 많이 될 수 있음을 알 수 있다.

학습방법을 공부하였으나 효과를 보지 못했다고 답한 52명의 학생 중 40%(21명)가 학습방법 공부에 실패한 이유를 실질적으로 어떻게 적용해야 할지 몰랐기 때문이라고 답했다. 또한 35%(18명)는 실제로 실천하기 어려웠기 때문이라고 답했다. 개인적으로 본인에게 맞지 않는 방법이었기 때문이라고 답한 학생은 전체의 17%였다. 그리고 기타 의견으로는 '자신의 의지가 부족했기 때문에' '습관화 하는 것이 어려웠기 때문에', '너무나 많은 학습방법을 한꺼번에 배워 헷갈렸기 때문에' 등이 있었다. 실패 이유로 꼽힌 1, 2위의 원인은 모두 '실제적인 실천'과 관련되어 있다. 즉, 이 조사 결과는 많은 학생들이 학습방법을 배워도 그것을 적용시키는데 많은 어려움을 겪고 있는 것을 보여준다. 그러나 학생들은 그들의 실패에도 불구하고 조사 대상 학생 86명 중 83명이 교육학 교과목을 통해 학습방법을 배우는데 여전히 열의를 보였다.

학습방법에는 53%(44명)의 학생들이 TV, 비디오 등의 영상을 통한 학습을 선호하였다. 다음으로 책, 신문, 잡지 등의 인쇄매체를 통해서 배우고 싶다는 학생과 직접 코칭을 받기를 원하는 학생의 비율은 각각 26%(22명), 20%(17명)로 비슷하였다. 정돈하면, 학생들은 학습방법의 적용에 있어 지금까지 실패를 해왔지만 여전히 학습방법을 배우는데 긍정적이며 주로 영상매체나 인쇄매체를 활용하는 방식을 선호하고 있다. 따라서 앞서 제시한 <공부의 신> 등의 매체 활용은 고등학교 학생들이 선호하는 방식인 동시에 학습방법 교육이 효과적으로 이루어질 수 있는 대안이라고 할 수 있다.

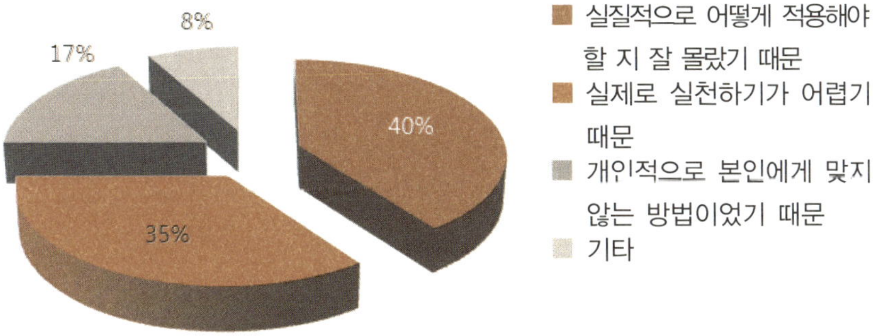

[그림 6-6] 학습방법 공부 실패이유

(2) 교과 목표가 적절하지 못한 경우

교사의 교수활동과 학생의 학습활동의 조화는 교육의 효과를 극대화 시킨다. 교사는 학생의 특성을 파악한 후 가르침을 수행해야 하며, 학생은 가르침에 대한 이해를 하고 있을 때, 올바른 교육이 이루어질 수 있다. 이처럼 '가르침의 의미' 단원은 참된 교육을 위한 근간을 이루는 단원이기에 어떻게 하면 학생들에게 훌륭한 가르침의 의미를 구현할 수 있는가에 대한 고민이 담겨야 한다. 그러나 앞에서 살펴보았듯이 'Ⅱ-2-1) 교수의 원리와 방법'의 목표와 내용은 이를 일반적인 교수원리의 내용을 전달하는데 그치고 있다.

문제는 진정한 가르침이 무엇인가에 대한 학생의 충분한 고민과 이해가 선행되어야 한다는 것이다. 학생은 교육이란 무엇이며, 학습이란 무엇인지 그 본질을 탐구함으로써 가르침과 배움에 관한 내용을 먼저 체화해야 한다. 학생이 가르침의 의미를 익힌 후에 교수원리를 배우고 더 나아가 다른 교과목의 수업에까지 확장했을 때와 가르침의 의미에 대한 탐구 없이 학습활동을 진행할 때의 차이는 확연하다. 따라서 '가르침의 의미' 단원은 효과적인 교수법이론 설명에 앞서 교육과 학습, 가르침과 배움이란 무엇인가에 관한 내용을 먼저 제시하는 것이 바람직하다.

우리는 '가르치다'라는 말을 할 때, 대부분의 경우, '교수자[교사]가 학습자[학생]에게 일정한 교육내용을 전달하는 일', 혹은 '윗사람이 아랫사람에게 특정한 내용을 일러주는 행위'로 이해한다. 이는 위에서 아래로, 수직적으로 전달되는 교수나 하교, 명령행위로 인식된다. 그러나 이런 이해는 교육의 본질을 오해하게 만들 소지가 있다. 교육은 교수자, 학습자, 교육내용 세 가지가 얽혀 이뤄지는 과정이다.

가르침의 의미에 대한 깨달음은 학생에게 교사의 사랑이 담긴 마음을 알게 하여 교사-학생 간의 상호 이해를 시키며 이는 교수활동의 효율성에 직결된다. 뿐만 아니라 가르침에 대한 고민은 학생이 교육에 최적화된 마음가짐과 생각을 가지도록 이끈다. 학생은 가르침이 세계-학습자-교수자 사이의 삶의 유기체적 연관을 통해 세상과 사물에 관한 베풂과 본받음의 의미를 지닌다는 것을 지각하여 주체적이고 능동적으로 교육에 임할 수 있다. 교과서 내용의 학습목표 사례는 다음과 같다.

(1) 자발성의 원리에 관한 개념, 장·단점 등 개념학습을 진행한다.
(2) 학생은 교수활동에서 왜 자발성의 원리가 중요한지 다른 학생들과 의견을 공유한다.
(3) 자발성의 원리를 자신의 학습에 어떻게 적용할 수 있는지 생각해보고, 교수원리를 적용하여 교수활동에 참여했을 때와 그렇지 않을 때의 결과를 적어보는 학습활동을 한다.
(4) 교사는 교육과 학습에 관한 내용 중 자발성의 원리를 반영하고 있는 사례, 역사적 내용과 같은 보충학습을 통해 학생이 완전히 이해하도록 돕는다.

위와 같은 내용을 바탕으로 학생이 주체적으로 수업에 임하는 자세와 마음가짐을 학습한 후에, 교수이론을 제시함으로써 학생이 다양한 자신의 학습활동에 적용시킬 수 있도록 해야 한다. 이를 위해서는 가르침의 의미에 대한 탐구와 더불어 학생의 입장에서 교수이론을 적용시킬 수 있는 학습활동이 적절하게 제시되어야 한다.

(3) 교수방법이 적절하지 못한 경우

마지막으로 교수방법에 대하여 생각을 해볼 수 있다. 교사의 입장보다는 학생들의 시각에서 교과서나 수업 내용을 구성하는 것과 마찬가지로 교수방법에서도 학생 중심이 되어야 한다. 교과서 내용이 아무리 학생 중심으로 되어 있다고 하더라도 실제로 교수학습하는 데 학습자에 대한 고려가 빠져있다면 그것은 유의미하지 않다. 학생들이 능동적으로 학습을 하기 위해서는 창의적인 사고를 하고 학습하는 능력이 수반되어야 한다. 학생의 능동성을 길러주기 위해서는 일반적이고 이론적인 강의 위주의 수업이 아닌 구체적이고 실제적인 수업이 필요하다. 어떻게 하면 능동적인 수업 참여를 할 수 있는지 수업을 통해서 경험을 해보아야 그것을 바탕으로 자기 스스로의 학습을 효율적으로 계획하고 체계적으로 관리할 수 있는 능력을 기를 수 있을 것이다.

교육학은 학생의 실제 삶과 연관이 있고 더 나은 삶을 살도록 할 때 유의미하다. 그렇기에 수업도 학생들이 실제로 느끼고 체험할 수 있는 방식으로 진행되어야 한다. 구성주의 학습이론을 배운다고 하면 구성주의의 역사와 기본 가정 등 이론적 지식만을 배우는 것이 아니라 실제로 구성주의가 무엇인지 체험할 수 있어야 하는 것이다.

수업시간에 구성주의를 배운다고 하면, 구성주의라는 교육 내용이 객체로 학생과 동떨어져 있는 것이 아니라는 가정을 먼저 해야 한다. 이론적 설명, 지식만을 전달하는 것은 학생들이 배우는 내용을 자신의 것으로 받아들이기 어렵기 때문이다. 교사는 학생들이 구성주의가 무엇인지 알게 하기 위해서 실제적인 삶 속에서 찾을 수 있는 사례들을 신문이나 잡지, 인터넷 기사 등을 통해서 학생들에게 제시한다. 물론 이론도 필요하다면 설명해 줄 수 있지만 이론만 가르치는 것은 학생들이 구성주의가 무엇인지 느끼고 이해하는 데에 어려움이 있을 수 있다. 실제적인 예시를 통해 학생들이 구성주의를 이해하게 한 후에 구성주의 학습이론을 사용하여 수업을 진행할 수도 있다. 구성주의적 방법을 사용하여 학생들이 학 활동을 하게 하는 것이다.

(1) "왜 일제 강점기 때, 독립 운동가들은 학교를 세우고 교육을 시키려고 하였을까? 그것이 정말 필요한 걸까? 도움이 되었을까"라는 물음을 던진다.
(2) 먼저 학생들 각자가 스스로 그들만의 답을 찾도록 한다.
(3) 협동 학습, 토론, 토의 등을 통해 학생들끼리 의견을 교환하도록 한다.
(4) 교사는 학생들의 의견이 적절한지, 어떤 근거가 있는지 등을 생각하도록 유도하고 종합적으로 의견이 모아지도록 한다.

보다 '학습에 관한 구성주의적 관점'의 내용과 관련이 있는 수업을 하고 싶다면 학생들에게 객관주의 학습이론과 구성주의 학습이론을 바탕으로 한 수업 지도안을 보여주고 비교하게 할 수 있다. 각각의 장점과 단점을 살펴보고 어떠한 차이점이 있는지, 어떤 수업 방식이 더 자신들에게 재밌고 유의미할지, 왜 그렇게 생각하는지 의견을 이야기하도록 한다. 추후 활동으로 학생들이 직접 구성주의와 객관주의 이론을 바탕으로 하는 모의 수업이나 학습활동을 계획하게 해보는 것도 학생들이 구성주의가 무엇인지 이해하고 이를 활용하게 하는 데에 도움이 될 것이다. 즉, 학생들이 스스로 학습한 것에 대해 의미와 가치를 깨닫고 이를 구현할 수 있도록 수업을 구성해야 한다.

5. 학습전략을 중심으로 한 교과서

고등학생들은 학습을 해야 하기 때문에 효과적인 학습법에 관심이 많다고 생각된다. 그런 점에서 교육학 교과도 학습을 어떻게 할 것인지 그 전략적 차원을 최우선에 둘 필요가 있다.

효과적인 학습자는 학습을 할 때 전략을 구사한다. '학습전략'은 교육심리학의 내용 중 학습자가 자신의 학습법을 찾을 수 있는 내용들로 구성된다. 이론을 지나치게 많이 서술하는 것은 학습전략의 목표와 맞지 않지만, 학습자가 학습전략을 이해하기 위해서는 최소한의 이론적 배경이 필요하다. 이론을 간단히 먼저 제시한 후, 관련된 학습법 또는 학습전략을 보여준다. 또 배운 내용을 바탕으로 구체적으로 학생이 적용해 볼 수 있는 내용으로 구성한다. 교육심리학의 내용 중에서 학습자 입장에서 학습전략을 보여줄 수 있는 내용을 중심으로 구성된 단원 목차는 다음과 같다.

생각넓히기 |

Ⅰ. 학습이론
1. 행동주의 학습이론
(1) 이론적 배경
(2) 학습전략
(3) 적용해보기
2. 인지주의 학습이론
(1) 이론적 배경
(2) 학습전략
(3) 적용해보기
3. 구성주의 학습이론
(1) 이론적 배경
(2) 학습전략
(3) 적용해보기

Ⅱ. 동기이론
1. 행동주의 동기이론
(1) 이론적 배경
(2) 학습전략
(3) 적용해보기
2. 인지주의 동기이론
(1) 이론적 배경
(2) 학습전략
(3) 적용해보기
3. 인본주의 동기이론
(1) 이론적 배경
(2) 학습전략
(3) 적용해보기

Ⅲ. 지능이론
1. 다중지능이론
(1) 이론적 배경
(2) 학습전략
(3) 적용해보기
2. 삼원지능이론
(1) 이론적 배경
(2) 학습전략
(3) 적용해보기
3. 창의성
(1) 이론적 배경
(2) 학습전략
(3) 적용해보기

1) 교과서 구성의 예

앞에서 우리는 대안으로 제시한 학습전략 교과서의 구성에 대해 설명하였다. 다음은 예시로서 학습전략 교과의 2장 인지주의 학습이론 부분을 교과서 내용으로 구성해 본 것이다. 교과서는 첫 번째, 이론적 배경을 제시하고, 두 번째, 학습전략에 사용될 교육심리학 이론을 제시하며, 마지막으로 학생이 실생활에 어떻게 적용할 수 있을지 고민해보도록 한다.

인지주의 학습이론

인지주의 학습이론은 인간을 사고하는 존재로 전제하여 인간의 내부에서 일어나는 능동적 사고 과정과 인간 내부의 인지구조를 중시하는 이론이다. 따라서 인지주의 학습이론은 결과보다는 과정을 중시하며 정보의 발견이나 단순한 기억보다는 정보의 구성을 강조한다. 인지주의적 입장에서 학습은 동화와 조절로 학습자의 인지구조를 변화시키는 것이다. 인지주의 이론에는 정보처리 이론과 스키마 이론이 있다.

(1) 이론적 배경

정보처리이론

정보처리이론에 의하면, 학습자는 컴퓨터가 정보를 처리하는 것과 흡사한 방법으로 정보를 처리하는 것으로 간주된다. 따라서 학습자에게 새로운 정보가 투입되고 기억하며 다시 인출하는 과정을 연구하는 이론이 내용의 핵심이다.

감각등록기 (sensory register)

학습자가 환경으로부터 눈이나 귀와 같은 감각수용기관을 통해 정보를 최초로 저장하는 단계이다. 감각등록기는 자극을 정확하게 저장하고 정보를 수용할 수 있는 양에는 제한이 없다. 하지만 시각의 경우 약 1초 정도, 청각의 경우 약 4초 정도로 매우 짧은 시간동안 정보를 저장한다.

작동기억 (working memory)

학습자의 인지과정이 진행되는 장소로 정보가 일시적으로 머무는 곳이다. 성인의 경우 보통 5~9개의 정보가 약 20초 동안 저장되어 정보의 양과 지속시간에 제한이 있다.

장기기억 (long-term memory)

무한한 정보를 영구적으로 저장할 수 있는 곳이다. 장기기억에는 개인의 경험을 보유하는 일상기억(episodic memory)과 문제 해결 전략과 사고기술, 사실 개념 일반화 규칙 등이 저장되는 의미기억(semantic memory)로 구분된다.

부호화

장기기억 속에 존재하고 있는 기존의 정보에 대한 새로운 정보를 연결하거나 연합하는 것으로 작동기억에서 장기기억으로 정보를 이동시키는 과정을 의미한다.

인출

장기기억에서 정보를 찾는 탐색과정, 부호화의 반대 과정으로 볼 수 있다. 정보가 제대로 부호화 되어 있지 않는다면 효과적으로 인출이 될 수 없다.

속성	단계		
	감각기억	작동기억	장기기억
용량	12 ~ 20항목	7 ± 2항목	무제한
지속성	시각1초, 청각4초	약 20초	영구적
정보원	환경	환경과 선행지식	단기기억에서 효과적인 부호화

결론

감각수용기관을 통해 들어온 정보를 최대한 장기기억으로 저장하도록 하는 것이 효과적인 교육방법이라고 볼 수 있다. 이는 여러 가지 방법을 통해서 가능하다.

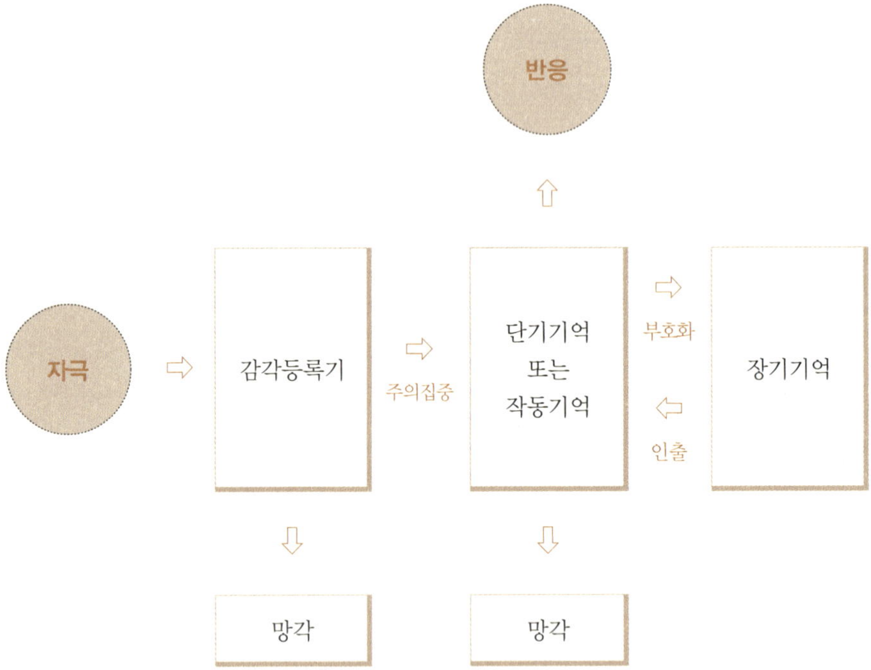

[그림 6-7] 정보처리이론의 모델

(2) 학습전략

주의집중

감각등록기에 들어온 수많은 자극은 주의집중 하지 않으면 곧 유실된다. 즉 감각등록기의 용량이 무한하다고는 하지만, 관심을 두지 않을 경우 정보가 작동기억으로 넘어가지 않으므로 학습은 결코 일어나지 않는다. 따라서 학습은 주의집중에서 시작된다. 주의집중하기 위해서는 두 가지 이상의 감각정보가 동시에 제시되는 것은 피해야한다.

청킹(chunking)

청킹은 많은 정보를 처리하고 기억을 쉽게 하기 위해서 분리되어 있는 항목을 보다 큰 묶음으로, 보다 의미 있는 단위로 조합하는 것을 의미한다. 예를 들면 'r,u,n' 이라는 세 글자는 작동기억 속에서 세 개의 단위로 자리하지만, 이들이 'run' 이라는 단어로 조합하면 하나의 단위로 자리하게 되어 제한된 작동기억의 용량을 증가시키는 좋은 방안이다.

자동화

자동화는 정보나 원리를 매우 많이 연습하게 되면 문제를 처리하는 속도가 빨라지고 노력이 적게 든다. 따라서 학생이 발음, 기초연산 등의 기초학습에 자동성을 갖게 된다면 학생의 작동기억은 그만큼 많은 공간을 확보하여 더 많은 학습이 가능하다.

초두효과 - 최신효과

초두효과는 처음에 배운 정보를, 최신효과는 나중에 배운 정보를 잘 기억한다는 이론이다. 따라서 이 효과를 제대로 사용하려면 학생이 학습할 때 배우려는 부분의 중요한 정보를 학습의 시작과 끝부분에 다루어야 한다.

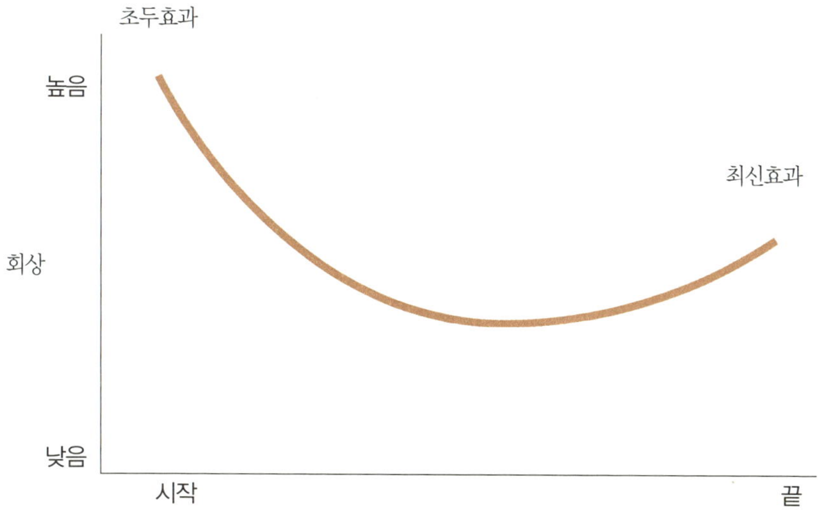

[그림 6-8] 목록에서 항목의 위치

(3) 적용해보기

주의집중

질문 1.
이번 장에서 다룬 주의집중에 관련하여 자신이 경험한 학습상황을 이야기해보고 왜 주의집중이 중요한지 새겨보자.

교사 참고: 두 가지 이상의 감각정보가 동시에 제시되는 것을 피하기 위해서 공부할 때 음악이나 라디오를 들으면서 공부하지 않는다. 또한 시끄러운 소음을 유발하는 장소는 앞과 같은 이유로 두 가지 이상의 감각정보가 입력되어 주의 집중을 흩뜨린다. 따라서 조용한 장소에서 공부를 한다.

청킹(chunking)

질문 2.
청킹에 대해 설명해보자. 수연이는 오늘 화학 과목에서 '칼륨−칼슘−나트륨−마그네슘−알루미늄−아연−철−니켈−주석−납−구리−수은−은−백금−금'의 순서대로 금속 반응성이 낮아진다고 배웠다. 수연이가 이를 쉽게 암기하려면 어떻게 외울 수 있을까.

교사 참고: '칼카나마알아철니주납구수은백금'과 같이 금속의 앞글자만 따서 새로운 덩어리를 만들어 외운다면 작동기억에서 차지하는 용량을 적게 만들어 효과적으로 외울 수 있다. 이밖에 좀 더 의미 있는 청킹 등 학생의 다양한 응용을 격려한다.

자동화

질문 3.
자동화에 대해 설명해보자. 자동화는 왜 중요한가. 자동화가 필요한 내용의 학습을 위해서는 어떤 노력이 필요한가.

교사 참고: 수학에서 사칙연산은 기초적인 부분으로 이후에 배우는 수열, 미적분, 통계 등등의 상대적으로 수준 높은 수학을 할 때 기본적으로 사용된다. 이때 사칙연산이 자동화되어 있지 않으면 수준 높은 수학을 공부할 때 학생의 작동기억은 사칙연산이 공간을 차지하여 수학문제를 푸는데 많은 시간이 소요된다. 따라서 수학의 기초부분인 사칙연산을 많이 연습하여 자동화시키도록 한다.

초두효과－최신효과

질문 4.

초두효과와 최신효과를 설명해보자. 수업을 들을 때 이 효과를 어떻게 사용하면 좋을까. 초두효과와 최신효과를 떠올리며 자신의 학습습관을 되돌아보자.

교사 참고: 수학과목에서 중요한 수학공식을 학습의 시작과 끝에 학습하고 중간부분은 상대적으로 덜 중요한 수학 부분을 학습하도록 하여 학생의 머릿속에 중요한 수학공식이 오랫동안 남아 있게 한다.

에필로그

고등학생들은 교육학 교과를 배우면 얼마나 행복해 질까? 교육학 교과를 통해 학생들이 행복해지려면 어떤 내용을 가르쳐야 할까? 맨 처음 던진 화두에 해답하기란 쉽지 않다. 다만 그러한 질문에 대한 답을 찾기 위하여 교육과정 개정에 따른 교육학 교과의 변화 방향을 살피고, 기존의 교육학 교과서와 생활과 교육 교과서의 내용을 비교했다. 그리고 나름대로의 대안 교육학 교과서도 만들어 보았다.

다시 확인하면, 6차교육과정에서의 교육학 교과는 보다 학문적인 내용을 강조하는 방향으로 구성되었다. 7차교육과정에서는 6차교육과정의 학문적인 성격을 비판하며, 실생활 측면을 강조하는 방향으로 구성되었다. 2007개정교육과정에 따라 교육학은 생활과 교육으로 명칭이 변화했으나, 전체적으로 보았을 때, 7차교육과정의 내용과 크게 달라지지 않았다. 2012개정교육과정에서는 생활과 학문적 측면을 통합하려고 하였고, 교과명 또한 다시 교육학으로 회귀하였다.

현재의 교육학 교과의 방향은 생활적 측면과 학습적 측면의 통합을 요청한다. 그러나 고등학교 교양교과로서 교육학의 역할을 고려할 때, 학생의 행복과 관련된 내용으로 구성해야 하는 것은 일종의 상식이다.

교육은 인간의 전 생애에 걸쳐 일어나는 행위이며, 인간의 행복과 관련이 있다. 하지만 현재 고등학교 교육학 교과서를 통해, 학생들의 진정한 행복을 보장하기란 어렵다. 계속해서 논의해 왔듯이, 보다 재미있고 실생활과 관련 있는 내용들로 구성된 교육학 교과서가 요청된다. 그리고 고등학생들에게 교육학을 반드시 가르쳐야 하는지에 대한 진지한 성찰도 요구된다.

고등학교 학생을 대상으로 하는 교육학 교과는, 학생의 현실적 상황을 미래지향적이기보다는 현실응용형이 바람직할 수도 있다. 미래의 부모나 교육자로서의 역할을 가르쳐주는 것보다, 현재, 학생으로서 무엇을 고민하고 있는지, 학습하는 인간의 측면에서 고등학생다운 역량 확보는 어떻게 할 수 있는지, 교육을 통해 성숙되는 인간의 모습을 일러줄 필요가 있다. 이런 고민에 답하기 위해, 다시 물어본다.

고등학교 교양교과로서 교육학은 어느 정도 유효한가?

유효하다면, 어떤 내용을 담는 것이 중요한가?

그리고 어떤 방법으로 가르치면 효과를 극대화할 수 있을까?

참고문헌

가영희 · 김수현 · 성낙돈 · 장청옥(2011). **교과교육론**. 서울: 동문사.

강선보 · 신창호(2009). **교육의 이해**. 서울: 동문사.

강선보 · 신창호 · 이윤범(2012). **고등학교 생활과 교육**. 서울: 미래엔.

강유미(2011). 학교폭력에 대한 실태분석 연구. 고려대학교 교육대학원 석사논문

강현석 · 이대일 · 유제순 · 이자현 · 김무정(2006). 고등학교 '교육학' 교육과정 내용 구조의 쟁점 분석. 경북대학교 중등교육연구소. **중등교육연구**. 54(3)

교육과학기술부(2008). 교육인적자원부고시 제2007－79호에 따른 **고등학교 교육과정 해설서** 14 교양.

교육과학기술부(2012). 교육과학기술부고시 제2012－3호 **고등학교 교양 교과 교육과정**.

교육인적자원부(2001). **고등학교 교육과정 해설–총론–**.

교육인적자원부(2007). **2007년 개정교육과정 개요**.

김경배 · 김재건 · 이홍숙(2001). **교과교육론**. 서울: 학지사.

김정환 · 강선보(1998). **교육철학**. 서울: 박영사.

김판수 · 백현기 · 강경숙(2007). **공부의 절대시기 자기 주도 학습법**. 서울: 교육과학사.

김홍자(2009). **테마로 배우는 대학 학습 전략**. 서울: 한양대학교 출판부.

박도순 · 홍후조(2008). **교육과정 및 교육평가**. 서울: 문음사.

박태순(2001). 고등학교 교양과목으로서의 교육학 교과 내용 분석에 관한 연구. 세종대학교 교육대학원 석사논문.

배장오(2011). **교육학 교과교육론**. 고양: 서현사.

손연아 · 이석열 · 이은화 · 이희원 · 장상필 · 정명남 · 조용개(2007). **성공적인 대학생활을 위한 학습 전략**. 서울: 학지사.

신창호(2012). **교육과 학습**. 고양: 온고지신.

신창호(2012). **교육이란 무엇인가**. 서울: 동문사.

심태진(2011). 인권에 대한 학생과 교사의 의식 비교. 한국교원대학교 석사논문.

안길훈(2007). 학생들의 선호－교사상에 대한 내용분석적 연구. **교육행정학연구**. 25(4),

유봉호(1992). **한국 교육과정사 연구**. 서울: 교학 연구사.

유위준 · 조주연 · 김승호(2005). **제7차 고등학교교육과정 교양과목 해설서**. 서울: 교육과학기술부.

이돈희 · 김신일 · 김계현 · 이종태(2012). **고등학교 교육학**. 서울: 교학사.

임규혁 · 임웅(2008). **학교학습 효과를 위한 교육심리학**. 서울: 학지사.

정인석(1987). **교과교육론**. 서울: 교육출판사.

조규용(1993). 고등학교 교양과목 설지목적에 따른 교육학 교육내용 연구. 전남대학교 석사논문.

조남두 · 권기욱 · 오영재 · 유현숙 · 조남근 · 최창섭 · 신현석(2006). **교육행정론**. 서울: 원미사.

진영은(2012). **교육과정: 이론과 실제**. 서울: 학지사.

진영은 · 조인진(2001). **교과교육의 이해**. 서울: 학지사.

청소년폭력예방재단(2012). 2011년 전국 학교폭력 실태조사 발표 및 경향.

한국교육개발원 교육과정개정연구위원회(1996). (교육과정 2000연구개발) **초 · 중등학교 교육과정 체제 구조안**. 서울: 한국교육개발원.

한국교육과정평가원(2012). **초중등학교 교육과정총론**. 2012-3호

홍후조(2002). **교육과정의 이해와 개발**. 서울: 문음사.

홍후조(2012). **알기 쉬운 교육과정**. 서울: 학지사.

T.J. NEWBY · D.A.Stepich · J.D.Lehman · J.D.Russell. 노석준 · 오선아 · 오정은 · 이순덕 공역(2008). **교수,학습을 위한 교육공학**. 서울: 학지사.

교육기본법

초중등교육법

경향신문. 19985. 6. 6.

연합뉴스. 2009. 08. 06.

EBS. 공부의 왕도. 2012. 02. 22.

찾아보기

(2)

2007개정교육과정 122, 132~134
2009개정교육과정 120
2012개정교육과정 134
2급 정교사 자격증 108

(6)

6차교육과정 129

(7)

7차교육과정 131

(E)

EBS 67, 224

(J)

J. F. Herbart 90

(ㄱ)

가르치고 배우는 일 101
갈등 해결 수업 76
강의법 59
개념체계 82
개념획득 수업 75
개인의 발달과 진로선택 102
게임이론적 접근 204
계열성 80
계획적 변화 86
고등학교 교양교과 교육과정 217, 222
고등학교 교양교과의 연원 117
고등학교 교육과정 63
고등학교 교육학 99
고려대학교(사립) 교육학과 110
공학적 정의 86
교과 79, 80, 81, 84
교과과정 93
교과교육 88
교과교육의 목표 60
교과교육학 84, 87
교과교육학 발전의 장애 89
교과목(subject matter) 81
교과서 79
교과서의 재편성 158
교과의 변천과정 120
교과지도 93, 95
교권보호조례안 158, 166
교류 25
교사 인터뷰 23, 31, 41
교사가 느끼는 바람직한 학생상 163
교사와 학생 158, 159
교사와 학생간의 참된 관계 163
교사의 역할 160
교수 96
교수-학습 67,81
교수-학습 과정 96
교수방법 229
교수법 58, 59

교수의 원리와 방법 214, 221
교수학습중심의 교과서 206
교양교과 68, 69, 71, 72
교양선택 118
교양선택 과목 97
교원양성기관 90, 108
교육 83, 84, 86, 159
교육과정 79, 92, 93
교육과학기술부 217
교육과학기술부 고시 159
교육내용 79, 80, 82, 83
교육내용의 선정 81
교육목적 80
교육목표 207
교육의 재료 79
교육적 모델 86
교육전문가 113, 114
교육학 89, 90, 91, 92, 113, 126, 132, 134, 136, 142
교육학 교과 31, 32, 33, 34, 37, 39, 44, 51, 60, 63, 72, 76, 97, 98, 99, 117, 210, 216, 219
교육학 교과교육 74
교육학 교과의 교육목표 98
교육학 교과의 단원별 내용 100
교육학 교과의 목표 61, 129
교육학 교사 65, 71
교육학 교육과정 22, 98
교육학 수업 21, 29, 52, 66
교육학 전담교사 23, 49
교육학과 111
교육학과 진로대책협의회 116
교육학교과교육론 67
교육학의 주요영역 90
교육학의 총괄 목표 134
교육학의 탐구영역 92
교육학자 113, 114
교육행정가 114
교재 79
구성주의 학습 이론 229
구성주의적 관점 211, 216
국가수준의 교육과정 62
국립대 사범대학 115
국민윤리교육과 115
권익집단 82
규범 84
규범적 정의 84
기능적 정의 85
기본 소양 99
김종건 81
김종건(1998) 81

(ㄴ)

내면의 세계 86
내용 분석 및 평가 142
내재적 가치 84
논리학 130
능동적인 학습자 206

(ㄷ)
단과대학 111
단원 내용 비교 136
단원내용 144, 147, 149, 152
대안 교과서 157
대안교육실천가 114
대통령령 116
대학별 교육학과 연혁 110
대화와 토론 75
도야재 79
독창적 성격 87
독특한 준거 82

(ㅁ)
매개물 79
목적론적 정의 85
문과대학 114
문교부령 115
문제 중심 탐구 수업 75
문화 82
문화요소 82

(ㅂ)
복합적 성격 87
부산대학교(국립) 교육학과 110

(ㅅ)
사교육비 204
사립대 사범대학 115
사범대학 108
사범대학 교육학과 112, 113, 115
사회적 권위 83
새로운 교육학 186
생애 개발과 진로 선택 132
생활 교육학적 측면 132
생활과 교육 132, 134, 136, 142
생활지도 93
서울대학교(국립) 교육학과 110
선호도 57
설문조사 52
세미나식 수업 75
세부목차 143, 146, 148, 151
수업 25, 26, 96
숙명여자대학교(사립) 교육학과 110
시청각 자료 47
실생활 측면 132
실용주의 118
실제성 83
실천교육학 114
실천적 성격 88

(ㅇ)
연세대학교(사립) 교육학과 111
영역별 학습방법 212, 219
요구부합성 83
용이성 83
운동 기능적 측면 80
유신헌법 118
윤리・도덕 120, 123, 126
응집성 80

의미성 83
이수인정 34
이화여자대학교(사립) 교육학과 111
인간행동의 계획적 변화 87
인간행동의 변화 86
인적자본론적 접근 204
인적자원개발 전문가 114
인접 학문 114
인지도 55
인지주의 학습이론 232
인터뷰 23, 28, 32, 33, 36, 39, 61
일상생활적 측면 135
입시과외 게임 205
입시교과 43
입시위주의 학습 141

(ㅈ)
자기 주도적 학습 197, 198
자기개발 99
자기교육 73
자발성의 원리 221, 228
자유선택 118
재능과외 사교육비 204
적합성 56
전문 인력 33
전통 교육 96
정의적 측면 80
정인석 88
제1차교육과정기 117
제3차교육과정기 117
제4차교육과정 97
제4차교육과정기 118
제5공화국 118
제5차교육과정 97
제5차교육과정기 118
제6차교육과정 97
제6차교육과정기 118
제7차 교육과정 97
제7차교육과정 97
제7차교육과정기 119
조작 86
조작적 정의 86
종교 30
종합학문 92
주입식 방법 96
중등교사 113, 114
중등교육 107
중복 126
지시적 수업 방식 74
지식 79
지식 체계로서의 학문 87
지적 측면 80
진로 59
진로·직업 교육 124
진로와 직업 126
집필기준 70

(ㅊ)
철학 120, 121, 123, 126
철학교과의 공통 목표 122

청소년기 자아발견과 인생설계 103
청소년지도자 114
청소년폭력예방재단 171
초중등교육법 107
총괄목표 98
총합성 80

(ㅋ)
커리큘럼 92

(ㅌ)
타당성 83
탐구학습 220
토론식 59

(ㅍ)
평생교육사 114
필수 사교육비 204

(ㅎ)
하위목표 98
학교폭력 158, 171, 172, 173
학문 84, 87
학문(disciplines) 87
학문공동체 82
학생 인터뷰 28, 39, 46
학생용 설문지 53, 55
학생의 특성 161
학생이 선호하는 교사상 161
학생인권조례안 158, 168
학습 95
학습 능동성 206, 208, 209
학습 효율성 208
학습내용 93
학습목표 143, 146, 148, 151, 197, 228
학습의 방법 196
학습의 원리 194
학습이론 108
학습자 74
학습전략 231, 232, 234
학습지도 96
학습태도 197
학습활동 198
행동변화 96
행동의 변화 86
행동주의적 관점 194
행복한 삶과 교육 101
현직교사 연수 프로그램 90
활동으로서의 학문 87
활동의 적절성 145, 147, 149, 153
활동중심 132
효율적으로 수업 듣기 198
효율적으로 시간 쓰기 198
흥미도 56

저자 약력

신창호

고려대학교 문학사(교육학 · 철학)
한국학중앙연구원 문학석사(철학)
고려대학교 교육학 박사(Ph.D 한국교육철학)
사단법인 유도회(儒道會) 한문연수원 교수
현 고려대 교육학과 교수

[주요저서]
유교사서의 배움론 (2011, 온고지신. 2012 문화관광부추천우수도서선정)
교육과 학습 (2012, 온고지신)
사람 하나를 심어 백을 얻어야 (2009, 서현사. 2010 문화관광부추천우수도서선정)
예비교사를 위한 교육철학 및 교육사 (2012, 서현사) 외 다수
이메일 sudang@korea.ac.kr

교육학 교과교육론 성찰

교육학, 고등학교 교양 교과목으로 적절한가

2013년 2월 1일 1판 1쇄 인쇄
2013년 2월 5일 1판 1쇄 발행

지은이 | 신창호
펴낸이 | 조재성
펴낸곳 | 서현사
경기도 고양시 일산동구 중앙로 1055번지 레이크하임 206호
(경기도 고양시 일산동구 백석 2동 1332-1번지 레이크하임 206호)
전화 : 031-919-6643 팩스 : 031-912-6643
등 록 | 2002년 8월14일 제03-01392호
ISBN | 978-89-94044-49-1 93370
정 가 | 14,000원